BASTEI
LÜBBE

David Elkind

Das gehetzte Kind

Aus dem Amerikanischen
von Anke Grube

BASTEI-LÜBBE-TASCHENBUCH
Band 66239

1. Auflage Juni   1992
2. Auflage September 1992

Originaltitel: The Hurried Child
Erschienen by Addison-Wesley Publ. Comp., USA
Copyright © 1988 by David Elkind
Deutschsprachige Ausgabe: © 1991
by Ernst Kabel Verlag GmbH, Hamburg
Lizenzausgabe: Gustav Lübbe Verlag GmbH, Bergisch Gladbach
Printed in Germany
Umschlaggestaltung: Manfred Peters
Titelbild: Mauritius (Superstock)
Satz: Fotosatz Schell, Bad Iburg
Druck und Bindung: Ebner Ulm
ISBN 3-404-66239-3

*In liebender Erinnerung
an meine Schwester.
Für Ruth,
in Liebe und Hochachtung.*

INHALT

Ich schrieb das Buch *Das gehetzte Kind*, um eine Umwälzung in unserem Verhalten Kindern gegenüber aufzuzeigen, die ebenso folgenschwer und weitreichend ist wie die Änderung der Art und Weise, wie wir Frauen und ethnische Minderheiten behandeln.

In meinen Büchern *Total verwirrt: Teenager in der Krise* und *Wenn Eltern zuviel fordern: Die Risiken einer leistungsorientierten Früherziehung* versuche ich zu belegen, wie diese veränderte Behandlung Jugendlichen und Kleinkindern das Leben erschwert und nicht erleichtert. Ich behaupte, daß wir den Kindern und Jugendlichen den Boden unter den Füßen wegziehen, wenn wir mehr und mehr die Grenzen und Beschränkungen eines ihrem Alter angemessenen Denkens und Handelns aufheben. Und wir erziehen Kleinkinder nicht richtig, wenn wir sie völlig sinnlos die falschen Dinge zur falschen Zeit lernen lassen. In *Das gehetzte Kind* versuche ich nicht nur die grundlegende Veränderung in unserem Verhalten gegenüber Kindern und Jugendlichen zu dokumentieren, sondern auch deutlich zu machen, daß die Kinder die Leidtragenden bei vielen der gesellschaftlichen Revolutionen sind, die seit den sechziger Jahren unser Leben bestimmen.

Wir befinden uns in einer der Phasen der Geschichte, in der Kinder die unfreiwilligen Opfer gesellschaftlicher Veränderungen sind, wie auch schon in den ersten Jahrzehnten der industriellen Revolution.

Unglücklicherweise schließen Kinder sich nicht zusammen, sie haben keinen Zugang zu den Medien, und sie können auch nicht wählen. Es ist ihnen nicht möglich, ihre Situation aus eigener Kraft zu verbessern. Kinder brauchen Erwachsene, die für ihre Rechte eintreten, so wie ich es mit diesem Buch versuche.

DIE VERMEIDUNG DES PROBLEMS
»STRESS BEI KINDERN«

Vor langer Zeit beschrieb Sigmund Freud einige der vielen Möglichkeiten, die wir haben, um uns selbst zu betrügen und so Angst und Schuld zu vermeiden. Eine dieser Möglichkeiten ist die *Verkehrung der Dinge ins Gegenteil*. Man kann ein Glas entweder als halbvoll oder als halbleer ansehen. Wenn wir von einer Perspektive in die andere wechseln, verkehren wir etwas in sein Gegenteil. Wir können unangenehme Gefühle auch von ihrem wirklichen Objekt auf ein anderes, vielleicht weniger gefährliches, *übertragen*. Zum Beispiel können wir nach der Arbeit unsere Wut auf den Chef verarbeiten, indem wir Holz hakken. Ein dritter Mechanismus ist die *Projektion*, wobei wir unsere eigenen Gefühle und Motive anderen Menschen zuschreiben. Der Lügner und Dieb vertrauen niemandem. All diese Abwehrmechanismen können gelegentlich nützlich sein, der Adaption dienen, aber wenn wir sie benutzen, um den Streß, den Kinder erleiden, zu beschönigen, sind sie es nicht.

VERKEHRUNG INS GEGENTEIL

In den achtziger Jahren führte der rapide Zuwachs des Anteils der Frauen am Erwerbsleben und der nicht erfolgende Anstieg an entsprechender, qualifizierter und erschwinglicher Kinderbetreuung zu einer starken Erhöhung der Anzahl der »Schlüsselkinder«. Obwohl es schwierig ist, die genaue Anzahl der Kinder, die regelmäßig über längere Zeitspannen allein zu Hause sind, zu bestimmen, muß die Zahl in die Millionen gehen. Wenn die Eltern arbeiten müssen, um die Familie zu ernähren, und eine Kinderbetreuung nicht zu haben oder nicht finanzierbar ist, mögen sie keine andere Wahl haben, als die Kinder allein zu lassen.

Aber die meisten Psychologen stimmen darin überein, daß Kinder unter acht Jahren nicht regelmäßig allein zu Hause bleiben sollten. Die Eltern sollten für diese Altersstufe irgendeine Art der Kinderbetreuung sicherstellen. Bei Kindern, die älter sind als acht Jahre, ist die Situation nicht ganz so eindeutig, und hier kommt die *Verkehrung ins Gegenteil* ins Spiel. Allein zu Hause zu sein, ist eine belastende Erfahrung für Kinder, besonders dann, wenn die Gegend nicht sicher ist. Kinder neigen dann dazu, das Licht anzumachen und den Fernseher anzustellen; manchmal verstecken sie sich auch im Schrank.

Deshalb ist es beunruhigend, in einigen Frauenzeitschriften lesen zu müssen, daß diese Erfahrung »gut«

für Kinder ist! Angeblich lernen sie dadurch Verantwortungsgefühl und Selbständigkeit, und sie können in aller Ruhe ihre Hausaufgaben machen. Eine Notwendigkeit wird so elegant in einen Vorzug verwandelt! Bitte verstehen Sie mich nicht falsch. Ich sage nicht, daß Eltern ihre Kinder niemals allein lassen sollten. Was ich sage, ist, daß wir die Tatsache akzeptieren müssen, daß dies eine seelische Belastung für die Kinder bedeutet. Wenn wir das akzeptieren, können wir ihnen beibringen, mit potentiellen Gefahren, wie zum Beispiel mit Fremden, die an der Tür läuten, mit Feuer und Unfällen und so weiter umzugehen. Wenn wir den Kindern die Telefonnummer des Nachbarn geben, sie im Gebrauch des Feuerlöschers und in Erster Hilfe unterweisen, bereiten wir sie auf mögliche Gefahren des Allein-zu-Hause-Seins vor. Diese einfachen Vorbereitungen können dazu beitragen, den Streß zu verringern.

ÜBERTRAGUNG

Scheidungen sind in den achtziger Jahren zu etwas Alltäglichem geworden. Obwohl die Scheidungsrate nicht weiter ansteigt, wird sie Prognosen zufolge auf der beachtlichen Höhe bleiben, die sie in den letzten zehn Jahren erreicht hat. Eine Scheidung ist für alle Beteiligten schmerzhaft, besonders aber für die Kinder. In früheren Veröffentlichungen hatte ich besorgt festgestellt, daß Eltern, gefangen in ihren eigenen Bedürfnissen, in ihren Gefühlen von Unzulänglichkeit und Zorn, dazu neigten, die Gefühle ihrer Kinder, die Angst vor Ablehnung und die Verlustgefühle, die diese erlebten, zu ignorieren. Obwohl diese Ichbezogenheit in einer Streßphase verständlich ist, war es notwendig, den Eltern dabei zu helfen, ein wenig von sich selbst abzusehen, damit sie auch den Kindern helfen konnten, mit der Situation umzugehen.

Jedoch sehe ich in einigen Teilen des Landes ein etwas anders gelagertes Problem. Es scheint sich die Ansicht auszubreiten, daß jedes Kind, dessen Eltern sich scheiden lassen, automatisch eine Therapie machen sollte! Dieser Meinung bin ich ganz bestimmt *nicht*, und die meisten Psychologen sind auch nicht der Ansicht, daß das notwendig wäre. Wir wollen, daß Eltern, die sich scheiden lassen, mit ihren Kindern über deren Ängste und Befürchtungen reden. In solchen Zeiten brauchen Kinder die Zusicherung, daß beide Elternteile sie immer noch lieben, daß sie nicht allein gelassen und weiterhin versorgt werden.

Unglücklicherweise kann das Kind genau die entgegengesetzte Botschaft erhalten, wenn es automatisch eine Therapie machen soll. Tatsächlich handelt es sich um eine Art der Übertragung. Das Kind sollte den Eltern jetzt ein größeres Anliegen sein als die Scheidung. Aber wenn ein Kind allein in Behandlung gegeben wird, was für einen Eindruck wird es dann gewinnen? Sogar heute noch bereitet vielen Erwachsenen der Gedanke, sich an einen Psychologen oder Psychiater zu wenden, wenn sie Hilfe brauchen, Schwierigkeiten. Therapie und Beratung scheint solchen Erwachsenen ein Zeichen von Schwäche zu sein, ein Beweis für ihre Unfähigkeit, selbst mit ihren Problemen fertig zu werden. Viele Kinder denken ebenso. Dementsprechend werden die Kinder wahrscheinlich das Gefühl haben, daß mit ihnen selbst und nicht mit der Familie etwas nicht stimmt, wenn sie allein zur Behandlung geschickt werden. Das Kind und nicht die Familie wird zu dem eigentlichen Patienten. Dies ist übrigens nicht nur bei in Scheidung lebenden Familien der Fall. In meiner Privatpraxis habe ich noch keinen Fall von selbst entstandener emotionaler Gestörtheit erlebt. Seelische Probleme sind nicht so wie Masern oder Mumps; die Kinder bekommen sie nicht einfach. Immer spiegeln die seelischen Probleme der Kinder die seelischen Probleme in der Familie wider. In meiner Praxis bestehe ich mittlerweile auf der Behandlung der ganzen Familie, wenn ich den Fall annehmen soll. Wenn eine Familie Trennung und Scheidung durchmacht, kann eine Therapie die seelische Belastung des Kindes verstärken. In so einem Fall haben die Eltern zwar die Existenz des Stresses erkannt, aber die falschen Maßnahmen zur Linderung ergriffen. Und das haben sie getan, weil sie das Problem von dem Zusammenbruch der Familie auf das Kind übertragen haben. Wir müssen eingestehen, daß eine Scheidung ein Problem der Familie und nicht des Kindes ist. Eine Therapie kann eine gute Sache sein, aber zumindest ein Elternteil sollte das Kind begleiten, und sie sollten sich beide in Behandlung begeben.

PROJEKTION

Auf einem meiner Vorträge für Eltern hob ein Vater die Hand und stellte folgende Frage: »Ich habe einen acht Jahre alten Sohn, und seine Großmutter — meine Mutter — hat vor kurzem Selbstmord begangen. Ich glaube, daß es wichtig ist, daß er die Wahrheit über ihren Tod von uns erfährt, bevor er es von jemand anderem hört. Aber meine Frau sagt, das wäre falsch. Was sagen Sie dazu?« Ich antwortete, ich könne seinen Schmerz und seine Verzweiflung über den Selbstmord seiner Mutter verstehen, aber ich hielte es nicht vor vorstellbar, daß es helfen würde, wenn er es seinem Sohn mitteilte. Es sei unwahrscheinlich, daß jemand es ihm erzählen würde, und selbst wenn, könnte er es wahrscheinlich nicht verstehen. Er solle es dem Jungen erzählen, wenn er alt genug sei. Aber jetzt sei es am besten, das Kind einfach den Tod seiner Großmutter betrauern zu lassen.

Diese Geschichte illustriert den elterlichen Mechanismus der Projektion. Der Vater hatte ein starkes Bedürfnis, über den Selbstmord seiner Mutter zu reden, aber er projizierte dieses Bedürfnis auf das Kind; es wurde so zu »dem Bedürfnis des Kindes, es zu erfahren«. Aber es ging nicht um das Bedürfnis des Kindes, sondern um das des Vaters. Die Projektion ermöglicht es den Eltern, einen Großteil der Belastungen, denen ihre Kinder ausgesetzt sind, zu ignorieren; gleichzeitig schaffen sie damit neuen und unnötigen Streß für die Kinder. Meiner Ansicht nach geht es vielen Eltern, die es für nötig halten, Kleinkindern etwas über AIDS, Atomkrieg und Kindesmißbrauch zu erzählen, eher um ihre eigenen Ängste und Befürchtungen; sie bewältigen sie, indem sie sie auf die Kinder projizieren.

Zum Beispiel gibt es Studien, die beweisen, daß Kleinkinder nicht wirklich zwischen »gutem Anfassen« und »bösem Anfassen« unterscheiden können. Auch können Kleinkinder die Bedrohung, die von einem nuklearen Krieg ausgeht, nicht begreifen; dies würde einen Grad des Verstehens erfordern, den sie viele Jahre lang noch nicht erreichen werden. Das heißt nicht, daß wir es versäumen sollten, kleinen Kindern in einer ihrem Alter angemessenen Weise etwas über die Gefahren der Welt zu erzählen. Aber es bedeutet, daß wir ehrlicher sein und es uns eingestehen sollten, wenn es uns mehr um unsere eigenen Anliegen geht. Kinder sollten nicht unnötigen Belastungen ausgesetzt werden, indem wir diese Sorgen auf sie projizieren.

Dies sind nur einige der Abwehrmechanismen, die in unserer Akzeptanz der Leistungsfähigkeit des Kindes begründet sind, und die den Streß, dem unsere Kinder ausgesetzt sind, noch verstärken. Wir werden der Vorstellung von der hohen Belastbarkeit des Kindes in absehbarer Zeit nicht entgehen können. Aber wir sollten den dadurch entstehenden Streß nicht noch verstärken, indem wir die Konsequenzen als Vorzüge und nicht als unerfreuliche Notwendigkeiten ansehen.

TEIL I

UNSERE GEHETZTEN KINDER

KAPITEL 1

UNSERE GEHETZTEN KINDER

Der Begriff der Kindheit, der für unsere Lebensweise so bedeutsam war, ist in der Gesellschaft, die wir geschaffen haben, vom Aussterben bedroht. Heutzutage ist das Kind zu einem unfreiwilligen und unbeabsichtigten Opfer von überwältigendem Streß geworden — erzeugt durch einen rapiden, verwirrenden gesellschaftlichen Wandel und durch ständig steigende Erwartungen. Die heutigen Eltern leben permanent mit einander widersprechenden Anforderungen, mit gesellschaftlichen Veränderungen, mit dem Wandel von Rollenerwartungen, mit persönlicher und beruflicher Ungewißheit, auf die sie nur wenig Einfluß haben. Wann immer wir können, versuchen wir uns von den starken Belastungen zu befreien, und normalerweise ist unser Zuhause der einzige Bereich, in dem wir die Kontrolle ausüben. Hier, wenn schon nirgendwo sonst, genießen wir die Tatsache (oder die Illusion), daß wir die Dinge in der Hand haben. Da Erziehung notwendigerweise Streß mit sich bringt, hetzen wir die Kinder durch die Kindheit oder behandeln sie wie Erwachsene, um uns so teilweise von der Last der Sorge und Angst zu befreien. Wir versuchen, uns der Hilfe unserer Kinder beim Tragen der Lasten des Lebens zu versichern. Wir wollen ihnen damit keinen Schaden zufügen. Im Gegenteil: Wir sind in unserer Gesellschaft davon überzeugt, daß es gut für Kinder ist, schnell erwachsen und reif zu werden. Aber wir schaden unseren Kindern lediglich damit.

Der hauptsächliche Vertreter unserer modernen Auffassung von Kindheit war der französische Philosoph Jean-Jacques Rousseau. Er war es, der als erster Kritik an den Erziehungsmethoden anmeldete, weil sie den Lehrstoff gänzlich aus der Perspektive des Erwachsenen darboten, die Werte und die Interessen des Erwachsenen wiedergaben. Die antike *Paideia* – der Wert der Weitergabe des sozio-kulturellen Erbes – sei eine gute Sache, sagte Rousseau, aber beim Lernprozeß müsse die Auffassungsgabe und die Entwicklungsstufe des Kindes berücksichtigt werden. In seinem klassischen Werk *Emile* schrieb Rousseau: »Die Kindheit hat eine eigene Art zu sehen, zu fühlen und zu denken, und nichts ist unsinniger als der Versuch, ihre Sichtweise durch unsere zu ersetzen.« Er beobachtete, daß es vier Entwicklungsstadien gibt, und er war der Ansicht, daß, so wie jede Entwicklungsstufe ihre eigenen speziellen Merkmale hat, sie auch von entsprechenden Erziehungszielen begleitet werden müsse.[1]

Diese Vorstellung von der Kindheit als einer gesonderten Phase, die dem Erwachsenenleben vorangeht, verband sich im späten 18. und frühen 19. Jahrhundert, dem Höhepunkt der industriellen Revolution, unauflöslich mit den modernen Auffassungen von allgemeiner Schulbildung und von der Kleinfamilie (Mutter, Vater, Kinder – im Gegensatz zu der Großfamilie früherer Epochen). Der Zukunftsforscher Alwin Toffler beschreibt den Übergang folgenderma-

ßen: »Mit der Verlagerung des Angebots von Arbeitsplätzen vom Land in die Fabriken ergab sich die Notwendigkeit, die heranwachsenden Generationen auf
das Leben in der Fabrik vorzubereiten ... Wenn es
gelänge, junge Menschen rechtzeitig auf die Bedürfnisse des industriellen Symstems zurechtzutrimmen,
würden die disziplinarischen Probleme der Zukunft
entscheidend verringert. Das Ergebnis derartiger
Überlegungen führte zu einem weiteren Struktur-
denkmal aller Industriegesellschaften: Der Massen-
erziehung.«[2]

Neben dem unentgeltlichen, allgemeinen und
öffentlichen Bildungswesen brachte die sich herausbil-
dende Gesellschaft auch kleinere Kernfamilien hervor. Toffler schreibt dazu: »Um mehr Arbeitskräfte
für die Fabriken freizubekommen, wurden entscheidende Schlüsselfunktionen, die zuvor der Familie
zugefallen waren, auf neue, spezialisierte Institutionen übertragen. Die Ausbildung der Jugend oblag
von nun an den Schulen, die Sorge für die Alten wurde
Armenhäusern oder Alters- und Pflegeheimen ›anver-
traut‹. Vor allem aber erforderte die neue Gesell-
schaftsform Mobilität. Sie brauchte Arbeiter, die der
verfügbaren Arbeit von Ort zu Ort zu folgen bereit
waren ... Landflucht und ökonomische Krisen rissen
die Familienverbände auseinander. Die Familien ent-
ledigten sich der ungewollten Verwandten, wurden
kleiner und mobiler und paßten sich damit den
Bedürfnissen der neuen Technosphäre an.«[3]

Während die Industrialisierung schnell voran-
schritt, erhielt die gesellschaftliche Anerkennung der
Kindheit als einer selbständigen Lebensphase im späten 19. Jahrhundert starken Auftrieb durch die Ein-

führung der Kinderpsychologie als einer wissenschaftlichen Disziplin. Die Kinderpsychologie begann mit den sogenannten Babybiographien – aufmerksame Eltern lieferten bis in kleinste Einzelheiten genau beobachtete Berichte über das Verhalten ihrer Kinder ab. Bronson Alcott, der Vater von Louisa May, und Milicent Shinn trugen so zu einer Studie bei.[4] Der gefeierte Schweizer Psychologe Jean Piaget setzte diese Tradition fort, als er seine Arbeit als Kinderpsychologe zurückstellte, um seine eigenen drei Kinder von nahem beobachten zu können (und über sie zu schreiben).[5]

Um die Jahrhundertwende begann G. Stanley Hall die Methoden der experimentellen Psychologie auf Kinder anzuwenden. Die ausführlichen Fragebögen, die er entwarf und die Kinder und Lehrer zu Tausenden an die Kinder verteilten, erwiesen sich als schrecklich fehleranfällig und ungenau. Hall hatte jedoch mehr Erfolg mit seiner Gründung der Clark University; deren Fachbereich Kinderpsychologie, der von Hall sehr gefördert wurde, war in Forschung und Lehre führend auf diesem neuen Gebiet. So bedeutende Wissenschaftler wie Arnold Gesell und Lewis Terman wurden dort ausgebildet.

Nach dem Zweiten Weltkrieg begann die Blütezeit der Kinderpsychologie. Während vor dem Krieg lediglich zwei Fachzeitschriften über Forschungsergebnisse in der Entwicklungspsychologie berichteten, sind es heute mehr als ein Dutzend. In allen psychologischen Fachbereichen gibt es Fachleute, die sich mit so weit gestreuten Themen wie Adoleszenz, Lernverhalten von Säuglingen und Kleinkindern, Sozialisation, *Peer-Interaktion*, Entwicklung der Sexualität, Bindung und

Verlust, Intelligenzprüfung, Lernschwächen, Spracherwerb und so weiter befassen. Wir haben also ein sehr großes Wissen über die Lebensphase, die wir Kindheit nennen, angesammelt. Es ist in der Tat keine geringe Ironie, daß wir gerade zu einer Zeit, wo der Streß des sozialen Lebens und des gesellschaftlichen Wandels die Existenz der Kindheit bedroht, sehr viel mehr über die Kindheit wissen als jemals zuvor.

Was sogar noch sonderbarer ist, ist das Ausmaß, in dem diese wissenschaftlichen Erkenntnisse der Allgemeinheit zugänglich sind, denn die Forschungsexplosion in der Kinderpsychologie ist von einem entsprechenden Zuwachs populärwissenschaftlicher Bücher über Kinder begleitet worden. Oft »übersetzen« bekannte Kinderpsychologen wissenschaftliche Forschungsergebnisse in praktische Ratschläge. Schon 1894 informierte der angesehene Psychologe T. Emmet Holt die Leser seines Buches *The Care and Feeding of Children* darüber, wie das Wundwerden zu vermeiden sei: »Zunächst einmal sollte nicht zuviel und nicht zu scharfe Seife verwendet werden; zweitens sollte das Kind mit viel Wasser sorgfältig abgespült werden; drittens sollte das Kind weder während noch nach dem Bad zu heftig abgeschrubbt werden; viertens sollte reichlich Kinderpuder verwendet werden … dies ist besonders wichtig bei sehr dicken Säuglingen.«[6]

Holt war nur der erste in einer anscheinend endlosen Reihe von hervorragenden (und nicht so hervorragenden) »Übersetzern« von wissenschaftlicher Kinderpsychologie in eine allgemeinverständliche Sprache. Die vielleicht bekanntesten Bücher sind Arnold Gesells *Das Kind von fünf bis zehn* und das außerordentlich einflußreiche Buch *Baby and Child Care* (Säuglings- und Kinderpflege) von Dr. Benjamin Spock.[7] Jedes Jahr erscheint eine beeindruckende Reihe von einigen sehr guten und anderen weniger guten Büchern mit Titeln wie *Berufstätigkeit und Kindererziehung, Sind wir gut genug als Eltern?, Wir und unsere Kinder, Wie mache ich mein Kind zu einem erfolgreichen Menschen, Erkennen Sie Ihr Kind, Wachsen mit dem Kind* und *Teenager.* Überall werden Kurse und Seminare angeboten, die Erwachsene bei der Erziehung von Kindern und Jugendlichen anleiten und unterstützen sollen. Wenn wir die Kinder hetzen, zu schnell erwachsen zu werden, geschieht das sicherlich nicht aus Unwissenheit.

KLEINE ERWACHSENE

Der Druck, schnell erwachsen zu werden, der heute auf die Kinder der Mittelschicht ausgeübt wird, beginnt schon in den ersten Lebensjahren. Vor allem ist in diesem Zusammenhang der früh einsetzende intellektuelle Leistungsdruck zu nennen, der in einer veränderten Auffassung von Frühreife begründet ist. Noch vor einigen Jahrzehnten wurde Frühreife mit großem Mißtrauen betrachtet. Nach allgemeiner Ansicht würden Wunderkinder zu neurotischen Erwachsenen werden; die stehende Redewendung war »Schnell gereift, schnell verdorben!« Der Versuch, den Erwerb intellektueller Fähigkeiten von Kindern zu beschleunigen, galt als Beweis für schlechte Elternschaft.

Ein gutes Beispiel für diese vorherrschende Ansicht

liefert der Fall von William James Sidis, dem Sohn eines Psychiaters. Sidis wurde um die Jahrhundertwende geboren und wurde zu einem berühmten Wunderkind. Mit elf Jahren ging er nach Harvard. Seine Abhandlungen über höhere Mathematik vermittelten den Eindruck, daß er wichtige Entdeckungen auf diesem Gebiet machen würde. Sidis erregte bald die Aufmerksamkeit der Presse, die ihn als Wunderkind feierte. Aber Sidis blieb auf der Stufe, die er einmal erreicht hatte, stehen; er schien ziellos von einem Job zum nächsten zu treiben. 1930 veröffentlichte James Thurber eine Kurzbiographie von Sidis im *New Yorker*, mit dem Titel »Where are they now?« Er beschrieb Sidis' einsames und mitleiderregendes Leben; seine Hauptbeschäftigung war das Sammeln von Straßenbahnfahrkarten aus aller Welt.

Diese Ansichten änderten sich jedoch grundlegend in den sechziger Jahren; die Eltern wurden mit Machtworten von Psychologen und Halbpsychologen über die Bedeutung des Lernens in den ersten Lebensjahren überschüttet. Den Eltern wurde eingehämmert, daß die beste Gelegenheit zum Lernen vergeudet würde, wenn man die Kinder nicht schon sehr früh unterrichte. Heute gibt es in jedem Bundesstaat mit Steuermitteln aufgebaute Vorschulen, und circa 23 Bundesstaaten erwägen die Einführung von Unterrichtsprogrammen für Vierjährige. In zu vielen Schulen sind die Vorschulen zu »einer Nummer kleineren« ersten Klassen geworden, wo die Kinder Klassenarbeiten schreiben, mit Lehrbüchern unterrichtet werden und Hausaufgaben und Zeugnisse erhalten. Das Resultat dieses schulischen Hetzens ist, daß zehn bis zwanzig Prozent der Vorschulkinder »sitzenbleiben«

oder in »Vorbereitungsklassen« auf die akademischen Härten der ersten Klasse vorbereitet werden!

Wie ist es zu dieser radikalen Umkehr des Denkens gekommen? Es gibt wahrscheinlich viele Gründe, aber ein entscheidender Grund war der Angriff des »fortschrittlichen« Bildungswesens, der in den fünfziger Jahren begann und der einen Großteil des Lehrstoffs als überholt bezeichnete. Der Start des russischen Sputnik trieb die Amerikaner 1957 in ein Fieber der Selbstkritik hinsichtlich des Bildungswesens. Der Schock leistete der Lehrplanbewegung der sechziger Jahre Vorschub, in der Akademiker von den bedeutendsten Universitäten die Lehrpläne umschrieben. Unglücklicherweise wußten viele Akademiker zwar viel von ihrem Fachgebiet, aber nichts von Kindern, und sie hatten folglich übertrieben optimistische Vorstellungen darüber, wie viel und wie schnell Kinder lernen können. Dieser Optimismus kommt am deutlichsten in Jerome Bruners berühmtem Satz: »Jedem Kind kann auf jeder Entwicklungsstufe jeder Lehrgegenstand in einer intellektuell ehrlichen Form erfolgreich gelehrt werden«, zum Ausdruck.[8] Wie anders klingt das als »Schnell gereift, schnell verdorben«!

Der Trend hin zu frühem schulischen Leistungsdruck wurde zudem von der Bürgerrechtsbewegung verstärkt, die die Benachteiligung von unterprivilegierten Kindern in unseren Schulen hervorhob. Die Lehrer wurden von Avantgarde-Pädagogen wie John Holt[9], Jonathan Kozol[10] und Herbert Kohl[11] dafür verantwortlich gemacht, und sie waren gezwungen, ihren mangelnden Erfolg dadurch zu rechtfertigen, daß sie anderen die Schuld dafür zuschoben. Ihre Schulkinder machten sich nicht so gut, weil sie schlecht vorbereitet seien. Nicht das, was im Klassenzimmer geschah, sondern das, was zu Hause nicht geschehen war, sei die Wurzel des schulischen Mißerfolgs der unterprivilegierten Kinder; deshalb wurde ein Bustransport eingerichtet, der benachteiligte Kinder in die Schulen anderer Stadtteile brachte, um so durch eine Vermischung der Schüler den unterschiedlichen Hintergrund auszugleichen.

Eine Folge dieser Konzentration auf die ersten Lebensjahre war die Abschaffung der Grundidee des »Bereitseins«. Die Vorstellung vom »Bereitsein« war aufgrund der biologischen Beschränkungen des Lernens vertreten worden. Gesell war überzeugt, daß Kinder biologisch nicht bereit zum Lesen lernen seien, bis sie ein Intelligenzalter von sechseinhalb Jahren erreicht hatten (das Intelligenzalter wird bestimmt, indem Kinder für jede richtige Antwort eine bestimmte Anzahl von Monaten gutgeschrieben bekommen). Aber der große Wert, der auf eine frühe intellektuelle Stimulation (sogar von Säuglingen) gelegt wurde, ließ diese Idee als überholt und altmodisch erscheinen. Das »Bereitsein«, das einmal ein anerkanntes Erziehungskonzept gewesen war, war in Pädagogenkreisen in Verruf geraten. Am Ende der achtziger Jahre kam dieses Konzept jedoch wieder in Mode, da eine steigende Anzahl von Kindern sitzenblieb oder in Vorbereitungsklassen kam, da sie für die Anforderungen der ersten Klasse nicht »bereit« waren.[12]

Der frühe schulische Leistungsdruck ist nur einer von vielen Dingen, mit denen auf die Kinder Druck ausgeübt wird, schnell erwachsen zu werden. Die Kleidung des Kindes ist ein weiteres Beispiel. Vor drei oder vier Jahrzehnten trugen Jungen kurze Hosen und Knickerbocker, bis sie in die Pubertät kamen und anfingen, sich zu rasieren; der Erhalt der langen Hosen bedeutete eine echte Initiation ins Erwachsenenleben. Mädchen durften weder Make-up benutzen noch hauchdünne Strümpfe tragen, bis sie zu Teenagern geworden waren. Bei beiden Geschlechtern hob ihre Kleidung die Kinder von den Erwachsenen ab. Sie wies die Erwachsenen darauf hin, daß sie anders behandelt werden mußten, nachsichtiger vielleicht; sie erleichterte es den Kindern, sich wie Kinder zu benehmen. Heute tragen sogar Vorschulkinder Miniaturversionen der Erwachsenenkleidung. Von Overalls bis hin zu Lacoste-Hemden und maßstabsgerecht verkleinerte Designermode – eine große Auswahl von Erwachsenenkleidung ist auch für Kinder erhältlich. (Dazu gibt es auch eine reiche Auswahl an entsprechenden Posen, wie die der jungen Teenager, die für Designerjeans werben.) Ein kürzlich erschienener Artikel von Tim Appelo illustriert diesen Punkt sehr gut; was auch immer der neueste Modetrend sein mag, die Version für Kinder folgt bestimmt:

Wenn die Leute in Reeboks herumlaufen, wackeln die Junioren in Weeboks herum. Eltern, die eine Firma leiten, koordinieren ihre Termine mit einem Filofax-Day-Runner; ihre Kinder benutzen einen Filofax-Day-Runner, um die Übersicht über Geburtstagsfeiern und andere wichtige gesellschaftliche Ereignisse nicht zu verlieren. Sony startete kürzlich eine Zwei-Millionen-Dollar-Werbekampagne für »Mein erster Sony«; das erste Großunternehmen, das hochentwickelte elektronische Technologie speziell für nur bis zum Knie reichende Hi-Fi-Fans anbietet. (»Warum sollten winzige Ohren blecherne Musik hören müssen?«) Eine Parfümerie bietet ein Whiffy Wear Cologne for Kids (zehn Dollar) an; eine Parfümwerbung zeigt einen Vierjährigen, im Miami-Vice-Stil gekleidet, der in lebemännischer Haltung an einem maßstabsgerecht verkleinerten Mercedes lehnt; der Text lautet: »Gregorys ... pour jeune homme ... wie geschaffen für den jungen Herrn mit dem besonderen Geschmack.«[13]

Wenn Kinder sich wie Erwachsene anziehen, neigen sie eher dazu, sich wie Erwachsene zu benehmen, die Handlungen von ihnen nachzuahmen. Es ist schwierig, wie ein erwachsener Mann zu gehen, wenn man kurze Cordhosen trägt, die beim Gehen ein fürchterliches Geräusch von sich geben. Aber Jungen in langen Hosen können wie Männer gehen, und kleine Mädchen in engen Jeans können wie Frauen gehen. Es ist heute schwieriger, daran zu denken, daß Kinder Kinder sind und nicht kleine Erwachsene, weil sie sich wie Erwachsene anziehen und sich wie Erwachsene bewegen.

Der Wandel in den Angeboten der Sommerlager für Kinder ist ein weiterer Beweis für den Druck, schnell erwachsen zu werden. Obwohl es immer noch viele Feriencamps gibt, die Schwimmen, Segeln, Reiten, Bogenschießen und Lagerfeuer in ihrem Programm haben — Aktivitäten, an die wir uns aus unserer eigenen Kindheit erinnern —, bietet eine wachsende Anzahl von Sommerlagern Spezialkurse in vielen verschiedenen Gebieten an, unter anderem Fremdsprachen, Tennis, Baseball, Tanz, Musik und sogar Computerkurse.

Die beliebtesten Feriencamps scheinen die zu sein, die sich auf Sportarten, bei denen es vor allem auf den Wettbewerb ankommt, spezialisiert haben: auf Softball, Gewichtheben, Tennis, Golf, Football, Basketball, Hockey, Fußball, Lacrosse, Bodenturnen, Ringen, Judo, Eiskunstlauf, Surfen. »Für jede Sportart gibt es ein Ferienlager (oder zehn oder hundert), das sich darauf spezialisiert hat, die Feinheiten dieser Sportart zu lehren. Oft sind diese Lager unter der tatsächlichen oder nominellen Leitung eines berühmten Sportlers, und viele haben Berufssportler in ihrem Lehrkörper. Der Tagesablauf ist streng geregelt, es gibt Einzel- und/oder Gruppenunterricht, Übungswettkämpfe und Turniere mit Preisen. Und um die Sportler noch besser anzufeuern, können gelegentlich auch Cheerleader und Sängerinnen teilnehmen.«[14]

Der Wandel in den Angeboten der Sommerlager spiegelt die neue Überzeugung wider, daß die Jahre der Kindheit nicht verplempert werden dürfen, indem man Dinge tut, nur weil sie Spaß bringen. Vielmehr müßten diese Jahre genutzt werden, um Sachkenntnisse und Fähigkeiten zu vervollkommnen, die die gleichen sind wie die der Erwachsenen. Kinder werden früh in die Härten des Wettbewerbs und der Konkurrenz eingeführt. Im Dollars & Cents Camp in Florida hören schon Elfjährige Vorlesungen über Investmentfonds und lernen, wie man das *Wall Street Journal* liest. Der Wettbewerb und das Konkurrenzdenken zu Hause und im Sommerlager ist eines der offensichtlichsten Druckmittel für Kinder, schnell heranzureifen.

Es gibt noch viele andere solcher Druckmittel. Viele Kinder reisen heute unbegleitet durch das ganze

Land, ja durch die ganze Welt. Die sogenannten alleinreisenden Minderjährigen sind zu einer so alltäglichen Erscheinung geworden, daß die Fluggesellschaften besondere Regeln und Richtlinien für sie eingeführt haben. Dieses Phänomen ist eine direkte Folge der hohen Scheidungsrate in der Mittelklasse und der Tatsache, daß ein Elternteil oft in einen anderen Teil des Landes oder der Welt zieht. Folglich reist das Kind, um den einen oder anderen Elternteil zu besuchen. Kinder fliegen gelegentlich auch allein, um ihre Großeltern zu besuchen, um an speziellen Sommerlagern teilzunehmen oder um spezielle Ausbildungseinrichtungen zu besuchen.

Die Luftfahrtbehörde schätzt, daß jährlich 500 000 Kinder, einige davon nicht mehr als fünf Jahre alt, ohne Begleitung fliegen. Manche Fluggesellschaften haben auf diesen Trend reagiert und machen spezielle Angebote für ihre jungen Kunden. Continental Airlines hat »Klubräume« für Kinder in ihren Hauptabflughäfen Denver, Houston und Newark. Transtar Airlines bietet sogar Sondertarife für Kinder, die häufig fliegen, an. Solche Einrichtungen sind eine Hilfe, aber die kleinen Flugreisenden werfen trotzdem besondere Probleme auf.

Gwen Souza, eine Stewardeß bei United Airlines, kann sich gut daran erinnern, einmal ein junges Mädchen getröstet zu haben, das ganz verzweifelt war, weil sie mitten im Flug ihre erste Periode bekam. Niemand hatte ihr jemals die Sache mit der Menstruation richtig erklärt. »Also tat ich es«, sagt Souza. »Zum Schluß konnte sie darüber lachen.«

Der Steward James Reilly erinnert sich an einen Sechsjährigen, der ihn bei einer unerwarteten nächt-

31

lichen Landung in Arizona partout nicht loslassen wollte. »Es war sehr heiß da, und es war fast Mitternacht«, erinnert sich Reilly. »Der Junge hatte Angst und klammerte sich an mir fest.«

Reilly sagt, daß ihm seine kleinen Schutzbefohlenen oft leid tun, besonders diejenigen, die zwischen ihren geschiedenen Elternteilen hin- und herreisen müssen und Schwierigkeiten haben, mit dem ständigen Wechsel zurechtzukommen. »Oft erzählen sie uns alles über die Scheidung, das Besuchsrecht, über ihre Eltern und über die neuen Freunde ihrer Eltern«, sagt er. »Einige sind wirklich ganz durcheinander.«[15]

Obwohl die Flugbegleiter sich, wie diese Beispiele zeigen, gut um alleinreisende Kinder kümmern, kann das Reisen Streß bedeuten, der durch die persönlichen Sorgen der Kinder noch verstärkt werden kann. Besonders Kleinkinder können dabei das Gefühl haben, daß ihre Eltern sie im Stich lassen. Mit fremden Leuten in einem Flugzeug zu sitzen und sich dann auf neue Lebensumstände einzustellen, erfordert eine Anpassungsfähigkeit, die eigentlich nur von älteren Kindern und Erwachsenen geleistet werden kann.

Auch andere Aspekte unserer Gesellschaft nötigen Kinder dazu, schnell erwachsen zu werden. Rechtsanwälte ermutigen zum Beispiel Kinder, ihre Eltern wegen einer Vielzahl von Klagen vor Gericht zu bringen. Die viereinhalb Jahre alte Kimberley Ann Alpin aus Kalifornien, die unehelich geboren wurde, hat Klage gegen ihren Vater eingereicht, um das Besuchsrecht zu erzwingen. Der Vater, der für ihren Unterhalt aufkommt, weigert sich, sie zu sehen. Wie auch immer das Urteil ausfallen wird, und was immer man von dem Fall halten mag, er illustriert, daß auf Kinder spezialisierte Anwälte diesen die juristischen Rechte von Erwachsenen zugestehen. In West Hartford in Connecticut ließ sich der sechzehnjährige David Burn rechtskräftig von seinen Eltern »scheiden«. Ein neues Gesetz des Bundesstaates von 1980 machte es möglich. Diese neuen Rechte für Kinder haben zwar auch ihre guten Seiten, aber sie bringen sie gegenüber ihren Eltern auch in eine schwierige und oft belastende Lage.

Auch die Medien, unter anderem Musik, Bücher, Filme und Fernsehen, stellen Kinder und Jugendliche zunehmend als frühreif dar und zeigen sie in mehr oder weniger offenen sexuellen Situationen. Solche Darstellungen zwingen Kinder dazu zu glauben, sie sollten wie Erwachsene handeln, bevor sie wirklich dazu bereit sind. In dem Film *Fast Times at Ridgemont High* geben sich zwei junge Mädchen gegenseitig Ratschläge über sexuelle Techniken und den Verlust der Jungfräulichkeit. Songs wie George Michaels »I Want Your Sex« und Madonnas »Like a Virgin« sind bei Teenagern mit am beliebtesten. Auch das Fernsehen fördert mit Dokumentationen, in denen ausführlich über Themen wie Kinderprostitution und Kinderpornographie berichtet wird, den Trend der Teenagererotika. Wie manche Jugendliche sagen, sind die einzelnen Fernsehsendungen, in denen das »Sichzieren« nicht als blöde dargestellt wird, Wiederholungen von *Laverne* und *Shirley*.

Die Medien fördern nicht nur die Sexualität von Teenagern, sondern auch das Tragen von Erwachsenenkleidung und die Verwendung von erwachsenen Verhaltensmustern; sie unterstützen eine erwachsene Sprache und erwachsene zwischenmenschliche Strategien. Die Förderung der Sexualität muß im Kontext mit anderen Beeinflussungen und Vorbildern gesehen werden, die alle die Kinder dazu drängen, schnell erwachsen zu werden. Vor einigen Jahren zeigte eine Jeansreklame ein junges Mädchen, das auf einem Jungen Huckepack ritt; die Kleidung und die implizite Sexualität wurden ebenso betont wie der erwachsene Gesichtsausdruck und die erwachsene Frisur.

Aber können auch die Gefühle der Jugendlichen so angetrieben werden? Psychologen und Psychiater haben festgestellt, daß die Entwicklung der Gefühle der schwierigste und komplizierteste Teil der menschlichen Entwicklung ist. Sie haben ihren eigenen Rhythmus und ihre eigene Zeit und können nicht forciert werden. Teenager mögen wie Erwachsene aussehen und sich wie Erwachsene verhalten, aber normalerweise empfinden sie nicht wie sie. (Beobachten Sie mal eine Gruppe von Teenagern, wenn sie auf dem Kinderspielplatz schaukeln und wippen.) Kinder können in einigen Bereichen schnell reifen, aber in anderen können sie es nicht. Emotional erwachsen zu werden ist in jedem Fall schwierig und kompliziert, aber besonders dann, wenn das Verhalten und das Aussehen der Kinder »erwachsen« sagen, während ihre Gefühle »Kind« schreien.

Das Kind im Inneren

Einige der negativen Folgen des Hetzens werden gewöhnlich in der Pubertät deutlich, wenn der Druck, schnell erwachsen zu werden, in Widerspruch zu institutionellen Verboten gerät. Kinder, die angetrieben worden sind, sich schnell zu entwickeln, müssen plötzlich feststellen, daß ihnen bestimmte Vorrechte von Erwachsenen wie das Rauchen, Trinken, Autofahren und so weiter – von denen sie angenommen hatten, daß sie auch ihre Vorrechte sein würden – nicht zustehen, bis sie ein bestimmtes Alter erreicht haben. Viele Jugendliche fühlen sich von einer Gesellschaft betrogen, die ihnen befiehlt, schnell erwachsen zu werden, die ihnen aber gleichzeitig sagt, daß sie Kinder bleiben sollen. Es ist nicht überraschend, daß dieser Konflikt oft zu einem gestörten und unangenehmen Verhalten während der Pubertät führt.

Die Ergebnisse einer Studie von 1985 zeigen, daß die Jugendlichen dazu neigen, sich in Experimente zu stürzen; eine Haltung, die ohne Zweifel eine Konsequenz des schnellen Heranwachsens ist.

In der größten statistischen Erhebung über Drogenmißbrauch, die jemals gemacht wurde, berichteten über 200 000 Schulkinder von der sechsten bis zur zwölften Klasse von einem Verhalten, das ihre Eltern entsetzen würde, wenn sie davon wüßten. Immer mehr und immer jüngere Kinder nehmen Drogen. Sie schlucken Tabletten, und sie rauchen Hasch im Schulbus, sie betrinken sich in ihren Autos und in den Häusern ihrer Freunde, und sie schnupfen Kokain in ihrem eigenen Zuhause.[16]

Das Hineinstürzen in Experimente wird vielleicht am sexuellen Verhalten der Teenager am deutlichsten. Obwohl Statistiken nicht immer so verläßlich sind, wie man es sich wünschen würde, weisen alle Untersuchungen auf einen starken Anstieg der sexuellen Aktivität von Teenagern seit den sechziger Jahren hin. In den frühen Sechzigern waren etwa 10 Prozent der Mädchen und circa 25 Prozent der Jungen sexuell aktiv. Heute sind es eher 50 Prozent der Mädchen und etwa 60 Prozent der Jungen. »Früher hat zum Beispiel die Furcht vor Schwangerschaften oder davor, als Schlampe verschrien zu werden, dazu geführt, daß viele an ihrer Jungfräulichkeit festhielten. Heute fallen diese Ängste weg«, stellt Melvin Zelnick, Professor für Volksgesundheit an der Johns Hopkins University, fest.

Die jungen Leute selbst sind sich dieser Entwicklung sehr bewußt. »Ich würde sagen, daß die Hälfte der Mädchen in meiner Abschlußklasse Jungfrauen sind«, sagte eine 18jährige High-School-Absolventin aus Iberia in Louisiana. »Aber wenn sie ihren Abschluß machen, wird keine einzige mehr übrig sein.«

Diese sexuelle Befreiung hat eine Reihe von sehr beunruhigenden Konsequenzen. Zur Zeit werden jährlich 1,1 Millionen Mädchen im Teenageralter schwanger. Das ist der höchste Prozentsatz von Teenagerschwangerschaften in allen westlichen Ländern; er ist doppelt so hoch wie der Englands, dem westlichen Land mit dem nächsthöheren Prozentsatz. 1985 wurden 78000 Kinder von Teenagern geboren; in den meisten Fällen waren die Schwangerschaften nicht geplant. Bei 178000 Geburten waren die Mütter 17 Jahre alt oder jünger, bei 10000 waren sie 14 oder jünger. Es wird geschätzt, daß von den heute 14jährigen über 25 Prozent mindestens einmal schwanger werden, bevor sie 20 sind!

Positiv ist, daß die Geburtenrate von Teenagern in den letzten 15 Jahren stetig zurückgegangen ist. 1983 war die Anzahl der Geburten von Teenagern zum erstenmal seit 1955 geringer als 500000. Das Schlechte daran ist nur, daß dieser Rückgang eher auf die zunehmende Zahl der Abtreibungen als auf weniger Schwangerschaften zurückzuführen ist. Außerdem ist die Zahl der Teenager, deren Kinder unehelich zur Welt kommen, von 46 Prozent in den sechziger Jahren stetig auf 70 Prozent gestiegen.

Obwohl die Bedrohung durch AIDS das Sexualverhalten der Erwachsenen geändert zu haben scheint, trifft das auf Jugendliche nicht zu. Ein großer Teil der Geschlechtskranken, die jedes Jahr gemeldet werden, sind Teenager, und ihre Anzahl scheint noch zuzunehmen.

Es gibt vielfältige Gründe für diese verstärkte sexuelle Aktivität von jungen Leuten. Junge Mädchen bekommen ihre erste Menstruation heute zum Beispiel im Durchschnitt mit zwölfeinhalb Jahren, nicht mit siebzehn Jahren wie noch vor einem Jahrhundert. Glücklicherweise scheint dies die untere Grenze zu sein, ermöglicht durch gute Gesundheitsvorsorge und ausgewogene Ernährung. Jedoch ist dieses Alter für die erste Menstruation in den beiden letzten Jahrzehnten gleich geblieben und kann so die verstärkte sexuelle Aktivität von jungen Frauen nicht erklären. Unter anderem hat der rapide Wandel in den Normen der Gesellschaft, die Frauenbewegung, die hohe Scheidungsrate, die Abnahme der Autorität der Eltern und der gesellschaftlichen Institutionen sowie das fatalistische Gefühl, daß wir sowieso alle in einem nuklearen Holocaust sterben werden, das oft nicht verbalisiert, aber zu der Einstellung »Zum Teufel damit, laßt uns amüsieren« geführt hat, diesen Wandel des Sexualverhaltens mitbedingt.

Obwohl die Medien diese Trends begierig aufgreifen und sie für kommerzielle Zwecke ausnutzen (zum Beispiel werden zur Zeit Kosmetikartikel für vier- bis neunjährige Mädchen von Spielzeugherstellern auf den Markt gebracht), ist vielleicht das direkte Vorbild der Erwachsenen doch am prägendsten. Ehepaare gehen vor ihren Kindern gewöhnlich diskret mit ihrer Sexualität um – zum Teil wegen der natürlichen Abneigungen, Kinder mit etwas zu konfrontieren, was sie nicht verstehen können, aber auch weil für viele Paare die romantische Phase der Beziehung mittlerweile vorbei ist.

Aber alleinstehende Eltern, die sich neu verliebt haben, bieten Kindern ein ganz anderes Vorbild. Einmal ganz abgesehen von den vielschichtigen Problemen, die entstehen, wenn alleinstehende Eltern einen Partner bei sich übernachten lassen – sie zeigen ihre Sexualität meistens viel offener als Ehepaare –, können Kinder die romantische Phase einer Beziehung miterleben: das Händchenhalten, das Sichansehen, das ständige Berühren und Liebkosen. Diese gesteigerte Sexualität, zusammen mit all der positiven Zuneigung, die dadurch ausgedrückt wird, kann Jugendliche dazu ermutigen, sich nach etwas Ähnlichem umzusehen.

Wie Professor Mavis Hetherington von der Universität in Virginia in ihren Forschungsarbeiten festgestellt hat, sind die Töchter geschiedener Frauen zumeist mehr an Sexualität interessiert und flirten häufiger mit Männern als die Töchter verwitweter Mütter oder von Ehepaaren.[17] Da es heute mehr Töchter im Jugendalter von alleinstehenden Eltern gibt als jemals zuvor, könnte auch dies zu der verstärkten sexuellen Aktivität der heutigen Mädchen beitragen.

Obwohl es richtig ist, daß es in jeder der vorangegangenen Generationen einige junge Leute gegeben hat, die früh sexuell aktiv geworden sind, die schwanger geworden sind, die sich Geschlechtskrankheiten zugezogen haben und so weiter, war das immer nur ein kleiner Prozentsatz der Bevölkerung. Was heute neu ist, ist die hohe Anzahl dieser jungen Leute; eine Zahl, die darauf hinweist, daß die Ursachen des Drucks, schnell erwachsen zu werden, eher im gesellschaftlichen und allgemeinen Bereich zu suchen sind als im familiären und besonderen. Der Anteil der Jugendlichen, die Drogen nehmen, die sexuell aktiv sind und die schwanger werden, ist so groß, daß wir für eine volle Klärung der Ursachen die Gesellschaft als Ganzes betrachten müssen und nicht nur die Eltern.

Parallel zu der verstärkten Sexualität von Jugendlichen ist bei Kindern eine Zunahme der Krankheiten zu beobachten, die bei Erwachsenen als streßbedingt gelten. Kinderärzte haben eine größere Häufigkeit von Erkrankungen wie Kopfschmerzen, Magenschmerzen, Allergien und so weiter bei heutigen Kindern festgestellt als bei früheren Generationen. Das Typus-A-Verhalten (nervös, von Konkurrenzgedanken geprägt, fordernd) ist bei Kindern nachgewiesen und mit einem erhöhten Cholesterinspiegel in Verbindung gebracht worden. Und es ist auch auf elterlichen Leistungsdruck zurückgeführt worden.

Ein weiterer Hinweis auf den Streß, dem die Kinder heute ausgesetzt sind, ist ihr allgemeiner Gesundheitszustand. Die Forschung hat festgestellt, daß die Kinder heute wirklich sehr schlecht in Form sind.

- 64 Prozent der Kinder im Alter von sechs bis siebzehn Jahren entsprechen nicht dem Standard eines gesunden Kindes; bei 35 Prozent bestehen mindestens zwei Risikofaktoren für Herzkrankheiten; und 42 Prozent haben einen zu hohen Cholesterinspiegel.
- Nur 36 Prozent dieser Kinder nimmt täglich am Sportunterricht teil. In der Grundschule hat die Hälfte der Schüler einmal in der Woche Sportunterricht; danach sind es noch sehr viel weniger.
- Bei den Sechs- bis Elfjährigen hat die Fettleibigkeit in den letzten zwanzig Jahren um 54 Prozent zugenommen, bei den Zwölf- bis Siebzehnjährigen um 30 Prozent.[18]

Der Druck, schnell erwachsen zu werden, spiegelt sich auch in den Statistiken über Kinder- und Jugendkriminalität wider. 1978 untersuchte das »National Institute of Education« die Kriminalität an Schulen; die Studie wurde 1987 wiederholt. Ein Rückblick auf das, was sich in den zehn Jahren verändert hat, ist sehr aufschlußreich. Im Jahr 1978

- wurden jeden Monat annähernd 282000 Schüler in Amerikas höheren Schulen tätlich angegriffen.
- Mindestens acht Prozent der Schüler an städtischen höheren Schulen gingen mindestens einen Tag im Monat nicht zur Schule, weil sie Angst hatten.
- Circa 5200 von insgesamt einer Million Lehrern an höheren Schulen wurden jeden Monat in der Schule tätlich angegriffen.
- Die jährlichen Kosten der Schulkriminalität einschließlich des Vandalismus wurden von circa 50

Millionen bis zu 600 Millionen Dollar geschätzt; die meisten Schätzungen liegen im Bereich von 100 bis 200 Millionen Dollar. Die beste Schätzung der jährlichen Kosten für Ersatz und Reparaturen beläuft sich auf circa 200 Millionen Dollar.

Die Daten von 1987 lassen erkennen, daß es in den letzten zehn Jahren nicht zu einem Anstieg der Kriminalität gegen Schüler gekommen ist. Die Häufigkeit der tätlichen Angriffe ist unverändert geblieben, während Raub und Diebstahl zurückgegangen sind (teilweise auch, weil die Schüler vorsichtiger geworden sind und weniger Geld und Wertsachen mit zur Schule bringen). Tätliche Angriffe gegen Lehrer sowie Diebstahl und Beschädigung von Lehrer- und Schuleigentum sind auf dem hohen Stand von 1978 geblieben.

Aber zweifellos war das beunruhigendste Ergebnis dieser neuen Studie der dramatische Anstieg des Waffenbesitzes auf dem Schulgelände. Alle untersuchten Schulen berichteten von einem Anstieg dieser Gesetzesübertretungen. In einer der untersuchten Schulen wurden im Schuljahr 1975/76 18 Fälle von Waffenbesitz gemeldet; im Schuljahr 1985/86 waren es fast 1500.

Der vermehrte Waffenbesitz von Jugendlichen geht Hand in Hand mit einem Anstieg der Gewaltkriminalität in dieser Altersgruppe. Laut Statistiken der Justizbehörde geschahen 1985 an amerikanischen Schulen und Universitäten 450000 Gewaltverbrechen – 1984 waren es 433000.

Diese Art von Verbrechen geschieht in allen Teilen des Landes und auf allen sozioökonomischen Ebenen der Gesellschaft. Im März 1987 schrieb die Journalistin Lisa Austin:

In den letzten 36 Monaten haben fünf Jungen von 12 bis 15 Jahren ihre Pistolen mit zur Schule genommen und damit getötet.

Ihre Opfer waren: ein Schüler im Nordwesten von Missouri und ein anderer im Südwesten; ein Schuldirektor in Kansas, ein Lehrer in Montana, ein Hausmeister in Connecticut. Und ein zwölfjähriger Junge aus Missouri richtete die Pistole seines Vaters gegen sich selbst, nachdem er einen Menschen erschossen hatte.

Auf einem Schulgelände in Arizona erschoß ein 17jähriger zwei Lehrer, nachdem er beim Trinken ertappt worden war. Als der Junge Polizeibeamten mit einem Gewehr entgegentrat, erschossen sie ihn.

Auf einem Spielplatz in Texas verwundete ein 14jähriger einen Mitschüler und erklärte dann dem Schuldirektor: »Anders konnte ich ihn mir nicht vom Hals schaffen, Mr. Brown.«

In Virginia wurde ein 12jähriger aufgefordert, ein Mädchen im Schulbus zu erschießen; erstaunlicherweise überlebte sie die Kugel im Gesicht.

In Montana tötete ein 14jähriger einen Lehrer. Er sagte aus, daß sein Durchfallen in Französisch die Ursache der Tat sei.[19]

Dinge, die zur gleichen Zeit geschehen, sind nicht zwangsläufig miteinander verbunden. Trotzdem ist es auffallend, daß dieser Anstieg der Gewaltverbrechen von Jugendlichen von folgenden statistischen Fakten begleitet wurde:

- 1982 wurden in der Woche anderthalb Stunden Kriegszeichentrickfilme gesendet. 1986 waren es jede Woche insgesamt 43 Stunden. In solchen Zeichentrickfilmen werden durchschnittlich 48 Gewalttaten in der Stunde gezeigt.

- Das durchschnittliche amerikanische Kind wird in diesem Jahr etwa 1000 Stunden Werbung für Kriegsspielzeug sehen und zusätzlich etwa 250 Kriegszeichentrickfilme, die produziert werden, um dieses Spielzeug besser verkaufen zu können. Das ist gleichbedeutend mit jährlich 22 Tagen Unterricht in gewalttätigem Verhalten.

- Der Verkauf von Kriegsspielzeug hat sich 1982 um 700 Prozent gesteigert.[20]

Sicherlich haben Kinder — insbesondere Jungen — immer wieder Gewaltspiele geübt, sei es nun »Cowboys und Indianer« oder »Räuber und Gendarm«. Als ich klein war, machten wir uns unsere eigenen Zinnsoldaten mit kleinen Gußformen und spielten »Krieg«. Was heute anders ist, ist nicht die Existenz von Kriegsspielzeug und Kriegsspielen, sondern das Ausmaß. Es gibt einfach zuviel davon, und es nimmt einen unverhältnismäßig großen Teil der Zeit und der Aufmerksamkeit von Kindern in Anspruch. Eine vollkommen natürliche Neigung zum Phantasieren und Tagträumen der Kinder wird aus kommerziellen Gründen in ein realistisches Spiel verwandelt, und zwar ohne Rücksicht auf die Auswirkungen, die das langfristig auf die Kinder haben wird.

Das letzte Phänomen, das ich im Zusammenhang mit dem Hetzen besprechen will, ist der Selbstmord von Jugendlichen. 1988 war Selbstmord die zweithäufigste Todesursache von Amerikanern im Alter von 15 bis 24; sie kommt direkt nach der Todesursache Unfall. Circa 10000 junge Leute sterben jährlich durch Unfälle, während 5000 durch Selbstmord umkommen. Sowohl Unfälle als auch Selbstmord sind oft auf übermäßige Belastungen zurückzuführen, und bei einigen Unfällen handelt es sich wahrscheinlich um Suizidfälle. Obwohl sich die Selbstmordrate in den letzten Jahren auf einem Niveau eingependelt hat, ist sie immer noch dreimal so hoch wie 1960.

Wenn Jugendliche Selbstmord begehen, bringen sich oft sehr viele auf einmal oder nacheinander um, und sehr oft geschieht dies in wohlhabenden vorstädtischen Wohngegenden. In den siebziger Jahren stieg die Suizidrate in Chicagos nördlichen, am See gelegenen Vorstädten um 250 Prozent an. Und dies geschah, obwohl die Stadtverwaltung sich sehr um eine Selbstmordverhütung bemühte. In diesem Stadtteil (wie auch in einigen anderen, die später beschrieben werden) erwies sich die Kombination von Reichtum, starkem Leistungsdruck, Ehestreitigkeiten, Drogen und Schulversagen als tödlich für einige junge Leute.

Ein 19jähriger aus Glencoe in Illinois sagt: »Für eine so kleine Gemeinde haben wir eine empörend hohe Anzahl von Selbstmorden.« Eine Freundin des Jugendlichen schnitt sich die Pulsadern auf und zwei andere fuhren mit dem Auto gegen einen Baum. »Wenn man hier aufwächst, kriegt man alles auf einem silbernen Tablett serviert, aber etwas sehr Wichtiges fehlt. Das einzige, was dir die Eltern nicht geben, ist Liebe und Verständnis, und sie nehmen dich als Menschen nicht an.« Und Isadora Sherman vom »Highland Park's Jewish Family and Community Service« sagt: »Die Leute hier geben ihren Kindern materiell sehr viel, aber sie erwarten auch viel als Gegenleistung. Niemand hier sieht seine Kinder als Durchschnitt, und diejenigen, die den Erwartungen nicht entsprechen, werden wie Versager behandelt.«[21]

In den achtziger Jahren ist es auch in anderen reichen Vororten zu diesen gehäuften Fällen von Selbstmord gekommen, von Plano in Texas bis zu Westchester in New York. Nicht untypisch dafür war das Muster, nach dem die Selbstmorde in dem Vorort Bergenfield in New Jersey abliefen. Im März 1987 fuhren vier Jugendliche ihr Auto in eine unbenutzte Garage, schlossen die Tür, ließen den Motor laufen und warteten. Diesen bewußten Suizidfällen waren die verdächtigen Tode von weiteren vier Teenagern neun Monate zuvor vorangegangen. Kurz darauf starb noch ein Jugendlicher aus Bergenfield, ebenfalls an einer Kohlenmonoxidvergiftung. Am Tag darauf wurden zwei Mädchen in Alsip in Illinois ebenfalls in einem Auto in einer geschlossenen Garage tot aufgefunden.

Der Psychiater Harald Visotsky erläutert prägnant, wie der auf Kinder ausgeübte Druck, früh etwas zu leisten, schnell erwachsen zu werden und erfolgreich zu sein, zum Selbstmord von Jugendlichen beitragen kann: »Die Leute aus den unteren sozialen Schichten erwarten weniger als diese Leute. Die Wut, die die Armen fühlen, wird auf gegen die Gesellschaft gerichtete Arten ausgelebt – in Form von Vandalismus, Totschlag, Aufruhr –, und das Gefühl von geteiltem Leid verhindert, daß einzelne sich so isoliert fühlen. Bei den wohlhabenden Kindern wird ein Fuß schon auf die Karriereleiter gesetzt, wenn sie noch die Kinderrassel in der Hand haben. Das Konkurrenzdenken spielt eine wichtige Rolle, und das Kind fühlt sich allein gelassen. Reiche Kinder neigen eher dazu, ihre Wut an sich selbst als an der Gesellschaft auszulassen.«[22]

Heranwachsende sind sich der Reaktionen ihrer Umgebung sehr bewußt. Versagen wird zu einer öffentlichen Angelegenheit, und der Jugendliche spürt das Mißfallen der Zuschauer. Das Bewußtsein, daß »jeder es weiß«, ist schmerzlich und kann zu versuchten oder erfolgreichen Selbstmorden von Jugendlichen führen, wenn diese auch schon aus anderen Gründen darauf eingestellt sind. Unser Hetzen von Kindern hat meiner Ansicht nach entscheidend zu dem außerordentlichen Anstieg der Selbstmordrate bei Jugendlichen in den letzten zehn Jahren beigetragen.

Ganz erwachsen: Kein Platz für Kinder

Sigmund Freud, der einmal aufgefordert wurde, die charakteristischen Merkmale des Erwachsenseins zu beschreiben, antwortete: *lieben und arbeiten.* Ein reifer Erwachsener ist ein Mensch, der lieben kann und der es zulassen kann, selbst geliebt zu werden, und der produktiv, sinnvoll und mit Zufriedenheit arbeiten kann. Aber die meisten Jugendlichen und ganz bestimmt alle Kinder sind unfähig, in der von Freud beschriebenen reifen Art zu lieben und zu arbeiten. Kinder lieben ihre Eltern auf eine ganz andere Art, als sie später einen Partner lieben werden. Und viele, wenn nicht die meisten Jugendlichen, werden ihre Lebensarbeit erst finden, wenn sie schon junge Erwachsene sind.

Wenn von Kindern erwartet wird, daß sie sich wie Erwachsene anziehen, wie sie handeln und denken, wird in Wirklichkeit von ihnen erwartet, daß sie schauspielern, weil all das äußere Drum und Dran des Erwachsenseins sie in keiner Weise zu wirklichen Erwachsenen macht, die *lieben* und *arbeiten* können. Es liegt eine gewisse Ironie darin, daß dieselben Eltern, die nicht zulassen, daß ihre Kinder an den Weihnachtsmann oder an den Osterhasen glauben (weil das Phantasievorstellungen sind und daher unehrlich), es ihren Kindern erlauben, sich wie Erwachsene anzuziehen und sich wie diese zu benehmen, ohne sich der ungeheuren Unehrlichkeit bewußt zu sein, die darin liegt, es Kindern zu gestatten, sich in dieser erwachsenen Weise darzustellen.

Noch ironischer ist es, daß Handlungsweisen, die einmal als typisch für die unteren sozialen Schichten galten, jetzt den Reiz des Schicks auf die Mittelschicht ausüben. Scheidungen, alleinerziehende Eltern, berufstätige Mütter und unverheiratet zusammenlebende Paare waren bei den Familien der unteren sozialen Schicht schon vor Jahrzehnten gang und gäbe. All dies wurde sehr oft von wirtschaftlichen Notwendigkeiten verursacht; die Kinder dieser sozialen Schicht wurden also gedrängt, schnell erwachsen zu werden. Die Eltern aus der Mittelschicht und aus der Oberschicht bemitleideten sie und sahen auf sie herab, und sie verschafften ihnen gelegentlich Schutz und Obdach; so ist zum Beispiel das »Home for Little Wanderers« in Boston entstanden.

Heutzutage hat die Mittelschicht Scheidung zu einem Statussymbol gemacht. Und alleinerziehende Eltern und unverheiratet zusammenlebende Paare werden zunehmend zu einer alltäglichen Erscheinung. Aber die Kinder aus der Mittelschicht haben sich nicht so schnell an diesen gesellschaftlichen Wandel anpassen können. Früher konnte ein Kind aus einer Familie mit niedrigem Einkommen die Notwendigkeit, schon früh die Verpflichtungen eines Erwachsenen auf sich zu nehmen, leicht einsehen; die Familie brauchte das Geld, das die Arbeit des Kindes in der Fabrik oder auf dem Bauernhof einbrachte, zum Leben, und auch noch jüngere Familienmitglieder mußten sich an der Hausarbeit und an der Kinderbetreuung beteiligen. Aber für das heutige Mittelschichtskind ist es schwer einzusehen, warum es einem Babysitter übergeben oder in eine Kindertagesstätte gebracht wird, wenn es doch ein nettes Zimmer und einen schönen Garten zu Hause hat. Es ist nicht so sehr die Scheidung der Eltern an sich, die diese Kinder so unglücklich macht, sondern die Tatsache, daß sie oft so unnötig zu sein scheint, und so deutlich die Bedürfnisse der Eltern und nicht die des Kindes befriedigt. Wie wir sehen werden, ist es das Gefühl, benutzt und von den Eltern ausgebeutet zu werden, ohne Grund der Identität und der Einzigartigkeit der Kindheit beraubt zu werden. Es ist sicher richtig, daß die Entwicklung hin zum Verwischen der Grenzen zwischen Kindern und Erwachsenen ein Teil einer breiten Bewegung in diesem Land ist, die Gleichheit für alle anstrebt und die sich bemüht, die Grenzen aufzuheben, die die Geschlechter, die Rassen und die Behinderten voneinander trennen. Dieser Trend kommt in der gleichen Kleidung und gleichen Frisuren für beide Geschlechter zum Ausdruck, in der Forderung nach gleichem Lohn für gleiche Arbeit, in den Aktionen gegen die Diskriminierung von ethnischen Minderheiten und in den Appellen und der Rechtssprechung, die Behinderten gleiche Bildungschancen und sinnvolle Arbeit verschaffen wollen. Aus dieser Sicht gesehen, ist der Druck, schnell erwachsen zu werden, lediglich ein Symptom eines viel breiteren gesellschaftlichen Phänomens – einer Bewegung hin zu wahrer Gleichheit und zur Verwirklichung der Ideale, die in der amerikanischen Unabhängigkeitserklärung zum Ausdruck kommen. Hinsichtlich der Frauen, der ethnischen Minderheiten und der Behinderten kann man diese Bewegung nur begrüßen; aber eine gedankenlose Übertragung auf Kinder ist bedauerlich.

Kinder brauchen Zeit, um zu wachsen, zu lernen und sich zu entwickeln. Wenn man sie anders behandelt als Erwachsene, diskriminiert man sie nicht, sondern man erkennt ihre besondere Stellung an. Wenn wir dafür sorgen, daß spanischsprachige Kinder zweisprachigen Unterricht bekommen, diskriminieren wir sie ebenfalls nicht, sondern wir ziehen ihre besonderen Bedürfnisse in Betracht, die, wenn man sie außer acht ließe, einen erfolgreichen Schulabschluß und damit wahre Gleichheit unmöglich machen würden. Und der Bau von Rampen für Rollstühle sichert behinderten Schülern die Chancengleichheit. Die Anerkennung von speziellen Bedürfnissen ist keine Diskriminierung. Im Gegenteil ist sie der einzige Weg, auf dem wahre Gleichheit verwirklicht werden kann.

Alle Kinder haben, verglichen mit Erwachsenen, spezielle Bedürfnisse: intellektuelle, soziale und emotionale. Kinder lernen, denken und fühlen anders als Erwachsene. Wenn man diese Unterschiede ignoriert und Kinder wie Erwachsene behandelt, handelt man weder demokratisch noch gleichheitlich. Die Anerkennung der besonderen Bedürfnisse einer Gruppe und die Anpassung an diese Bedürfnisse ist der einzige Weg, auf dem Gleichheit und wahre Chancengleichheit ermöglicht werden können.

Kapitel 2

Die Triebkräfte des Hetzens: Die Eltern

In der amerikanischen Tradition wurden für die Kindheit zwei unterschiedliche Metaphern verwendet. Die erste Metapher, die vielleicht aus unserer landwirtschaftlich-ländlichen Vergangenheit stammt, beschreibt das Kind als eine wachsende Pflanze, die ernährt und für die gesorgt werden muß, aber die sich nach ihren eigenen inneren Gesetzen von selbst entwickeln wird. In diesem Bild nimmt das Kind die es umgebende Welt in sich auf und macht sie sich zu eigen. Walt Whitman ist es gelungen, diesen Prozeß des »Aufsaugens« in seinem Gedicht *Es war ein Kind, das ausging jeden Tag* vollendet wiederzugeben:

Der Schoner nahebei, der schläfrig mit der Flut treibt,
  das kleine Boot dahinter am losen Tau,
Die hurtigen, sich überstürzenden Wellen,
Die Schichten buntfarbiger Wolken, der lange bräunliche
  Streifen einsam für sich, das Stück klaren Himmels,
  darin er reglos liegt,
Der Rand des Horizontes, die fliegende Seekrähe, der
  Duft von salziger Marsch und Uferschlamm,
Sie alle wurden Teil des Kinds, das ausging jeden Tag und
  jetzt noch geht, und gehen wird jeden Tag in Ewigkeit.[1]

Der verstorbene Jean Piaget hat die Metapher von der Pflanze wissenschaftlich formuliert; er sah die intellektuelle Entwicklung des Kindes als einen Teil des fortlaufenden größeren Prozesses der biologischen Anpassung. Piaget verstand die menschliche Intelligenz als eine Erweiterung dieser Anpassung. Das Denken wandelt eingehende Informationen auf eine Art um, die dem Individuum nützlich sind. Aber es paßt sich ebenso wie das Sehen auch an die Beschränkungen der Umwelt an. Wie eine Pflanze oder wie ein Organismus verwandelt das Denken gleichzeitig die Umwelt und wird von ihr verwandelt.[2]

Eine andere — ebenso alte und ebenso intellektuell achtbare — Metapher sieht das Kind mehr in physikalischen als in biologischen Begriffen. John Locke, ein englischer Philosoph des 16. Jahrhunderts, prägte die klassische Formulierung dieser Konzeption; er sprach von dem Kind als einer *Tabula rasa* oder einer unbeschriebenen Schiefertafel, auf die die Erfahrungen des Lebens geschrieben werden.[3] In unserem modernen industriellen Zeitalter wird das etwas anders formuliert. Wir sehen das Kind als eine Art »Rohmaterial«, das von den Eltern, von Bildung und Erziehung und von den gesellschaftlichen Institutionen geprägt wird. John Watson, der Psychologe, der den Behaviorismus begründete, faßt diese Einstellung in seinem prahlerischen Satz: »Gebt mir ein Dutzend gesunder Kinder und ich verbürge mich dafür, daß ich irgendeines heraussuchen und es zu einem Arzt, einem Rechtsanwalt, einem Künstler, einem Kaufmann, einem Bettler oder einem Dieb machen kann«[4], kurz zusammen. Eine ähnliche Anmaßung bestimmt den Inhalt von B. F. Skinners 1950 geschriebenem Bestseller *Futurum Zwei »Walden Two«*, in dem das Reiz-Reaktions-Modell des Verhaltens von Kindern (und allen anderen Menschen in einer Gesellschaft) anhand von »angepaßten« und »gesunden« Verhaltensrichtlinien vorgestellt wurde.[5] Wir halten also an den beiden Metaphern fest, an der des Kindes als wachsendem Organismus mit einer eigenen, sich langsam entwickelnden Identität und an der des Kindes als formbarem Material, das auf die Prägung der Gesellschaft wartet. Die beiden Metaphern stehen vielleicht stellvertretend für die unterschiedlichen Sozial- und Wirtschaftssysteme unserer landwirtschaftlichen Vergangenheit und unserer industriellen Gegenwart. Im heutigen Amerika neigen diejenigen, die regelmäßig mit Kindern arbeiten – Lehrer, Psychologen, Erzieher – dazu, die Metapher vom wachsenden Organismus zu übernehmen. Sie stellen sich die Schule folglich als eine Art Bauernhof vor, wo lebende Dinge frei wachsen können, jedes Ding nach seinem eigenen Rhythmus und in seiner eigenen Zeit. Andererseits ist es nicht überraschend, daß die Verwaltungsangehörigen (Verwaltungsbeamte, Schulbehörden und so weiter) die Sicht von Kindern als formbaren Einheiten, die auf die Auferlegung einer Form von außen warten, vorziehen. In ihrer Sicht sind Schulen Fabriken, und das einzelne Kind ist kein Baum, sondern ein Fließbandprodukt, berechenbar hergestellt und serienmäßig zugeschnitten.

Und dennoch sind vielleicht beide Vorstellungen schon überholt, weil unsere Gesellschaft sich um uns herum verändert, noch während wir innehalten, um sie zu beobachten und zu beschreiben. Zum Beispiel hat die Entwicklung unseres Wirtschaftssystems dazu geführt, daß sowohl die Landwirtschaft als auch die Industrie einen sehr viel kleineren Teil des Arbeitskräftepotentials beschäftigen als vorher. Roboter, Automatisierung und die Umstellung auf Computer machen die traditionelle arbeitsintensive Fabrik (und den Fabrikarbeiter) überflüssig, ebenso wie Traktoren, Mähdrescher und Spritzfahrzeuge die Landwirtschaft radikal und auf Dauer verändert haben. Die Mikroelektronik, die Gentechnik und die Datenverarbeitung brauchen andere Fähigkeiten, andere Strategien und andere Anlagen als die traditionelle Fabrik oder den herkömmlichen Bauernhof.

Diese Entwicklungen müssen notgedrungen auch unser Selbstbild und unsere Vorstellungen von der Familie verändern. Da wir jetzt ins nachindustrielle Zeitalter kommen, werden wir ohne Zweifel angemessene Metaphern für unser Verständnis der Kindheit entwickeln. Und unsere neu entwickelte Neigung, Kinder dazu zu drängen, schnell erwachsen zu werden, muß innerhalb dieses Kontextes einer sich wandelnden Gesellschaft, eines sich verändernden Wirtschaftssystems und von neuen Familien- und Wertestrukturen gesehen werden. Bis jetzt fehlt eine Metapher für unsere neue gehetzte Sicht der Kindererziehung, aber unglücklicherweise gibt es die Sache selbst. Eine Möglichkeit wäre natürlich, daß wir uns in einer Zeit wirtschaftlicher Bedrängnis die mittelalterliche Sicht von Kindern als kleinen Erwachsenen und willigen Arbeitskräften wieder zu eigen machen. Die Zunahme von Kindesmißhandlungen und von Kinderausbeutung (die auch für das Mittelalter charakteristisch sind) würde diese Hypothese unterstützen, wie auch der Anstieg der von Kindern begangenen Verbrechen (Diebstahl, Raub, Mord) in der heutigen Zeit. Andererseits zieht diese Sichtweise, so überzeugend sie auch scheinen mag, die unleugbare Tatsache nicht in Betracht, daß wir in bezug auf Kinder nicht unwissend sind — was unsere mittelalterlichen Vorfahren vielleicht waren — und daß weder unsere Gesellschaft noch unser Wirtschaftssystem »primitiv« sind. Wir sind möglicherweise bis zu einem gewissen Grad unaufrichtig, aber wir sind nicht unwissend. Sicher quälen wir unsere Kinder mit einigen emotionalen, intellektuellen und sozialen Anforderungen des Erwachsenseins, aber gleichzeitig behandeln wir sie — oft sehr betont — wie bloße Kinder. Manchmal gehen wir so weit, sie zu infantilisieren (sogar Jugendliche), indem wir ihnen erlauben, ihre Zimmer nicht aufzuräumen, Sachen herumliegen zu lassen, lange zu schlafen und Junk-food zu essen. Wir erkennen also den besonderen Status von Kindern an, drängen sie aber gleichzeitig dazu, schnell erwachsen zu werden.

Wie hetzen Eltern ihre Kinder? Und was sind das für starke Motivationen und Ablenkungen, die uns dazu bringen, all unser Wissen über Kindheit und Kindesentwicklung, über die besonderen Bedürfnisse und die Identität von Kindern und Jugendlichen einfach zu mißachten?

Eine mögliche Antwort liegt in einem Thema, das schon einmal angesprochen wurde: dem schnellen Wandel der Gesellschaft. Die verwirrende Schnelligkeit und das ungeheure Ausmaß der gesellschaftlichen Veränderungen sind einzigartige Kennzeichen unserer Zeit; sie unterscheiden uns von jeder vorangegangenen Gesellschaft. Für uns ist in absehbarer Zukunft nichts von Dauer. Streß ist eine Reaktion des Organismus auf diese Veränderung, auf diese Unbeständigkeit. Folglich leben wir in einer Zeit, in der Streß weit verbreitet und tief verwurzelt ist; er ist uns ein so ständiger Gefährte geworden, daß wir leicht vergessen können, wie vollständig der Streß unser Leben bestimmt.

Wir werden den Streß später ausführlich behandeln; hier möchte ich nur auf drei konkrete Streßursachen hinweisen, die in den letzten Jahren dramatisch zugenommen haben. Erstens ist die Angst größer geworden: Die Bedrohung durch Gewalt, Diebstahl oder Nötigung ist heutzutage in den Städten Amerikas eine immer gegenwärtige Möglichkeit. Alle Einwohner einer größeren Stadt (und viele Bewohner von Vorstädten und vornehmen Außenbezirken) kennen jemanden, der in irgendeiner Form tätlich angegriffen wurde, oder sie haben es selbst erlebt.

Wir sind einsamer: Die Trennungs- und Scheidungsraten sind auf einem neuen Höchststand angelangt; und obwohl einige Leute freiwillig allein leben und sich in der Einsamkeit sehr wohl fühlen, ist die Anzahl der Menschen, die allein leben, weil sie keinen passenden Partner finden können, weitaus größer.

Das Arbeitsleben ist sehr unsicher geworden: Die Angst vor der − durch die technologische Umstrukturierung bedingten − Arbeitslosigkeit, vor einer Inflation, vor einer Rezession, vor steigenden Preisen und so weiter ist ebenfalls weit verbreitet.

Menschen, die unter Streß leben, sind, wie auch Kranke, vor allem mit sich selbst beschäftigt − mit den Anforderungen, die an sie gestellt werden, mit ihrem Verhalten und mit ihren Gefühlen, mit ihren Ängsten, die wie die Hydra immer neue Köpfe entwickeln. Mit anderen Worten, sie sind egozentrisch, obwohl das nicht unbedingt heißt, daß sie eitel oder eingebildet sind. Sie haben wenig Gelegenheit, die Bedürfnisse und Interessen von anderen Menschen zu berücksichtigen. Dieser Stand der Dinge ist nicht unbemerkt geblieben. Der Gesellschaftskritiker Tom Wolfe hat den treffenden Ausdruck »das Jahrzehnt des Ichs« geprägt, um die gänzliche Inanspruchnahme durch die »Selbstverwirklichung«, die die sechziger und frühen siebziger Jahre charakterisiert hat, zu beschreiben.[6] Der Historiker Christopher Lasch hat unsere Gesellschaft »die Kultur des Narzißmus« genannt; und Narzißmus ist in der Psychoanalyse die Selbstverliebtheit, das eigene Ich ist das hauptsächliche Objekt der Liebe.[7] Sehr wahrscheinlich ist die vielzitierte Egozentrik der achtziger Jahre, die in dem Begriff »Yuppie« kurz zusammengefaßt wird, zum großen Teil eine Reaktion auf den Streß des Lebens in einer Gesellschaft, wo die Unbeständigkeit das einzig Sichere ist und wo die notwendigen Wurzeln und die bleibenden Sicherheiten des Lebens − private und öffentliche − leicht zerstört werden können oder gar nicht erst entstehen.

Das Überhandnehmen der Ichbezogenheit versetzt uns in bezug auf die Kindererziehung in ein Dilemma. Wenn sie gut gemacht werden soll, erfordert die Kindererziehung mehr als jede andere Beschäftigung ein Abrücken von den eigenen Bedürfnissen und den eigenen Perspektiven. Dieses Absehen von sich selbst ist relativ einfach, wenn die Gesellschaft stabil ist und wenn es ein ausgedehntes, unterstützendes Sozialgefüge gibt, auf das sich die Eltern verlassen können. Bis vor kurzem waren die traditionellen chinesischen und japanischen Kulturen gute Beispiele dafür. Eine wohlgeordnete und stabile Sozialstruktur befreite die Eltern von dem Streß, sich dem unaufhörlichen sozialen Wandel anpassen zu müssen, und ermöglichte es ihnen, ihre Adaptationsfähigkeiten statt dessen auf ihre wachsenden und sich wandelnden Kinder zu konzentrieren. Ein erwachsener Mann in den heutigen Vereinigten Staaten ist in einer ganz anderen Lage. Die Wirtschaft ist geprägt durch Inflation, bestimmt von der Umstellung auf Computer, von der Miniaturisierung und der Automatisierung und in die Enge getrieben durch Importe aus dem Ausland; er fürchtet mit gutem Grund um seinen Arbeitsplatz. Wenn er im alten Industriegebiet des Mittelwestens beschäftigt ist, muß er jetzt überlegen, ob er einen neuen Beruf lernen und in eine andere Stadt oder einen anderen Bundesstaat ziehen muß. Dadurch würde er die Sicherheit eines sozialen Bezugskreises von Freunden und der Familie verlieren. Viele seiner Freunde sind geschieden, leben getrennt oder haben Affären, und er fragt sich, ob er nicht bald in derselben Lage sein wird. Seine Kirche vermittelt ihm vielleicht sich widersprechende Botschaften. Wenn er zum Beispiel Katholik ist, könnte sein Priester ihm etwas ganz anderes über Geburtenkontrolle und Sexualität erzählen als der Papst. Wem soll er glauben? Woran soll er sich halten? Ständig hört er etwas Neues über die Verbrechensrate, über das Defizit des Staatshaushaltes und über die wachsende Gefahr einer nuklearen Verseuchung, über die Möglichkeit eines Weltkrieges oder einer Umweltkatastrophe. Er sorgt sich wegen der gesundheitlichen Schäden, die durch Zusatzstoffe in Lebensmitteln, durch Kaffee, Süßstoff, Cholesterin, rohes Fleisch und viele andere gewöhnliche Lebensmittel verursacht werden.

Oder bedenken Sie die Lage einer alleinerziehenden Mutter, die versucht, drei Kinder mit geringer oder gar keiner finanziellen Unterstützung durch den früheren Ehemann großzuziehen. (Die Hälfte aller Kinder der jetzigen Generation lebt bei alleinerziehenden Eltern.) Diese Frauen müssen nicht nur für ihren Lebensunterhalt sorgen und sich um das Wohlergehen der Kinder kümmern, sondern sie machen sich auch Gedanken darüber, daß sie allein sein werden, wenn die Kinder groß sind. Dazu kommt die Tatsache, daß Frauen immer noch schlechter für ihre Arbeit bezahlt werden als Männer, daß sie oft am Arbeitsplatz sexuell belästigt werden und daß sie Schwierigkeiten haben, ohne Ehemann einen Kredit bewilligt zu bekommen.

Männer und Frauen in dieser Lage − es werden in unserer Gesellschaft täglich mehr − müssen so viel Mühe aufwenden, um mit dem täglichen Streß des Lebens fertig zu werden, daß sie nur noch wenig Stärke und Enthusiasmus für die Kindererziehung übrig haben. Sie − wir − sind unfähig, unser Wissen über Kinder in die Praxis umzusetzen. Wir hetzen die Kinder, weil der Streß uns dazu nötigt, unsere eigenen Bedürfnisse vor die des Kindes zu stellen.

Die Eltern werden vielleicht ihre Handlungsweise rechtfertigen, indem sie wieder zu der Metapher von dem »grenzenlos formbaren« Kind zurückkehren. Gefangen in unserem eigenen Lebenskampf und überschwemmt von mannigfaltigen Anforderungen ziehen wir es vor, unsere Kinder als unendlich flexiblen und unverwüstlichen Werkstoff zu sehen. So kann ohne weiteres von ihnen verlangt werden, sich an unsere Bedürfnisse, Zeitpläne, Interessen und Sichtweisen anzupassen. Wir erwarten von ihnen, daß sie sich an unsere erwachsenen Lebensprogramme anpassen, während wir viel weniger Rücksicht auf ihre kindlichen Lebensprogramme nehmen. Doch hat die entgegengesetzte Metapher vom Kind als einer wachsenden Pflanze ebenfalls ihre Schattenseiten. Sie kann zu einer romantischen Sichtweise der Kindheit als einer Zeit ohne Konflikte, Ängste, Kämpfe oder Anforderungen führen. Dies ist eine ebenso gefährliche Vorstellung; sie hat zu der antiautoritären Erziehung geführt, die ebenso ein Kennzeichen unserer Zeit ist wie das Hetzen.

Wie genau wird nun der Streß der Eltern und die Metapher vom Kind als Rohstoff in das Hetzen umgesetzt? Wir haben gesehen, daß gestreßte Erwachsene ichbezogen sind, daher fällt es ihnen erheblich schwerer als anderen, andere Menschen in der ganzen Vielschichtigkeit ihrer individuellen Persönlichkeit wahrzunehmen. Menschen unter Streß neigen dazu, andere Menschen reduziert als Symbole zu sehen und nicht so sehr die eigentliche, oft schwer erkennbare Persönlichkeit dieser Menschen. Wenn wir unter Streß stehen, sehen wir andere Leute als bestimmte naheliegende, leicht begreifbare Klischeefiguren. Wenn wir krank sind, symbolisieren andere oft nur Gesundheit für uns; wenn wir ängstlich sind, scheinen andere unerschrocken und mutig zu sein; wenn wir deprimiert sind, scheint das Leben uns nur die Schönen und Glücklichen vorzuführen. Während wir (und sie) annehmen, daß wir sie als John, Mary oder Fred sehen, reagieren wir in Wirklichkeit nur auf stark vereinfachte Stereotypen, und das geschieht, weil wir zu sehr in unserer eigenen Krankheit, unserer Furcht oder unseren Depressionen gefangen sind. Genauso ist es mit unseren Kindern; wir hetzen sie, weil wir nur Objekte und Symbole sehen und keine selbständigen Subjekte.

Warum nehmen Menschen, die unter Streß stehen, Zuflucht zu Symbolen? Wofür brauchen sie sie? Grundsätzlich sind Menschen unter Streß nicht nur ichbezogen, sondern es fehlt ihnen auch die Energie, sich mit etwas anderem als mit sich selbst zu beschäftigen. Symbole – eigentlich sind es grobe Vereinfachungen – sparen Energie. Gestreßte Eltern sehen ihre Kinder als solche, weil das die einfachste Art ist, mit ihnen umzugehen. Eine Schülerin, ein Rollschuhläufer, eine Tennisspielerin, ein Vertrauter – das sind klare, eindeutige Symbole, sie bieten einfache Richtlinien dafür, was man denken, wie man sehen und wie man sich verhalten soll.

So werden die Eltern also von der energieaufwendigen Pflicht befreit, das Kind in seiner Ganzheit zu erkennen. Symbole sind auch noch auf andere Art energiesparend. Unerfüllte Bedürfnisse, Gefühle und Emotionen lassen sich leicht auf sie projizieren. Wenn sie Kinder wie Symbole behandeln, bewahren die Eltern also die Energie, die sie brauchen, um mit dem Streß fertig zu werden, und sie erhalten gleichzeitig gebrauchsfertige Bildflächen, auf die sie einige der Folgen von Streß, Furcht, Angst und Frustration projizieren können. Diese Art des Energiesparens ist jedoch nicht wirklich »kostensparend«, denn wir schaden unseren Kindern und letztlich uns selbst, wenn wir sie auf diese Weise betrachten – und sie hetzen.

Berufstätige Eltern − und das heißt, fast alle Väter und viele Mütter − stehen heute unter mehr Streß als jemals zuvor. In vielen Wirtschaftszweigen werden Menschen durch Maschinen ersetzt. Viele Arbeiter müssen sich mit der Tatsache abfinden, daß sie einen neuen Beruf lernen müssen. Ihre Kollegen in den Angestelltenberufen müssen mit einer quälenden Angst um ihren Arbeitsplatz leben, da die Auftragslage ihrer Firmen durch Inflation, gesunkene Produktivität, unzuverlässige Regierungsverträge und Umstrukturierungen steigt und fällt. Die Angst, die durch solche Umstände entsteht, ist eine offensichtliche Form von Streß.

Zudem ist in vielen Industriezweigen die Freude an der Arbeit und der Teamgeist so gut wie verschwunden. Professor Lester Thurow vom »Massachusetts Institute of Technology« führt den Wettbewerbsvorteil, den Japan und Westdeutschland gegenüber den Vereinigten Staaten haben, auf den blühenden Teamgeist und die Bereitschaft zur Zusammenarbeit in diesen Ländern zurück. Er weist darauf hin, daß »viele Arbeiter in Japan durch Prämien an den Gewinnen der Firma beteiligt sind, während die amerikanische Arbeiterschaft nicht gewillt war, diese Art der Vergütung zu akzeptieren«.[8] Und Akio Morita, Vorstandsmitglied und Mitbegründer von Sony, sagt: »Teamwork ist historisch gesehen eine amerikanische Erfindung. Aber die amerikanischen Manager haben das sehr bald vergessen. Sie sind gierig geworden; sie sehen die Arbeiter als Werkzeuge. Das war weder gut für die amerikanischen Produkte noch für die amerikanischen Firmen, und es hat der amerikanischen Konkurrenzfähigkeit in der Weltwirtschaft geschadet.«[9] Es war auch nicht gut für die Zufriedenheit der Arbeiter. Die konkurrenzgeladene Atmosphäre an den amerikanischen Arbeitsplätzen, wo jeder jeden bekämpft, ist bedrückend und fördert eine allgemeine Unzufriedenheit bei den Beschäftigten.

Bei den Angestelltenberufen gibt es ähnliche Probleme. Kürzlich traf ich mit Verwaltungsangestellten der Schulbehörde zusammen, die aus einem wohlhabenden Vorort im Nordosten des Landes kamen. Das, was sie mir erzählten, hatte ich auch schon von anderen solchen Gruppen in den ganzen Vereinigten Staaten und in Kanada gehört. Diese Männer und Frauen waren Mitte Dreißig oder Anfang Vierzig, und sie leisteten gute Arbeit, aber sie sahen kaum eine Chance für eine Beförderung; und in jedem Fall bekamen sie von ihrem Vorgesetzten keine Anerkennung für ihre Arbeit. Gehaltserhöhungen schienen völlig willkürlich zugeteilt zu werden oder alle bekamen eine; die Arbeitsleistung des einzelnen wurde dabei nicht berücksichtigt. Aus vielen Gründen war die Arbeit für diese Leute zum größten Teil nicht mehr sinnvoll und befriedigend.

Jedoch geriet eben diese Gruppe in Begeisterung, als sie von ihren Kindern sprach, oder genauer gesagt, als sie von den sportlichen Leistungen ihrer Kinder sprach. Obwohl ich keine Statistiken habe, die diese Verallgemeinerung untermauern würden, wage ich doch die Vermutung, daß es eine Verbindung gibt zwischen der Unzufriedenheit mit der Arbeit auf der einen Seite und einem unverhältnismäßig großen Interesse an den sportlichen Erfolgen der Kinder auf der anderen Seite. Kinder werden so zu Symbolen oder Trägern des Ehrgeizes der frustrierten Eltern. Die Eltern können stolz sein auf den Erfolg des Kindes oder aber den Trainer für ein Versagen verantwortlich machen. In jedem Fall engagieren sich die Eltern stellvertretend mehr für die sportliche Karriere des Kindes als für ihre eigene berufliche Karriere. Und da die Unzufriedenheit mit der Arbeit in vielen Berufen heute schon früh beginnt, taucht die Ersatzbefriedigung in Form des Interesses an den sportlichen Leistungen der Kinder oft schon auf, wenn diese noch klein sind.

Es ist jedoch kaum überraschend, daß die Intensität des Interesses der Eltern das Kind belastet und daß der Sport allen Vergnügens und allem Spielerischen beraubt wird. Der bekannte Sportjournalist John Underwood verfaßte kürzlich eine eindrucksvolle Anklageschrift gegen die Kinderligen – den schlimmsten Zerstörer der Freude am Sport:

Das sine qua non des Sports ist die Freude daran. Wenn das wegfällt, ist es nicht länger Sport. In allen Sportarten sind die Kinderligen die vielleicht schlimmsten Erzeuger von Spezialisten. Obwohl einige Beobachter glauben, daß sie einen gewissen Wert haben, schaffen sich die Ligen ihre eigene Moral. »Schafft sie ab«, fordert der Philosoph Robert Weiss. »Verbietet sie«, sagt der Soziologe David Riesman.

Der Sportpsychologe Bruce Ogelvie beklagt die unerträgliche Arroganz der Trainer der Kindermannschaften; viele von ihnen sind überhaupt nicht qualifiziert. Einige Trainer, so sagt der Psychologe Thomas Tatlio, sind sogar davon überzeugt, daß »Sport gleich Krieg ist«. Sie lassen Achtjährige während des ganzen Spiels auf der Ersatzbank sitzen, wo sie nichts lernen außer dem elitären Denken des Um-jeden-Preis-Gewinnens ...

Kleine Kinder mit dem Druck zu gewinnen, mit dem Druck »so zu sein wie Joe Green« zu belasten, ist unzumutbar. Kinder wie Berufssportler in teure Ausrüstungen zu stecken ist lächerlich. Wenn wir das tun, geht ein Großteil des guten Einflusses, den die Mannschaftssportarten auf die Entwicklung der Kinder ausübten, verloren.[10]

Im allgemeinen ist es das Bedürfnis der Eltern und nicht der echte Wunsch des Kindes, wodurch Kinder so früh in die Mannschaftssportarten getrieben werden. Kindern im Schulkindalter muß die Gelegenheit gegeben werden, ihre eigenen Spiele mit eigenen Regeln in ihrem eigenen Tempo zu spielen. Die Einmischung von Erwachsenen behindert den entscheidenden Lernprozeß bei der Gestaltung ihrer Spiele. Sicher können Kinder etwas von den Mannschaftssportarten lernen − Leistung, Selbstsicherheit, Zusammenarbeit ... Aber das trifft nicht für alle Kinder zu, ja nicht einmal für die meisten Kinder, die an diesen Spielen teilnehmen; viele fühlen sich letztendlich als Versager.

Zudem geht es oft über die Mannschaftssportarten hinaus, wenn ihre Unzufriedenheit mit der Arbeit Eltern dazu treibt, Kinder zu sportlichen Höchstleistungen zu drängen. Eltern bringen schon Säuglingen das Schwimmen bei, weil angenommen wird, daß diese Fähigkeit angeboren sei. Und heute kann man sogar Kleinkindern, die eben gerade das Laufen gelernt haben, wie Miniaturastronauten in kostspielige Skianzüge gesteckt im ganzen Land auf den Skipisten sehen, wo sie auf den Skilift warten, der sie nach oben auf den Gipfel bringen wird. Diese Kinder machen mit ihren Eltern Urlaub in schicken Skihütten, fahren die Abfahrten hinunter, machen bei allem mit und werden in fast jeder Hinsicht wie Erwachsene behandelt. Nur sind sie keine Erwachsenen — sie sind Kinder, in vielen Fällen gerade dem Kleinkindalter entwachsen.

Es ist wahr, daß Kinder, die einen Sport wie das Skilaufen erlernen, wenn sie noch sehr jung sind, als Erwachsene sportlich sehr viel mehr leisten können als andere; ebenso ist es richtig, daß die Einschulung in einer angesehenen Vorschule das Kind auf die Zulassung zu einer guten höheren Schule und einer guten Universität vorbereiten kann. Aber das alles stimmt nur bis zu einem gewissen Grad. Ist es wirklich notwendig, Vorschulkinder auf die Skipisten zu schicken? Liegt das wirklich im Interesse des Kindes? Wird dabei all das in Betracht gezogen, was wir über die Besonderheiten der kindlichen Identität und über die Bedürfnisse der Kinder während des Heranwachsens wissen?

Vorschulkinder Sportarten wie das Skilaufen ausüben zu lassen, ist zum Teil eine symbolische Handlung. Das kleine Kind, das in Skistiefeln daherwakkelt, die ein Drittel seines Gesamtgewichts ausmachen, gibt für seine Eltern eine Erklärung ab. Eine Erklärung nicht nur von deutlich zur Schau getragenem Konsumverhalten, sondern auch von deutlich zur Schau getragener Sorge um das Kind. »So sehr sind wir daran interessiert, daß unser Kind einen Vorsprung erhält, damit es der Beste wird.« Aber das Kind ist in Wirklichkeit nur ein Gefäß für das Bedürfnis der Eltern, dem Streß zu entkommen, indem sie ihr Selbstwertgefühl durch einen frühzeitig entwickelten Sohn oder eine frühzeitig entwickelte Tochter unterstützen.

Ebenso hetzen Eltern ihre Kinder, wenn sie darauf bestehen, daß die Kinder sich frühzeitig intellektuelle Fertigkeiten wie das Lesen aneignen. Einige Unterrichtsprogramme versprechen den Eltern, ihren Kindern das Lesen beizubringen, wenn diese noch Kleinkinder sind. Das Verlangen der Eltern, ihren Kindern schon sehr früh das Lesen beizubringen, ist ein gutes Beispiel für den allgemeinen Druck, schnell erwachsen zu werden. Dieser Druck weist auf ein Bedürfnis der Eltern hin, nicht auf ein Bedürfnis oder auf eine Neigung des Kindes. Im zweiten Teil dieses Buches werden wir die Bedürfnisse der Eltern genauer untersuchen. Hier ist es erst einmal wichtig zu beweisen, daß Kinder, die dazu gedrängt werden, früh lesen zu lernen, wirklich genötigt werden, schnell erwachsen zu werden. Es ist sicher richtig, daß einige Kinder freiwillig und früh lesen lernen wollen; sie suchen sich Bücher aus und spüren Erwachsene auf, die ihnen vorlesen sollen. Diese Kinder scheinen von selbst lesen zu lernen, ohne viel Wirbel und Getue. Aber solche Kinder sind in der Minderheit. Wie Studien, die meine Kollegen und ich sowie andere Wissenschaftler angefertigt haben, belegen, können nur drei Kinder von hundert gut lesen (d. h. auf dem Niveau der zweiten Klasse), wenn sie in die Vorschule kommen. Wenn das Lesen lernen tatsächlich so einfach wäre wie das Lernen des Sprechens, wie manche Autoren behaupten, würden es viel mehr Kinder von selbst lernen. Die Tatsache, daß sie es nicht tun, obwohl sie von Gedrucktem umgeben sind, beweist, daß das Lesen lernen keine sich von selbst entwickelnde oder einfache Fertigkeit ist.

Die Mehrzahl der Kinder kann jedoch ohne weiteres lesen lernen, wenn sie nicht gehetzt werden. Unser jüngster Sohn Rick ist ein Beispiel dafür. Er ist der jüngste von drei Brüdern und sehr kontaktfreudig, gesellig und sprachbegabt. Er konnte schon mit drei Jahren lange Geschichten erzählen und Fragen vollständig und detailliert beantworten. Als er vier Jahre alt war, dachte ich, daß er wegen seiner Sprachbegabung vielleicht lesen lernen wollte. Wir lasen viele Bücher zusammen, und ich fragte ihn, ob er lesen lernen oder versuchen wollte, das Buch selbst zu lesen. Er wollte nicht. Zumindest einer der Gründe dafür war wohl, daß ich ihm dann nicht mehr vorlesen würde und wir diese Zeit, in der wir zusammen sein konnten, verlieren würden.

Weil meine Frau wieder als Lehrerin arbeiten wollte, brachten wir Rick in einer sehr guten Privatschule unter, wo übrigens kein Druck auf ihn ausgeübt wurde. Er saß unter dem Tisch und rechnete, wenn die anderen Kinder das Lesen übten. Die Lehrerin erlaubte es ihm und zwang ihn nicht. In der zweiten Klasse entwickelte Rick Interesse am Lesen und begann, Bücher aus der Schule mit nach Hause zu bringen. Jetzt hat er an der Universität englische Literatur als Hauptfach belegt. Ich bin nicht sicher, ob er das getan hätte, wenn er zum Lesen gezwungen worden wäre.

Studien von Kindern, die später mit dem Lesen begonnen haben, untermauern unsere Erfahrungen mit Rick. Der berühmte Pädagoge Carleton Washburn führte in den dreißiger Jahren mit Kindern aus den öffentlichen Schulen von Winnetka in Illinois eine sorgfältig ausgearbeitete Studie durch. Er verglich Klassen, die ab der ersten Klasse Leseunterricht erhielten, mit Klassen, in denen erst in der zweiten Klasse mit dem Lesen begonnen wurde. Obwohl die Kinder, die früher mit dem Lesen begonnen hatten, zunächst besser bei den Lesetests abschnitten, die benutzt wurden, um die Fortschritte der Schüler einzuschätzen, verschwand dieser Vorsprung, als die Kinder in der vierten Klasse waren.

Das vielleicht Interessanteste und Verblüffendste an dieser Studie war eine Fortsetzung, die durchgeführt wurde, als die Teilnehmer zu Heranwachsenden geworden waren und die höhere Schule besuchten. Beobachter, denen nicht gesagt worden war, welche Kinder in welcher Gruppe gewesen waren, erhielten den Auftrag, sich alle Aspekte des Leseverhaltens der Jugendlichen genau anzusehen. Die Beobachter stellten fest, daß diejenigen Jugendlichen, die später mit dem Lesen angefangen hatten, enthusiastischere und spontanere Leser waren als diejenigen, die früher mit dem Lesen begonnen hatten.[11]

Diese Angaben werden von Informationen aus anderen Ländern zusätzlich bestätigt. In England erbrachten Untersuchungen ähnliche Ergebnisse; die Studien hatten Kinder, die freiere Grundschulen (mit späterem Lesen lernen) besuchten, mit Kindern verglichen, die herkömmliche Grundschulen (mit früherem Lesen lernen) besuchten. In der Sowjetunion werden

Kinder erst mit sieben Jahren eingeschult, und dennoch sind die russischen Kinder alles andere als intellektuell benachteiligt. Frühes Lesen lernen ist folglich keine notwendige Voraussetzung, um ein begeisterter Leser zu werden, und auch mit dem späteren Erfolg im Beruf hat es nichts zu tun.

Andere Untersuchungen zeigen, daß Kinder, die mit der Aufgabe des Lesenlernens konfrontiert werden, bevor sie die dazu notwendigen geistigen Fähigkeiten haben, auf lange Sicht Lernstörungen entwickeln können. In einer höheren Schule haben wir zum Beispiel die Noten der Schüler, die im Herbst Geburtstag hatten (im September, Oktober, November und Dezember) und die deshalb eingeschult worden waren, bevor sie fünf Jahre alt waren, mit denen der Schüler verglichen, die im April, Mai, Juni oder Juli Geburtstag hatten und die daher eingeschult worden waren, als sie bereits fünf Jahre alt waren. Besonders bei den Jungen ergab sich, daß diejenigen, die in die Vorschule gekommen waren, als sie schon fünf Jahre alt waren, im Durchschnitt bessere Noten hatten als diejenigen, die in die Vorschule gekommen waren, bevor sie dieses Alter erreicht hatten.

Wenn es vorteilhaft ist, die Kinder langsam ans Lesen heranzuführen, gibt es dann auch Nachteile für diejenigen, die früh im Lesen unterrichtet werden? Sicherlich hängt das auch von dem Kind ab. Ein Kind, das lesen gelernt hat, weil es das gern wollte, wird deswegen keine ernsten Schulprobleme haben. Wir haben jedoch festgestellt, daß die meisten Kinder, die früh lesen können, das nicht zugeben, vielleicht aus Angst, für schwierig oder für anders gehalten zu werden. Für manche Lehrer sind Kinder, die schon lesen können, eine Art Bedrohung, entweder weil sie anders unterrichtet werden müssen als die übrigen Kinder, oder weil die Lehrer glauben, daß ein anderer ihr Vorrecht, dem Kind das Lesen beizubringen, an sich gerissen hat. So ein Lehrer – glücklicherweise gibt es davon nicht viele – könnte einem Kind gegenüber, das schon lesen kann, eine negative Haltung einnehmen, was das Leben des Kindes erschweren würde.

In einer Schule in Chicago habe ich einmal ein ernsteres Beispiel für die Gefahren erlebt, die entstehen, wenn Kinder zum Lesen gedrängt werden. Ein sehr energischer Lehrer brachte dort vierjährigen und fünfjährigen schwarzen Kindern das Lesen bei. Um dieses Ziel zu erreichen, mußten die Kinder stundenlang Übungen machen. Es blieb kaum Zeit übrig, um während der Schulstunden noch irgend etwas anderes zu tun. Ich muß zugeben, daß ich beeindruckt war von der Mühelosigkeit, mit der mir die einzelnen Kinder vorlasen. Ebenfalls fielen mir aber ihre stillen und leisen Stimmen auf. Sie lasen mir nicht laut vor, sie flüsterten, so daß ich mich anstrengen mußte, um sie verstehen zu können. Sie hatten etwas gelernt, aber es hatte sie viel gekostet; ich interpretierte ihre leisen Stimmen als ein Zeichen von Verlegenheit und Furcht. Sie hatten keine Freude daran zu lesen, und auch mein Lob und meine Anerkennung freute sie nicht. Es schien fast, als wäre das Lesen ihnen mit viel Mühe und Anstrengung aufgezwungen worden, ohne daß sie den Wert dessen, was sie lernten, einschätzen konnten. Sie waren apathisch und in sich gekehrt; Kinder, die geistig zu sehr beansprucht werden, sind das sehr häufig. (Dieses Thema werde ich im nächsten

Kapitel ausführlicher behandeln.) In diesem Zusammenhang ist es wichtig, auf Fernsehsendungen wie *Sesamstraße* einzugehen. Diese Schulfernsehprogramme für Kinder machen Kinder mit Buchstaben, den dazugehörigen Lauten und mit Zahlen bekannt. Aber Untersuchungen haben gezeigt, daß es beim Lesenlernen wesentlich auf die Bindung des Kindes an einen Erwachsenen ankommt, der sich die Zeit nimmt, dem Kind etwas vorzulesen oder zusammen mit ihm zu lesen. Die Motivation für die schwierige Aufgabe des Lesenlernens ist sozial bedingt. Da bei der *Sesamstraße* diese persönliche soziale Bindung und Motivation fehlt, sehen Kinder die Sendung als Unterhaltung, nicht als Unterricht. Und die gegenwärtigen Ergebnisse bei Lesetests geben wenig Hinweise darauf, daß solche Fernsehsendungen größere oder längerfristige Auswirkungen auf die Leseleistungen dieser Generation gehabt haben.

Der intellektuelle Leistungsdruck, den Eltern auf Kleinkinder ausüben, ist auch eine Ausweitung der elterlichen Sorge auf die schulischen Leistungen von Jugendlichen. Seit Jahrzehnten haben Eltern den Versuch bekämpft, die Klassen nach den Leistungen in Kurse aufzuteilen. Eltern, deren heranwachsende Kinder langsamer lernen als der Durchschnitt, bestehen darauf, daß diese Jugendlichen den gleichen Stoff lernen wie ihre schnelleren Altersgenossen, damit sie nicht zurückbleiben. Die Unfähigkeit mancher Eltern, die Grenzen der Fähigkeiten ihrer Kinder anzuerkennen, wenn sie auf der höheren Schule sind, findet ihr Gegenstück in dem Beharren einiger Eltern auf dem frühen Lesen lernen. In beiden Fällen scheinen die Eltern zu wollen, daß ihre Kinder schneller erwachsen werden, als es für die fraglichen Kinder angemessen wäre. Kinder sollten intellektuell gefordert werden, aber die Forderung sollte aufbauend und nicht schwächend sein. Ein Kind zum frühen Lesen lernen zu zwingen oder einen Jugendlichen zu nötigen, Algebra zu belegen, wenn einfaches Rechnen noch ein Problem darstellt, kann eine vernichtende Erfahrung für ein Kind sein, das intellektuell noch nicht bereit für diese Aufgabe ist. Ein junger Mann von sieben Jahren, der mit dem Lesen lernen kämpfte, sagte einmal zu mir: »Ich kann nicht lesen, ich bin ein Versager.«

DAS KIND ALS STATUSSYMBOL

Der Rollenkonflikt ist eine andere, ebenfalls weit verbreitete Form des Stresses, den Eltern heutzutage, insbesondere die Mütter, erleben. In der kurzen Zeit von 25 Jahren hat sich die Rolle der Frau aus der Mittelschicht grundlegend gewandelt. In den fünfziger Jahren wurde eine berufstätige Frau als eine Frau angesehen, die ihren Mann und ihre Kinder nicht genug liebte, um für sie zu sorgen. Heute jedoch, ein Vierteljahrhundert nach der feministischen Revolution, gilt eine Frau aus der Mittelschicht, die sich für das Leben als Hausfrau entscheidet, oft als nicht ehrgeizig (und daher als weniger intelligent als die berufstätigen Frauen); es wird angenommen, daß es ihr an Selbstachtung und an weiblichem Stolz mangelt. Zusätzlich kompliziert wird die Situation durch die Tatsache, daß viele Frauen wegen der höheren Scheidungsrate notgedrungen berufstätig sein müssen.

Folglich geraten viele Frauen in einen Konflikt zwischen ihrem Wunsch, die traditionelle Rolle der Mutter (und Ehefrau) gut zu erfüllen, und dem in vielen Fällen ebenso starken Wunsch, die neuen beruflichen und sozialen Möglichkeiten wahrzunehmen, die in unserer Gesellschaft glücklicherweise jetzt auch für Frauen offenstehen.

Frauen, die sich dafür entscheiden, zu Hause zu bleiben, stehen also unter erheblichem (und nicht unbedingt völlig bewußtem) Streß, weil sie die traditionelle Rolle gewählt haben. Colette Dowling beschreibt in ihrem Buch *Der Cinderella-Komplex* die Leere und Rastlosigkeit, die manche dieser Frauen erfüllt. Trotz einem gewissen Stolz auf die Position und das Einkommen ihrer Ehemänner gaben viele Frauen »eine gewisse Ereignisarmut in ihrem Leben zu. Sie waren unfähig, ihre Bridgenachmittage aufzugeben, obwohl sie sie als langweilig beschrieben. Wenn sie nicht einkaufen gingen, Gäste bewirteten oder die Kinder herumfuhren, lasen sie Liebesromane in ihrem leeren Haus.«[12]

Die Frauen sind gestreßt, ob sie es nun wissen oder nicht. Sehr wahrscheinlich sind das Bridgespielen und die Liebesromane eine Flucht vor dem Nachdenken darüber, was sie eigentlich wirklich mit ihrem Leben anfangen wollen. Für einige Mütter in dieser Situation dienen die Kinder als die einzige oder doch als die hauptsächliche Rechtfertigung für ein sonst etwas leeres und langweiliges Leben. »Wenn meine Kinder mir Aufmerksamkeit und Respekt einbringen, brauche ich kein schlechtes Gewissen zu haben, weil ich zu Hause bleibe.« Unglücklicherweise zieht dieser Gedankengang die Tatsache nicht in Betracht, daß es

Kindern unter diesen Umständen nur zu oft nicht erlaubt wird, einfach Kind zu sein; sie werden zu allen möglichen Leistungen gedrängt. Wenn Eltern auch schon immer stolz auf die Leistungen ihres Nachwuchses waren und sehr interessiert an ihrer schulischen Ausbildung, ist es doch ein einmaliges Kennzeichen der heutigen Gesellschaft, daß wir schon Vorschulkindern die Erwartungen und Ängste aufbürden, die normalerweise (obwohl auch das falsch ist) erst älteren Schülern aufgeladen werden. Heutzutage prahlen Eltern nicht nur mit den Universitäten und den privaten Vorbereitungsschulen, an denen ihre Kinder eingeschrieben sind, sondern auch mit den privaten Kindergärten und Vorschulen, die sie besuchen. Helen LaCroix, die für Zulassungen zuständige Direktorin der Frances W. Parker School in Chicago, hat einmal gesagt, daß »es schwieriger geworden ist, einen Platz in einem privaten Kindergarten zu bekommen, als sich an einer Universität einzuschreiben«.[13] Die Eltern wollen, und das mit gutem Grund, daß ihre Kinder einen Platz in einer der angesehenen Vorschulen bekommen, die nicht nur einen hervorragenden Unterricht bieten, sondern auch die Zulassung zu einer der »guten« Vorbereitungsschulen und Universitäten erleichtern, ein Punkt, der noch wichtiger ist. Dennoch fallen Eltern (und Kinder) zu leicht einem Trugschluß zum Opfer, der von Darla Poythress von der Trinity School in Atlanta so ausgedrückt wird: »Die Eltern glauben, daß ihre Kinder es nicht schaffen werden, auf eine der Eliteuniversitäten zu kommen, wenn sie nicht schon im Kindergarten darauf vorbereitet werden.«[14] Jedoch gibt es keine Beweise dafür, daß die Zulassung auf eine Vorbereitungsschule oder eine Universität wirklich von dem Besuch einer vornehmen Vorschule abhängt. Zudem steigen die Studiengebühren an den Eliteuniversitäten in einem derartigen Ausmaß an, daß viele Eltern es sich vielleicht nicht mehr leisten können, ihre Kinder dort studieren zu lassen, besonders nicht, wenn die Kinder schon teure Vorschulen und Grundschulen besucht haben.

Die Sorge, die durch das Rennen um die Schulzulassungen hervorgerufen wird, hat symbolische Bedeutung. »Seht uns an«, soll sie aussagen, »wie besorgt und engagiert wir als Eltern sind, wenn wir all das für unsere Kinder tun.« Es wird jetzt die Vollzeitbeschäftigung einer jungen Mutter, die Kinder zur Schule zu befördern und sie wieder abzuholen, an Elternabenden und schulischen Ereignissen teilzunehmen; sie rechtfertigt dadurch, daß sie nicht berufstätig ist.

Sicherlich sollten Frauen die Möglichkeit haben, als Hausfrau zu arbeiten, wenn sie das wollen und sie es ohne gesellschaftliches Stigma tun können. Diese Möglichkeit wird im Idealfall eintreten, wenn das, was die Frauenbewegung erreicht hat, fester in der Gesellschaft verankert sein wird, als das heute der Fall ist. Die Tatsache bleibt bestehen, daß heute und in absehbarer Zukunft viele junge Mütter wegen ihrer sich widersprechenden Wünsche, dem, zu Hause zu bleiben, und dem, einen Beruf zu ergreifen, gestreßt sind und sein werden. Mütter, die sich an der Hausfrauenrolle festklammern, sind oft versucht, die Kinder — und deren früh entwickelten intellektuellen Leistungen — als Rechtfertigung dafür heranzuziehen, daß sie nicht berufstätig sind. Wenn sie das tun, legen Mütter — und Väter — ihren Kindern jedoch eine zu schwere Last auf.

Was ist mit der Mutter, die sich für einen Beruf *und* für eine Familie entscheidet? In den letzten Jahrzehnten ist die Anzahl der berufstätigen Mütter in den USA erheblich angestiegen. 1948 waren nur 26 Prozent der verheirateten Frauen, die Kinder im Alter von sechs bis sechzehn Jahren hatten, berufstätig. Heute hat sich der Prozentsatz verdoppelt. Die Mehrheit (60 Prozent) der Mütter von Kindern im Schulkindalter arbeitet heute. Die Anzahl der berufstätigen Mütter mit jüngeren Kindern ist ebenso eindrucksvoll. Die Hälfte der Mütter von Kleinkindern unter zwei Jahren arbeitet ganztags oder halbtags außerhalb des Hauses – das heißt, es hat seit 1970 einen Anstieg um 108 Prozent gegeben.

Für viele Frauen ist der Beruf eine erfüllende und befriedigende Erfahrung, und viele wollen, wenn sie schon nicht »alles haben« können (was Betty Friedans Zielvorstellung war), doch das Beste von beiden Rollen für sich in Anspruch nehmen. Dennoch bedeutet Arbeit für viele Frauen Streß, jedenfalls nach dem Strom von Büchern und Zeitungsartikeln über die Drangsale von berufstätigen Müttern zu urteilen (»Sind Sie eifersüchtig auf die andere Frau im Leben Ihres Kindes«, »Wie berufstätige Mütter es schaffen können«, »Auch Sie können mit zusätzlichem Streß fertigwerden«).

Berufstätige Frauen können sich seltener auf das Netzwerk einer Großfamilie für die Versorgung des Kindes verlassen, und sie sind weniger mit der Stimulation der intellektuellen Fähigkeiten ihrer Kinder als mit deren Versorgung und Sicherheit beschäftigt.

Gute Kinderbetreuung sicherzustellen, besonders für Säuglinge und Kleinkinder, bedeutet ständige Anstrengung und permanenten Streß.

Zudem haben Frauen in einem weit größeren Ausmaß als Männer die Doppelbelastung von Beruf *und* Hausarbeit zu tragen. Eine Untersuchung kam vor kurzem zu dem Ergebnis, daß Männer 1965 durchschnittlich 9 Stunden in der Woche mit Haushaltspflichten und Kinderbetreuung beschäftigt gewesen waren. Zehn Jahre später brachten sie 9,7 Stunden in der Woche mit diesen Aktivitäten zu. Im Gegensatz dazu brachten Frauen 1965 28,8 Stunden in der Woche mit Hausarbeit und Kinderversorgung zu; 1975 waren es 24,9 Stunden in der Woche. Die Abnahme der Stundenzahl ist wahrscheinlich darauf zurückzuführen, daß 1975 mehr Frauen berufstätig waren und daher weniger Zeit für Hausarbeit hatten.

Berufstätige Eltern, insbesondere die Mütter, stehen notwendigerweise mehr unter Zeitdruck als nicht berufstätige Eltern. In diesen Familien müssen sich die Kinder an die elterlichen Zeitpläne anpassen, während sich die nichtberufstätigen Mütter normalerweise an die Zeitpläne der Kinder anpassen. Die Kinder müssen früh geweckt, angezogen, mit Nahrung versorgt und zu einer Tagesmutter, in eine Kindertagesstätte oder in den Kindergarten gebracht werden. Das Arrangieren von Fahrgemeinschaften ist eine zeitraubende Beschäftigung, ebenso wie das Abholen und Absetzen der Kinder (und immer gibt es diese verantwortungslosen Eltern, die gewohnheitsmäßig zu spät kommen, die vergessen, wer wann fahren sollte, die nicht erscheinen und so weiter).

Die Anpassungsfähigkeit von Kleinkindern ist begrenzt, und manchmal überfordert sie der Druck der elterlichen Zeitpläne. Ich erinnere mich an eine Mutter, die darauf bestand, daß ihre Tochter morgens in einen renommierten Kindergarten ging und nachmittags in eine Kindertagesstätte. Das Kind wurde zusehends verstörter, und nachdem wir die Sache besprochen hatten, riet die Lehrerin der Mutter, das Kind den ganzen Tag in der Kindertagesstätte zu lassen (der Kindergarten war nur morgens geöffnet), weil der Streß des Wechsels und der Neuanpassung mehr war, als das kleine Mädchen ertragen konnte.

Obwohl das systematische Hetzen von Kleinkindern aus der Mittelschicht eine neue Erscheinung zu sein scheint, ist es tatsächlich eine Ausweitung einer Art des Hetzens, der ältere Kinder schon lange ausgesetzt sind. Es ist zum Beispiel nichts Ungewöhnliches, wenn Grundschulkinder vor der Schule schon zum Hockeytraining, zum Schwimmen oder zur Gymnastik gehen. Nach der Schule gehen dieselben Schüler zum Musikunterricht, oder sie proben ein Theaterstück. Das vollständig verplante Vorschulkind von heute ist eine Erweiterung des vollbeschäftigten Grundschulkindes; die Altersgrenze ist nach unten versetzt worden.

Ältere Kinder von berufstätigen Eltern müssen ihrerseits schon früh lernen, für sich selbst zu sorgen. Sie lernen, von selbst aufzustehen, sich Sachen zum Anziehen herauszusuchen, sich selbst Frühstück zu machen, die Küche wieder aufzuräumen und rechtzeitig zur Schule zu gehen. Dies sind sicherlich angemessene Anforderungen, die *ipso facto* kein Hetzen bedeuten; es kann sogar gesagt werden, daß es vielen Kindern mit nur einem berufstätigen Elternteil guttun würde, wenn mehr Selbständigkeit von ihnen verlangt würde.

Anforderungen und Erwartungen können jedoch schnell außer Kontrolle geraten. Ein junger Patient von mir illustriert das Hetzen, das durch solche Überlastungen entsteht. Der Vater des Jungen besitzt ein Motel, und die Mutter ist die Köchin des kleinen Restaurants, das dazu gehört. Ihr Sohn trug meistens den Abfall hinaus und half gelegentlich dem Zimmermädchen, die Betten zu machen. An den Samstagen, wenn der Junge mit seinen Freunden spielen wollte, bestand der Vater darauf, daß er im Motel arbeitete. Er sollte die Dosen, die sich im Laufe der Woche angesammelt hatten, flachhämmern, um die Kosten für die Müllabfuhr niedriger zu halten.

Dieser junge Mann (er war vierzehn) konnte, wie die meisten Kinder berufstätiger Eltern, die wirtschaftlichen Notwendigkeiten, die es erforderlich machten, daß er mit einsprang, durchaus einsehen. Nur als die Anforderungen an ihn überhandnahmen und weit über das wirklich Notwendige hinausgingen, wurde der Junge ein Opfer des Hetzens in dem Sinn, daß er zu früh mit erwachsenen Verantwortungen und Anforderungen belastet wurde. Erst dann begann er, Anzeichen von seelischem Streß zu zeigen.

Es ist nicht immer leicht für berufstätige Eltern, das noch Verhältnismäßige von dem Unverhältnismäßigen zu trennen. Wenn ein Kind mit dem Essenkochen anfangen kann, warum sollte es dann nicht auch die ganze Mahlzeit vorbereiten? Wenn das Kind ein Zimmer sauberhalten kann, warum dann nicht auch das ganze Haus? Die Versuchung, dem Kind schwere Haushaltspflichten aufzubürden, ist groß für die

Eltern, die unter Streß stehen. Den Eltern zu helfen ist eine Sache, die Arbeit und die Verantwortung der Eltern zu übernehmen ist eine ganz andere.

Eine andere Art, in der Eltern Kinder als Partner behandeln, ist die, ihnen zu erlauben, Entscheidungen zu fällen. Kinder ihrem Alter angemessene Entscheidungen treffen zu lassen, wie zum Beispiel, was sie mittags essen wollen, ist eine Sache; es ist eine ganz andere Sache, von ihnen zu erwarten, daß sie ihrem Alter nicht angemessene Entscheidungen treffen, wie zum Beispiel, den Elternteil auszusuchen, mit dem sie die Ferien verbringen wollen. Entscheidungen zu treffen ist immer schwer, aber es ist besonders schwer, wenn man sie allein treffen muß – das heißt, wenn man alleinerziehend ist –, ohne den Vorteil von Gesprächen und geteilter Verantwortung. Die Wahl bedeutet Streß. »Was passiert, wenn ich kündige?« oder »Was ist, wenn ich meinem Ex-Ehemann sage, er soll die Kinder in Ruhe lassen?« Der Wunsch, solche Dinge mit jemandem durchzusprechen, ist verständlich und natürlich, aber Kindern, insbesondere jüngeren Kindern, fehlt die Erfahrung und die intellektuelle Reife dafür. Kinder, die sich in dieser unbehaglichen Lage wiederfinden, erkennen, daß von ihnen verlangt wird, eine Verantwortung zu übernehmen, auf die sie nicht vorbereitet sind, und sie können das übelnehmen.

Trennung und Scheidung sind die vielleicht häufigsten und am weitesten verbreiteten Quellen von Streß im heutigen Amerika; eine von drei Ehen wird geschieden. Daher lebt fast die Hälfte aller amerikanischen Kinder unter 18 Jahren bei alleinerziehenden Eltern. Obwohl Trennung und Scheidung für beide Elternteile anstrengend sind (und auch für die Kinder), haben sie unterschiedliche Auswirkungen auf Männer und Frauen.

Für Frauen wird der Streß einer gestörten oder (durch Tod oder Scheidung) beendeten Ehe verstärkt durch die Tatsache, daß sie nicht darauf vorbereitet sind, auf sich selbst gestellt wirtschaftlich zu überleben. Der Bericht des »Nationalen Beratungskomitees für die Fortbildung von Frauen« weist darauf hin, daß einer von drei amerikanischen Frauen die grundlegenden Fachkenntnisse fehlen, die nötig sind, um einen angemessenen Lebensunterhalt zu verdienen. Sie sind »die Produkte von Ausbildungs- und Gesellschaftsmustern, die der Vergangenheit angehören und in der heutigen Gesellschaft sinnlos geworden sind«.

Wenn eine Frau plötzlich allein ist und die Verantwortung für eine Familie hat, können ihre anfänglichen Reaktionen Schock und Panik sein. Zum einen hält sie es für ihre Pflicht, da sie nun das Sorgerecht für die Kinder hat, sowohl die Mutterrolle als auch die Vaterrolle zu übernehmen; und Kinder allein zu erziehen, wird noch schwieriger dadurch, daß es niemanden gibt, mit dem sie die Last teilen oder an den sie sich in Zeiten der Belastung anlehnen kann. Eine Mutter, die ihre Kinder in eine Kindertagesstätte gegeben hatte, sagte zu mir: »Wenn ich nicht gelegentlich aus dem Haus käme, würde ich verrückt werden.«

Es gibt auch noch andere Belastungen: die Sorge einer Frau, ob sie noch attraktiv ist, oder wie sie es anstellen soll, Männer zu treffen; ihre Angst, den Rest ihres Lebens allein zu bleiben, was heißt, vollkommen allein, wenn die Kinder erwachsen sind. Freundschaften aus der Zeit der Ehe aufrechtzuerhalten, erweist sich für alleinstehende Frauen oft als schwieriger als für ihren Ex-Ehemann. Natürlich kann eine Frau neue Freunde finden, aber das sind meistens andere ledige, geschiedene oder verwitwete Frauen, die ebenfalls unter so großem Streß stehen, daß sie anderen wenig Unterstützung geben können. Es wird plötzlich zu einem riesigen Problem, ins Kino, ins Theater oder ins Konzert zu gehen, wenn die Frau nicht daran gewöhnt ist, etwas alleine zu unternehmen (oder wenn sie es einfach nicht will). Mit einem Wort, es ist vielleicht der härteste Streß, der einer Frau in unserer Gesellschaft begegnen kann, wenn sie für den Lebensunterhalt der Kinder sorgen und sie emotional unterstützen muß, ohne selbst versorgt und unterstützt zu werden.

Es ist also nicht überraschend, wenn alleinerziehende Mütter die bekannten Verhaltensmuster der Egozentrik und des Hetzens entwickeln. Häufig drängen sie ihre Kinder dazu, erwachsen zu werden, indem sie sie wie Vertraute behandeln. In gewisser Weise ist das natürlich: Eine junge, alleinstehende Mutter beginnt sich ihrer achtjährigen Tochter anzuvertrauen. Die Mutter wird dem Mädchen vielleicht von dem »Verrückten« bei der Arbeit erzählen, der immer leise mit sich selbst spricht, oder sie wird ihren Frustrationen über Mitarbeiter oder über Ärger im Büro Ausdruck verleihen. Wenn sie so ihre Gefühle ausdrückt, kann sie zu ängstlichen Andeutungen über den Stand der Familienfinanzen übergehen und schließlich zu Berichten über ihre Gefühle hinsichtlich der Männer, mit denen sie ausgeht. Wenn die Mutter einen Mann trifft, für den sie sich interessiert, erfährt die Tochter alles über ihn, wird ihm vorgestellt und vielleicht nach ihrer Meinung über ihn und/oder über die Beziehung der Mutter zu ihm gefragt.

Ein Kind in so einer Lage wird dazu benutzt, ein elterliches Bedürfnis zu erfüllen, ebenso wie die Kinder, die aus diesem Grund in der Schule oder beim Sport gehetzt werden. In diesem Fall werden Kinder in erwachsene zwischenmenschliche Beziehungen gedrängt, weil die Mutter unter Streß steht und einen symbolischen Vertrauten braucht. »Symbolisch«, weil natürlich einem Kind von acht oder zehn Jahren die Erfahrung und die intellektuelle und emotionale Reife fehlt, die es bräuchte, um der Mutter irgendwie von praktischem Nutzen sein zu können. Vielmehr dient das Kind als teilnahmsvoller Zuhörer, was auch ein Teil dessen ist, was die Mutter braucht. Unglücklicherweise ist es nicht sicher, ob es auch das ist, was ein Kind braucht. Die fünfjährige Deana sagte einmal zu mir: »Ich mag Mamis Freund, der gut riecht, aber ich mag den anderen nicht, der nicht so gut riecht.« Und dann fügte sie wehmütig hinzu: »Manchmal wünschte ich, sie würde nicht fragen.«

Auch alleinstehende Väter gebrauchen Kinder als Vertraute. Normalerweise haben sie nicht das Sorgerecht und erkennen dann, oft zum ersten Mal, wie sehr sie ihre Kinder nicht nur vermissen, sondern buchstäblich brauchen. Durch die Trennung oder die

Scheidung kann das Selbstwertgefühl des Mannes, wie auch das der Frau, sehr gering sein, und vielleicht tut er sich auch selbst leid. Wenn er die Kinder am Wochenende sieht, wird er sich vielleicht bei ihnen darüber beschweren, wieviel Geld er ihrer Mutter geben muß und wie wenig ihm zum Leben bleibt. Oder er kann seinem Groll über die Streitigkeiten, die zum Zusammenbruch der Ehe führten, sowie seiner Eifersucht auf den neuen Partner der Mutter Ausdruck verleihen. Die Kinder werden so in die Auseinandersetzungen der Erwachsenen reingezogen. Sie werden wie Vertraute behandelt, die der Vater auf seiner Seite haben will, und gleichzeitig wird von ihnen erwartet, daß sie gegenüber der Mutter unvoreingenommen (und anhänglich) bleiben.

Viele alleinstehende Väter konfrontieren die Kinder auch zu bald nach einer Scheidung mit ihrer neuen romantischen Liebe. Gelegentlich verläßt der Vater seine Familie wegen einer anderen Frau, während die Mütter sich seltener wegen eines anderen Mannes scheiden lassen. Bereits die Tatsache, daß der Vater sie verläßt, ist schon ein ungeheurer Schock für Kinder. Es ist verwirrend (besonders für kleinere Kinder), wenn sie dann auch noch mit einer anderen Frau konfrontiert werden; es stellt ihre selbstverständliche Annahme, daß familiäre Beziehungen bindend sind, in Frage. Wenn das Verhältnis zwischen Mutter und Vater sich so abrupt ändern kann, was ist dann mit der Beziehung zwischen Eltern und Kindern? Kann auch die sich so schnell ändern?

Alleinstehende Väter, die ihre Kinder nicht besuchen oder die zum finanziellen Unterhalt der Kinder nichts beitragen, belasten diese auf eine andere Art.

Trotz der häufigen Versuche der Mutter, den Vater im bestmöglichen Licht erscheinen zu lassen, fühlen sich die Kinder zurückgewiesen. Sie werden so früh mit Verlassensängsten konfrontiert und sind gezwungen, schnell erwachsen zu werden, um mit diesen Ängsten umgehen zu können.

DAS KIND ALS GEWISSEN

Es kommt auch häufig vor, daß Eltern in ihrem Bemühen, symbolische Entlastung vom Streß zu finden, das Kind in die Rolle des moralischen Richters versetzen. Dies geschieht gelegentlich auch bei »vollständigen« Familien, häufiger aber bei alleinerziehenden Eltern. Dieses Phänomen wird durch zwei Fallbeispiele aus meiner Praxis gut illustriert.

Alice Knoepfel (der Name wurde geändert) ist eine attraktive, geschiedene Frau von 36 Jahren, die zwei Kinder im Teenageralter hat, einen Jungen und ein Mädchen. Die Familie lebte in einem großen Haus in einem Vorort der oberen Mittelklasse. Bald nach der Scheidung begann die Mutter sich mit einem Mann von zweifelhaftem Ruf und zweifelhaften Geschäftsbeziehungen zu treffen, der das genaue Gegenteil ihres seriösen, gewissenhaften Ehemannes war. Alice wurde schwanger. Ihr Geliebter bestand auf einer Abtreibung, aber sie weigerte sich und bekam das Kind. Alice erklärte ihren Kindern ihre Schwangerschaft nicht; sie erwartete von ihnen, daß sie die Situation akzeptierten. Tatsächlich erwartete sie noch mehr – sie erwartete, daß ihre Kinder ihr Verhalten guthießen, sie erwartete moralische Billigung. Bald darauf zog ihr Sohn zu seinem Vater, und ihre Tochter wurde schwanger, hatte eine Abtreibung, verließ die Schule und zog mit ihrem Freund zusammen.

Harry Tartakower (der Name wurde geändert) ist ein weiteres Beispiel. Er ist ein 42 Jahre alter Professor für Mathematik, der seine Frau und seine beiden Kinder (fünf und neun Jahre alt) verließ, weil er sich in eine Studentin verliebt hatte. Bald nachdem er zu seiner neuen Freundin gezogen war, lud er seine beiden Kinder zu sich ein. Er machte sehr deutlich, daß er von ihnen erwartete, seine neuen Lebensumstände zu akzeptieren. Er und seine Freundin tauschten vor den Kindern Zärtlichkeiten aus und versuchten nicht zu verbergen, daß sie miteinander schliefen. Die Kinder waren auf diesen extremen Wandel im Verhalten des Vaters nicht vorbereitet, sie konnten es kaum glauben, daß er eine andere Frau als ihre Mutter so behandelte. Sie waren im Schockzustand, als sie nach Hause kamen, und nur durch eine Therapie wurden sie dazu fähig, den Zorn und die Frustration, die sie fühlten, auszudrücken.

Alice und Harry versuchten, ihre Kinder wie Erwachsene zu behandeln, weil sie von ihnen die moralische Bestätigung für Handlungen haben wollten, die, wie sie wußten, von der Gesellschaft nicht gebilligt wurden. Die Kinder wurden also aufgefordert, als Symbole für die moralische Anerkennung der Gesellschaft zu dienen – trotz der Tatsache, daß sie das Verhalten der Eltern weder wirklich verstanden noch besonders davon angetan waren. Indem sie von ihren Kindern erwarteten, ein Verhalten zu verstehen und gutzuheißen, das von den meisten erwachsenen Mitgliedern der Gesellschaft mißbilligt wird, drängten

Alice und Harry ihre Kinder nicht nur dazu, schnell erwachsen zu werden, sondern sie setzen sie auch einem schweren, psychologisch belastenden Konflikt aus.

Die Kinder nehmen die Belastung wahr, und sie nehmen es übel, dieser ausgesetzt zu werden. Ein siebenjähriger Junge erzählte mir folgendes von seinen kürzlich geschiedenen Eltern: »Mein Vater erzählt mir Dinge über meine Mutter und will, daß ich ihn lieber mag. Meine Mutter erzählt mir Dinge über meinen Vater und will, daß ich sie lieber mag als ihn. Sie werden wütend, wenn ich etwas Gutes über den anderen sage. Ich habe es satt, gefragt zu werden, wen ich mehr liebe. Nach einer Weile gewöhnt man sich daran, ich antwortete gar nicht mehr.«

Wir alle sind durch unsere sich rapide wandelnde Gesellschaft hohen Belastungen ausgesetzt. Einige Eltern sind so gestreßt, daß sie egozentrisch werden, und das Wissen, das wir über das Wesen und die Bedürfnisse von Kindern haben, entweder vergessen oder nicht mehr fähig sind, es anzuwenden. Diese Eltern brauchen die Unterstützung, die Kameradschaft und die symbolischen Leistungen der Kinder. Und von Kindern zu erwarten, daß sie moralische Urteile fällen, teilnahmsvoll zuhören und Entscheidungen treffen, ist nicht immer und nicht zwangsläufig schädlich. Tatsächlich müssen Kinder lernen, Urteile zu fällen und Entscheidungen zu treffen. Die Frage ist nicht, ob von Kindern verlangt werden sollte, daß sie sich entscheiden, moralische Werturteile fällen oder aufmerksam zuhören, sondern es geht darum, ob eine bestimmte Anforderung dem Alter, der Intelligenz und der Reife des Kindes *angemessen* ist. Das

Kind entscheiden zu lassen, in welches Restaurant es gehen möchte, um Hamburger zu essen, ist wahrscheinlich eine gute Idee; von dem Kind zu verlangen, sich für eine Vorschule zu entscheiden, um so die Last der Eltern zu erleichtern, ist unfair. Wenn sie solche Anforderungen stellen, vermindern die Eltern lediglich den Streß, unter dem sie selbst stehen.

KAPITEL 3

DIE TRIEBKRÄFTE DES HETZENS: DIE SCHULEN

Viele unserer Schulen spiegeln die heutige Vorliebe dafür, Kinder schnell erwachsen werden zu lassen, wider. Das ist so, weil unsere Schulen zunehmend »industrialisiert« und »produktorientiert« geworden sind. Die Lehrer sind gewerkschaftlich organisiert, die Schulbücher sind genormt und im ganzen Land gleich. Die schulischen Leistungen der Kinder werden an den Ergebnissen von standardisierten Tests gemessen, und die Lehrer und Schuldirektoren werden an vielen Orten dafür verantwortlich gemacht. Und in manchen Bundesstaaten werden die Lehrer ebenfalls getestet, um ihre Unterrichtsbefähigung zu ermitteln.

Die »Industrialisierung« unserer Schulen ist nicht überraschend, denn das allgemeine Schulwesen wurde teilweise eingeführt, um Kinder auf die neue Lebensweise und auf die Arbeit im »Maschinenalter« vorzubereiten. Was so überraschend ist, ist, daß unsere Schulen sich weiterhin an dem Modell einer Fabrik orientieren, wo doch inzwischen die traditionelle Fabrikarbeit weit überholt ist.

Unsere Schulen leiden an den gleichen Strukturproblemen, die unsere Industrie zu einer leichten Beute für ausländische Konkurrenz werden läßt. Die Schulen haben oft einen Verwaltungswasserkopf und sind extrem hierarchisch und autoritär strukturiert. Die Kreativität und die Innovation von Lehrern wird abgetötet durch eine zu enge Bindung an die Einheitlichkeit der Schulbücher und der Tests. Schließlich wird ein effektiver Wandel des Bildungswesens oft durch lokale Schulbehörden verhindert, deren Entscheidungen oft mehr von Personalpolitik und von politischen Interessen bestimmt sind als von pädagogischen Erwägungen.

Während die amerikanische Industrie »umstrukturiert« wird, wird das Bildungswesen »reformiert«; es soll mehr Grundwissen geben, mehr Unterrichtsstunden, mehr Schulaufgaben, mehr Tests – mehr von all dem, was gerade das Problem ausmacht. Es ist ein klassischer Fall einer Kur, die schlimmer ist als die Krankheit. Unsere Schulen befinden sich folglich nicht im Einklang mit der Gesellschaft, sie repräsentieren unsere Vergangenheit und nicht unsere Zukunft. Wenn Schulen auch immer (und notwendigerweise) hinter der Zeit zurück sind, weil sie das gesammelte Wissen und Können einer Gesellschaft weitergeben, ist die Diskrepanz doch heutzutage besonders groß, da sich das Wissen mit explosionsartiger Geschwindigkeit vermehrt und die technischen Revolutionen mit immer größerer Geschwindigkeit aufeinanderfolgen. Unsere Kinder schneiden, zumindest zum Teil, in der Schule so schlecht ab, weil ihnen ständig bewußt gemacht wird, daß das, was sie außerhalb der Schule lernen, aktueller ist als das, was sie in der Schule lernen.

Das Schulmodell der Lernfabrik hetzt Kinder, weil es die individuellen Unterschiede der Kinder, ihre unterschiedlichen geistigen Fähigkeiten, die unterschiedliche Schnelligkeit, mit der sie lernen, und die unterschiedlichen Lernweisen ignoriert. Die Kinder werden genötigt, einem allgemeinen Standard zu entsprechen, der mit normierten Tests gemessen wird. Diejenigen, die in diesem System nicht mitkommen (was durch die Tests bewiesen wird), werden oft als defekt angesehen und als »lernbehindert«, »leicht geschädigt« oder »hyperaktiv« gebrandmarkt. Jedoch können viele von eben diesen Kindern leicht demonstrieren, wieviel Wissen sie sich durch das Fernsehen aneignen können, oder wie schnell sie die Fähigkeiten erwerben, die nötig sind, um Computerspiele zu spielen. Diese Art des Wissens und diese Fähigkeiten werden aber in unseren Tests nicht bewertet.

Kinder werden in unseren Schulen auch noch auf andere Art und aus anderen Gründen gehetzt. Die Schulen sind heute zu dem überholten System der Rotation zurückgekehrt, in dem die Kinder für die verschiedenen Fächer jeweils den Raum wechseln müssen, was unangemessene Anforderungen an die Anpassungsfähigkeit von Grundschulkindern stellt. Dies wird oft mit der Notwendigkeit des Fachunterrichts gerechtfertigt.

Schließlich illustrieren die für die unteren Klassen zunehmend verschärften Lehrpläne, wie Schulen Kinder hetzen. Wenn die Schule als ein Fließband angesehen wird und die Produktion gesteigert werden soll, ist die Versuchung groß, die Flaschen nicht nur schneller, sondern auch eher zu füllen. Warum soll man nicht den Stoff, der vorher in der ersten Klasse durchgenommen worden war, schon in der Vorschule durchnehmen? Warum sollte man nicht den Stoff des Rechenunterrichts der vierten Klasse in der zweiten Klasse behandeln? Warum sollte man nicht, wie ein Professor vorschlug, in der dritten Klasse Philosophie unterrichten? Der Druck, einen Stoff immer jüngeren Kindern beizubringen, wird in diesem Kapitel anhand der Sexualaufklärung veranschaulicht. Aber er könnte ebensogut durch Bemühungen, Kleinkindern das Programmieren von Computern beizubringen, demonstriert werden.

Es wird immer deutlicher, daß die »Reformen« der achtziger Jahre — längere Schulzeiten, weniger Ferien, mehr Hausaufgaben, die Beurteilung von Lehrern, Bezahlung nach Leistung und so weiter — nicht funktionieren. Wenn die Struktur des Bildungswesens ineffektiv ist, kann es kaum die Lösung sein, den Kindern noch mehr von dieser Art Bildung aufzuerlegen. Für eine wirkliche Reform des Bildungswesens ist die harte Umstrukturierung nötig, die einen Teil unserer Industrie wieder wettbewerbsfähig gemacht hat. So eine Vorgehensweise ist nie einfach, und sie könnte für viele schmerzhaft sein. Aber die Alternative wäre, an einem Bildungssystem festzuhalten, das sich mit denen anderer Länder nicht messen kann; und diese Aussicht ist ebenso unerfreulich.

Lernen wie am Fliessband

Der standardisierte Test, der uns heute so vertraut ist, ist eine relativ neue Erfindung. Derartige Tests wurden zuerst um die Jahrhundertwende von dem französischen Psychologen Alfred Binet und seinem Kollegen Henri Simon entwickelt. Binet war von der französischen Regierung beauftragt worden, einen Weg zu finden, um geistig behinderte Kinder schon frühzeitig erkennen zu können, damit sie in Sonderschulen untergebracht werden konnten. Binet trat mit den Lehrern in Verbindung und forderte sie auf, die Fähigkeiten, die sie bei den verschiedenen Altersgruppen beobachtet hatten, zu beschreiben. Auf der Basis dieser Lehrerkommentare entwickelte Binet seine Testreihen, die sich auf Sprache, Auffassungsgabe, logisches Denken, Kritikfähigkeit und Motorik bezogen.[1]

Binet normierte seine »Skala«, indem er die Testreihen bei einer großen Zahl von normalen Kindern anwendete. Jeder Test, der von circa 75 Prozent einer bestimmten Altersgruppe bestanden wurde, wurde dieser Altersgruppe zugeordnet. Wenn alle Kinder einer bestimmten Altersgruppe den Test bestanden, galt er als zu einfach für diese Gruppierung. Und wenn nur die Hälfte oder noch weniger der Schüler den Test bewältigte, galt er als zu schwer. Diese Art, einer bestimmten Altersstufe (und später einer bestimmten Klasse) bestimmte Tests zuzuordnen, führte zu den später als »normenbezogen« bekannt gewordenen Tests. Diese Testleistung eines Kindes wird dabei immer in Verbindung mit einer Gruppennorm beurteilt.

Binet ordnete jeder Altersstufe von zwei Jahren bis zum Erwachsenenalter (ab 16 Jahren wurden keine weiteren Altersunterscheidungen mehr vorgenommen) sechs Tests zu. Das Testergebnis eines Kindes wurde nicht in Punkten wiedergegeben, sondern es wurde das sogenannte Intelligenzalter bestimmt; für jeden bestandenen Test wurden dem Kind zwei

Monate gutgeschrieben. Das Gesamtergebnis setzte sich aus der Gesamtzahl der gutgeschriebenen Monate zusammen; in Jahren und Monaten ausgedrückt, war diese Gesamtzahl der Monate das Intelligenzalter des Kindes. Ein Kind, dem sechzig Monate gutgeschrieben wurden, würde also ein Intelligenzalter von fünf Jahren haben, ohne Rücksicht auf das Lebensalter des Kindes.

Binet bestand auf dem Begriff des Intelligenzalters, weil er die Intelligenzprüfung in psychologischen Begriffen ausdrücken wollte. Er hütete sich davor, die Intelligenz in Zahlen auszudrücken, und er mißbilligte die Konzeption des Intelligenzquotienten (IQ), der von William Stern eingeführt wurde. Dieses Konzept schlug eine Prüfung der »relativen Intelligenz« vor; es wurde untersucht, wie intelligent die Kinder im Vergleich zu ihren Altersgenossen waren, während das Intelligenzalter eine absolute Prüfung vornahm. Der Intelligenzquotient wurde definiert als IQ = Intelligenzalter (IA) − Lebensalter (LA) x 100.

Ein Kind mit dem Intelligenzalter von 60 Monaten und einem Lebensalter von 60 Monaten hat also einen IQ von 100. Ein Kind, dessen IA höher ist als sein LA, hat einen IQ von mehr als 100, ein Kind, dessen LA höher ist als sein IA, hat einen IQ von weniger als 100.

Intelligenztests waren sinnvoll bei der Beurteilung von zurückgebliebenen Kindern, aber Binet war sich der Gefahren des Intelligenztests sehr bewußt. Er schrieb: »Wir sollten zumindest diese Note (ein Testergebnis, das ein Kind in eine Sonderschule bringen würde) denen ersparen, die sie nicht verdienen. Fehler sind entschuldbar, besonders am Anfang. Aber wenn die Fehler zu kraß werden, können wir den Ruf dieser

Institution schädigen.«[2] Was Binet nicht erwähnte, war das Unglück der betroffenen Kinder. Unglücklicherweise erfüllte sich seine Hoffnung nicht; wie wir sehen werden, gibt es immer noch Fehler bei Intelligenztests.

Während des Ersten Weltkrieges wurde eine Neuerung auf dem Gebiet des Tests eingeführt: der Gruppentest. Einer dieser Gruppentests, der Army Alpha, wurde benutzt, um die Rekruten auszusieben, die nicht intelligent genug waren, um Soldaten zu werden. (Ein Ergebnis war, daß der Durchschnittsrekrut, nach den Testnormen zu urteilen, ein Intelligenzalter von dreizehn Jahren hatte.) Nach der Einführung der Gruppenintelligenztests kam es zu einer starken Ausbreitung von Gruppentests zur Prüfung der Berufseignung, der Persönlichkeit und der Schulleistung.

Die nächste technologische Neuerung war die Einführung maschinenlesbarer Tests. Insbesondere der IBM-Fragebogentest, der elektronisch gelesen und ausgewertet werden konnte, hatte für die Schulen folgenschwere Konsequenzen. Als erst einmal Maschinen die Plackerei der Testauswertung übernommen hatten, war der Weg für eine intensive Nutzung der Tests in den Schulen und der Industrie frei. Im Bildungswesen haben sich wenige Neuerungen lange gehalten, aber der maschinenlesbare Test ist eine Ausnahme. Er ist zu einem der wesentlichen Faktoren in den Schulen geworden.

Die maschinenlesbaren Gruppentests haben vielleicht mehr als alles andere zu der Fabrikähnlichkeit unserer Schulen und zu der Produktion immer gleichförmiger Produkte beigetragen. Die Bedeutung der Tests ist in den letzten zwanzig Jahren dramatisch angestiegen, während gleichzeitig die Unzufriedenheit der Eltern und der Gesetzgeber mit den Schulen und den Leistungen der Kinder immer ausgeprägter wurde. Diese Unzufriedenheit nahm 1983 noch erheblich zu, als eine Studie über das amerikanische höhere Schulwesen mit dem Titel »A Nation at Risk« veröffentlicht wurde, die vor einer »steigenden Flut der Mittelmäßigkeit« warnte. Sie stellte unter anderem folgendes fest:

- Vor zehn Jahren angestellte internationale Vergleiche von Schülerleistungen zeigten, daß die amerikanischen Schüler bei 19 Leistungstests niemals an erster oder zweiter Stelle standen und, im Vergleich mit Schülern anderer Industrienationen, siebenmal an letzter Stelle.
- Die Eignungstests der Universitäten zeigten von 1963 bis 1983 einen praktisch ununterbrochenen Leistungsabfall auf. Die durchschnittlichen Punktzahlen auf sprachlichem Gebiet fielen um fünfzig Punkte, die durchschnittlichen Punktzahlen in Mathematik um vierzig Punkte.
- Viele 17jährige besitzen die »höheren« intellektuellen Fähigkeiten nicht, die man von ihnen erwarten sollte. Fast 40 Prozent können aus einem vorliegenden Text keine logischen Schlußfolgerungen ableiten; nur ein Fünftel kann einen überzeugenden Aufsatz schreiben; und nur ein Drittel kann kompliziertere mathematische Aufgaben lösen.[3]

Diese und andere Stellen verliehen Anfang der achtziger Jahre einer »Bildungsreformbewegung« neuen Auftrieb. Aber es bestand Uneinigkeit darüber, in welche Richtung diese Reform gehen sollte. Auf der einen Seite stehen Autoren wie die Verfasser der Studie »A Nation at Risk«, denen es vor allem auf die Konkurrenzfähigkeit unserer Wirtschaft ankommt; sie sehen die Hauptaufgabe der Schule darin, den Schülern die Fähigkeiten und das Wissen einzutrichtern, die sie brauchen, um einen zunehmend technisierten und konkurrenzbetonten Arbeitsplatz gut auszufüllen.

Auf der anderen Seite stehen die Autoren, die in der Schulbildung eine Vorbereitung auf das Leben sehen und die das Bildungswesen nicht mangelhaft finden, weil es nicht genug Grundwissen vermittelt, sondern weil es versäumt, den Schülern die literarischen, philosophischen und historischen Grundlagen unserer Gesellschaft nahezubringen. Diese Position ist kürzlich von Alan Bloom (*Der Niedergang des amerikanischen Geistes*)[4] und E. D. Hirsch (*Cultural Literacy*)[5] vertreten worden. Ich möchte noch hinzufügen, daß dieser Streit zwischen Pragmatikern und Puristen im Erziehungsbereich schon seit Jahrhunderten im Gange ist.

Noch andere, zum Beispiel Howard Gardner in Harvard und Robert Sternberg in Yale, arbeiten auf eine etwas anders geartete Reform hin; sie wollen unsere Vorstellung von Intelligenz und die Intelligenztests reformieren. Nach Gardners Ansicht gibt es verschiedene Intelligenzen, unter anderem die künstlerische Intelligenz, während die Schulen und die Tests sich nur auf einige wenige dieser verschiedenen Arten der Intelligenz konzentrieren. Im Gegensatz dazu vertritt Sternberg die Standpunkte, daß es drei grundlegende Formen von Intelligenz gibt, nämlich das konventionelle Denken, das neue Denken und das praktische Denken. Sowohl Gardner[6] als auch Sternberg[7] befürworten Tests, im Gegensatz zu den Humanisten Bloom und Hirsch, glauben aber, daß die vorhandenen Tests viel zu eingeschränkt sind.

Es ist nicht überraschend, daß die Pragmatiker, die sich für eine Verbesserung des Grundwissens und für Tests einsetzen, den Sieg davongetragen zu haben scheinen. Obwohl einige Bestandteile der Bildungsreform vorteilhaft und nützlich waren, sind sie doch zum größten Teil dem Modell der Lernfabrik und nicht dem liberalen Bildungsmodell gefolgt. Und das ist der Hauptgrund, aus dem die Bildungsreform der achtziger Jahre das Hetzen des Kindes noch verstärkt hat. Die Lösungswege, die die Reform angestrebt hat, sind den traditionellen Lösungen für die Erhöhung der Produktivität einer Fabrik sehr ähnlich, bis auf die längst überfällige Erhöhung der Gehälter der Lehrer. In zu vielen Teilen des Landes bedeutete die Bildungsreform eine Erhöhung des Unterrichtsniveaus, mehr Schulaufgaben, die Abschaffung von Pausen und längere Schulzeiten.

Das Hauptziel dieser Art von Reform ist ganz offensichtlich die Verbesserung der Testergebnisse als Maßstab für ein verbessertes Projekt. Edward B. Fiske beschreibt die Testlawine, die dadurch ausgelöst wurde, folgendermaßen:

Amerikanische Schulen sind versessen auf Tests. Die Ergebnisse dieser Fragebögen werden zunehmend dazu benutzt, Schüler zu fördern oder zurückzustellen, Lehrer einzustellen und zu entlassen, Diplome auszuhän-

digen, Lehrpläne zu entwickeln und Geld an Schulen und Kollegen auszuteilen.[8]

Nichtsdestotrotz bringen die Reformen nicht das gewünschte Resultat. Die jüngste Studie (von 1988) über das Wissen und die Fähigkeiten von Neunjährigen, Dreizehnjährigen und Siebzehnjährigen beweist, daß nur wenige Schüler den Mindestanforderungen für ihre Altersgruppen entsprechen, obwohl es bescheidene Verbesserungen im Grundwissen gegeben hat. Die Ergebnisse des Lesetests sind ein düsteres Beispiel dafür. Nur 39 Prozent der Siebzehnjährigen kann gut genug lesen, um die Texte in den Schulbüchern verstehen zu können. Und circa die Hälfte dieser Altersgruppe ist mit den Grundbegriffen der höheren Mathematik (wie dem Berechnen von Durchschnitten) nicht vertraut.

Zudem hat der große Wert, der auf Tests und Testergebnisse gelegt wird, einige Schulen zu recht zweifelhaften Praktiken veranlaßt. Ein einschlägiges Beispiel dafür ist der sogenannte »Lake-Wobegon-Effekt«, der nach Garrison Keillors Beschreibung des erfundenen Städtchens Lake Wobegon benannt worden ist, wo »alle Kinder besser sind als der Durchschnitt«. Eine Studie des Arztes John B. Cannel hat ergeben, daß 49 von 50 bundesstaatlichen Schulen angeben, daß die Testergebnisse ihrer Schüler über dem Durchschnitt lägen![9]

Die Gründe hierfür sind vielschichtig und komplex und hängen mit den Testnormen, der Auswahl der Tests durch die Schulen und der Bedeutung und der Interpretation der Testergebnisse zusammen. Einer der kritischen Punkte ist die Frage, wie stark Lehrer ihre Schüler auf die Tests vorbereiten. Ist der Lake-Wobegon-Effekt darauf zurückzuführen, daß die Lehrer die Tests kennen und die Unterrichtszeit dazu verwenden, den Kindern die Antworten auf die Testfragen beizubringen? Was für eine Bedeutung können Testergebnisse unter diesen Umständen noch haben? Obwohl viele aus der Testindustrie davon überzeugt sind, daß der Lake-Wobegon-Effekt wegerklärt werden kann, hat er doch heftige Diskussionen über die Testnormen und über eine bessere und deutlichere Vermittlung der Testergebnisse an die Eltern ausgelöst.

Wenn Tests zum zentralen Punkt der Schulbildung werden, verstärken sie den Leistungsdruck der Kinder auch auf andere Art. Tests bedeuten in jedem Alter Streß, aber die Belastung wird verstärkt, wenn Testergebnisse in den Lokalzeitungen und im lokalen Fernsehen bekanntgegeben werden. Und wenn die Lehrer und die Schulverwaltungen wissen, daß die Testergebnisse der Schüler als der Maßstab *ihrer* Tüchtigkeit angesehen werden, werden sie sich mehr auf die Testergebnisse konzentrieren als darauf, wie gut die Schüler lernen. Unter diesen Umständen entdecken Kinder sehr schnell, daß es in der Schule auf das Bestehen von Tests ankommt und nicht auf sinnvolles Lernen.

Was Kenneth Kenniston 1976 schrieb, ist so immer noch zutreffend:

Der Erfolg von Schulen wird nicht daran gemessen, was für Menschen sie hervorbringen, sondern daran, welche Steigerungen der Punktzahlen sie bei Lesetests verbuchen können. Wir haben es zugelassen, daß quantitative

Maßstäbe, die in unserem Wirtschaftssystem von so zentraler Bedeutung sind, auch zum hauptsächlichen Maßstab für den Wert unserer Kinder geworden sind.[10]

Die Testmanie kann auch tragische Folgen haben, sowohl für Schulen als auch für Kinder. Zum Beispiel verschaffte sich ein Schuldirektor, der unter dem Druck stand, den hohen Notendurchschnitt und den guten Ruf seiner Schule aufrechterhalten zu müssen, widerrechtlich Kopien von den Tests, die geschrieben werden sollten, und ließ die Lehrer die Antworten mit den Schülern üben. Das kam heraus, und der Direktor trat zurück, als die Geschichte in den Zeitungen groß herausgebracht wurde. Das Tragische an der ganzen Sache war, daß der Direktor eine hervorragende Schule leitete; die Kinder hatten bereits sehr gute Testergebnisse. Obwohl die Handlungsweise des Direktors nicht gebilligt werden kann, ist es leicht, Verständnis zu haben für den ständigen Streß, gute Testergebnisse vorweisen zu müssen.

Sogar Kleinkinder bleiben von diesem Testfimmel nicht verschont. In den letzten Jahren wurden die Tests auch zunehmend in den unteren Klassen eingesetzt. 1987 erließ der Bundesstaat Georgia ein Gesetz, nach dem für die Zulasssung zur Vorschule und für die Versetzung in die erste Klasse Tests obligatorisch sind. In einigen Schulen in New York werden Vorschulkinder in den ersten Monaten bis zu viermal getestet. Zusätzlich erhalten viele Vorschulkinder jetzt Noten und bekommen Hausaufgaben auf. Für Kinder in diesem Alter ist das ein bißchen viel. Bevor sie an einem Tag, an dem ein Test geschrieben werden sollte, zur Schule ging, fragte eine verängstigte Fünfjährige ihre

Mutter: »Wirst du mich umbringen, wenn ich keine Eins bekomme?« Einige Bundesstaaten wie Kalifornien, North Carolina und Mississippi widerstehen der Testepidemie, aber sie sind in der Minderheit.

Warum, mögen manche Leser sich fragen, werden Kleinkinder durch Tests, Hausaufgaben und Benotungen gehetzt? Verhätscheln wir die Kinder nicht, wenn wir ihnen erlauben, während der ersten Lebensjahre, in denen der Geist so offen für das Lernen ist, nur zu spielen? Ich werde diese Frage in Kapitel 5 ausführlich beantworten; jetzt werde ich nur kurz darauf eingehen. Kleinkinder glauben, daß Erwachsene allwissend und weise sind. Wenn wir sie mit Aufgaben konfrontieren, für die sie noch nicht bereit sind – wie zum Beispiel mit Tests, Schulbüchern und Hausaufgaben –, geben sie sich selbst die Schuld für ihr Versagen. »Wenn dieses weise, allwissende Wesen mir sagt, daß ich das können sollte und ich es nicht kann, muß irgend etwas mit mir nicht stimmen.« Wir schicken zu viele Kinder in die Schule, nur damit sie lernen, daß sie »zu dumm« sind, um dort zu sein.

Testergebnisse sind das, worauf es in den Schulen heute ankommt, und die Kinder wissen das. Sie müssen etwas leisten oder sonst ... Dieser Leistungsdruck mag für viele Schüler gut sein, aber er muß zwangsläufig schlecht sein für diejenigen, die dem Unterricht nicht folgen können. Ihr Versagen ist heute öffentlicher und demütigender geworden als jemals zuvor. Schlimmer noch, Schüler, die nichts leisten, glauben, daß sie ihre Mitschüler, ihre Lehrer, den Schuldirektor, den Schulrat und die Allgemeinheit im Stich lassen. Das ist eine schwere Last für viele Kinder, und es ist ein starker Druck, früh etwas zu leisten und schnell erwachsen zu werden.

Der Effekt der Bildungsreform auf die Schüler ist das Gegenteil dessen, was beabsichtigt wurde. Während die Anzahl der Schüler, die die Schule ohne Abschluß abbrechen, viele Jahre lang gleich geblieben war, steigt sie heute wieder an. Teilweise liegt das daran, daß die Anforderungen für einen Abschluß angehoben wurden, ohne daß den jungen Leuten die Mittel an die Hand gegeben wurden, die sie bräuchten, um den Anforderungen gerecht zu werden. Und wenn bestimmte Kinder früh als lernbehindert eingestuft werden, zwingt man sie dazu, sich selbst als defekt zu sehen, noch bevor sie die Chance hatten, zu zeigen, was sie können. Die Einführung von Förderunterricht für lernschwache Kinder in der ersten Klasse zeigt, wie stark die Epidemie der frühen Einstufung sich ausgebreitet hat. Wenn einem Kind einmal dieser Stempel aufgedrückt worden ist, ist es schwierig, ihn wieder zu entfernen.

Aber auch bei den guten Schülern gibt es Probleme. Die heute erfolgende Anerkennung der besonderen Bedürfnisse von begabten Kindern war lange überfällig. Nichtsdestotrotz hat die Einführung von Klassen und Förderkursen für Hochbegabte dem elterlichen Ego bislang ungeahnte Möglichkeiten eröffnet. Das Verlangen, sagen zu können, daß ihr Kind an einem dieser Förderkurse für Hochbegabte teilnimmt, hat viele Eltern dazu veranlaßt, ihre Kinder dort unterzubringen, auch wenn diese da eigentlich nicht hingehören und dem Unterricht nicht folgen können. Diese Kinder werden doppelt gedemütigt, einmal durch ihr

Versagen in der Klasse für Hochbegabte und dann durch ihre Rückkehr in den normalen Unterricht.

Der Druck, der das Resultat dieses Mißbrauchs des Testens ist, hat noch andere negative Auswirkungen. Was die Schulen den Kindern vor allem anderen beibringen, ist, daß das Endergebnis, oder die Note, wichtiger ist als die Leistung, die durch die Note bewertet werden sollte. Kinder sind viel mehr an ihren Noten interessiert als an ihrem Wissen. So ist es nicht überraschend, daß diese Kinder später im Beruf mehr an dem Gehalt interessiert sind als an der Arbeit. Neuere Untersuchungen haben gezeigt, daß die heutige Jugend viel materialistischer ist als frühere Generationen. Dieser Materialimus wird durch die Medien verursacht, aber er wird auch durch die Einstellungen, die die Schulen den Kindern einprägen, hervorgerufen.

Noch entmutigender ist die Unehrlichkeit, die durch die Überbetonung des Testens gefördert wird. Wenn es die Note ist, die zählt, und nicht das, was man weiß, dann ist es am wichtigsten, die beste Zensur zu bekommen. Die vielen vor kurzem bekannt gewordenen Skandale um junge Börsenmakler und Jounalisten, die Informationen verkauft haben, zeigen nur die Spitze des Eisbergs. Noch einmal, warum sollte uns das überraschen (was es zu tun scheint)? Wenn junge Menschen wie Produkte behandelt werden, deren Wert von ihren Noten und Testergebnissen abhängt, dann brauchen sie auch keine moralischen oder ethischen Skrupel zu haben. Da sie wie Objekte behandelt werden, können sie weder ethisch noch moralisch dafür verantwortlich gemacht werden.

Das Beispiel Japans

Eines der Hauptargumente für die Lernfabrik als Lösung der Probleme unseres Bildungswesens ist das japanische Schulwesen. Die japanischen Kinder werden früher eingeschult als unsere Kinder, sie haben mehr Schulstunden am Tag und weniger Ferien, und sie müssen viel mehr Hausaufgaben machen. Und als ob das nicht genug wäre, nimmt mehr als die Hälfte aller japanischen Kinder nach der Schule noch für mehrere Stunden am Tag Privatunterricht. Es ist nicht überraschend, daß die japanischen Schüler den amerikanischen und den meisten Maßstäben für schulische Leistungen weit überlegen sind, besonders in Mathematik. Ein japanischer Regierungsvertreter drückte es so aus: »In den fünfziger Jahren hatten die Amerikaner den ›Sputnik‹-Schock und jetzt haben sie den ›Toyota‹-Schock.«

Nach allem, was ich bisher gesagt habe, sind die japanischen Kinder gehetzt. Dennoch scheinen sie im Gegensatz zu den amerikanischen Kindern keine Streßsymptome zu entwickeln, ja, sie scheinen sich unter dem Druck ihres äußerst intensiven Bildungsprogramms tatsächlich prächtig zu entwickeln. Beweist das nicht, daß meine Gleichsetzung von Hetzen und Streß falsch ist? Das ist nicht der Fall. Japan war eines der ersten Länder, in dem *Das gehetzte Kind* in einer Übersetzung erschien.

1988 begingen zu Beginn des Schuljahres sieben Schulkinder und ein Lehrer Selbstmord. Die Abschiedsbriefe einiger Schüler wiesen darauf hin, daß sie dem Leistungsdruck der Schulen entkommen wollten. Wie wir sehen werden, schadet der übermäßige schulische Leistungsdruck den japanischen Kindern ebensosehr wie den amerikanischen.

Um jedoch zu verstehen, warum japanische Kinder nicht im selben Sinn gehetzt sind wie unsere Kinder, müssen wir das japanische Schulwesen in seinem kulturellen Kontext etwas genauer betrachten. Zum einen ist die japanische Gesellschaft sehr verschieden von der unsrigen:

Die Japaner legen Wert auf Harmonie, automatischen Gehorsam, Anpassung und Selbstaufopferung für die Gruppe. Wir legen Wert auf Pluralismus, Unabhängigkeit, Individualismus und Kreativität. Ihre Gesellschaft ist hierarchisch strukturiert, und das Bildungswesen ist, wie die meisten Verwaltungsaufgaben des Staates, im höchsten Grade zentralisiert. Wir ziehen den Föderalismus vor, wann immer das möglich ist. Ihre Bevölkerung ist sehr homogen, unsere sehr gemischt.[11]

Um zu verstehen, was den Druck des japanischen Bildungssystems erträglich macht und die Gleichsetzung von Hetzen und Streß auflöst, müssen wir uns die Person näher ansehen, die das möglich macht, nämlich die japanische Mutter:

Niemand bezweifelt, daß hinter jedem leistungsstarken japanischen Schüler — und sie gehören zu den leistungsstärksten der Welt — eine unterstützende, energische und völlig in den schulischen Leistungen ihres Kindes aufgehende Mutter steht. Sie lernt, sie bereitet Pausenbrote vor, sie steht stundenlang Schlange, um das Kind für eine Prüfung anzumelden, und wartet stundenlang auf dem Korridor, solange die Prüfung dauert. Sie verzichtet aufs

Fernsehen, damit das Kind in Ruhe lernen kann, und sie kocht mitten in der Nacht Nudeln, damit der Gelehrte etwas zu essen hat. Sie befördert die Kinder vom Sport zum Musikunterricht, von der Kalligraphiestunde zur Klavierstunde, vom Schwimmen zum Judo. Sie hilft jeden Tag bei den Hausaufgaben, sie stellt Nachhilfelehrer ein und arbeitet halbtags, damit das alles bezahlt werden kann. Manchmal geht sie zum »Mütterunterricht«, um besser bei den Hausaufgaben helfen zu können. [12]

Der Erfolg des japanischen Schulwesens ist zum großen Teil der Selbstaufopferung der japanischen »Schulmütter« oder »Kyoiku Mamas« begründet. Die japanischen Kinder können den Streß und den Leistungsdruck des Schulwesens aushalten, weil die Mütter immer da sind, um sie zu unterstützen und zu ermutigen. Im Gegensatz zu der amerikanischen Mutter, die als »aggressiv« und »drängend« gilt und die oft dafür verhöhnt wird, erfreut sich die »Kyoiku Mama« großen Ansehens; es wird davon ausgegangen, daß sie einem anspruchsvollen Beruf nachgeht. Und der gesellschaftliche Druck, der auf diese Mütter ausgeübt wird, ist enorm:

Ein großer Teil des persönlichen Selbstbewußtseins einer japanischen Mutter hängt von den Schulleistungen der Kinder ab, und sie fordert sich große Anstrengungen ab, um diese zu verbessern … Zudem ist die Mutter einem großen Druck von ihren Peers ausgesetzt. Der Erfolg einer Mutter als Mutter hängt nach allgemeiner Ansicht von den Schulleistungen der Kinder ab. [13]

Aber nicht nur die Mütter müssen den Preis bezahlen:

Mehrere Studien in ganz Japan haben ergeben, daß die japanischen Kinder sehr viel weniger Selbstachtung haben als die Kinder anderer Länder. Wenn es um schulische Leistungen oder Intelligenz geht, ist die Selbsteinschätzung japanischer Grund- und Mittelschulkinder besonders niedrig ... Für viele japanische Kinder resultiert das Streben nach vorzüglichen Schulleistungen nicht in einem guten Gefühl über sich selbst; auch die Leistungen anderer werden nicht anerkannt. Dies ist einer der Hauptgründe für die Probleme, die es seit kurzem an den Schulen gibt, zum Beispiel körperliche oder seelische Grausamkeiten gegenüber Mitschülern, Aggressionen gegenüber den Lehrern, Vandalismus und Selbstmord.[14]

Ich will noch ein letztes Argument anführen. In Kapitel 8 wird eine mögliche Reaktion auf das Hetzen, die »vorzeitige Strukturierung« beschrieben. Kinder, die man dazu drängt, früh erwachsen zu werden, können eventuell während der Zeit, in der sie gehetzt werden, mehr erreichen als andere Kinder, aber danach verlangsamen sich ihre Fortschritte und sie erreichen kein so hohes Leistungsniveau wie andere, die sich langsamer entwickelt haben. Das scheint auch in Japan der Fall zu sein. Obwohl ein höherer Prozentsatz der japanischen Schüler den höchsten Schulabschluß erreicht (90 Prozent gegenüber 76 Prozent bei uns), entscheidet sich ein höherer Prozentsatz unserer Schüler für ein Studium (58 Prozent gegenüber 29 Prozent).

Es wird allgemein zugegeben, daß die amerikanische akademische Ausbildung der japanischen überlegen ist. Das Studium wird oft »vier Jahre Ferien«

genannt; dem akademischen Wissen wird kaum Aufmerksamkeit gezollt, und es wird kaum Druck auf die Studenten ausgeübt, mehr zu tun, als sich zu amüsieren. Im Gegensatz dazu zeigen viele amerikanische Studenten auf der Universität, was in ihnen steckt. Sie sind vielleicht nicht so schnell vorangekommen, aber sie sind weitergekommen.

Ein Vergleich der Anzahl der Amerikaner und der Anzahl der Japaner, die einen Nobelpreis gewonnen haben, beweist die Fähigkeit unserer Studenten, weiterzukommen. Die Zahl der Nobelpreise, die einem bestimmten Land zuerkannt werden, ist doch ein angemessener Maßstab für die Fähigkeit dieses Landes, kreative Individuen hervorzubringen. Die ersten Nobelpreise wurden 1901 vergeben, und 1969 wurde der Nobelpreis für Wirtschaftswissenschaften neu eingeführt. In den 86 Jahren, in denen die Nobelpreise vergeben wurden, erhielt Japan insgesamt fünf Nobelpreise, und zwar zwei Physiknobelpreise, einen Chemienobelpreis, einen Literaturnobelpreis; und 1974 erhielt Eisaku Sato den Friedensnobelpreis. Wenn wir dies mit den Hunderten von Nobelpreisen vergleichen, die von Amerikanern gewonnen wurden, haben wir einen guten Hinweis auf die negativen Folgen der vorzeitigen Strukturierung durch die Schule.

Die Probleme des amerikanischen Bildungswesens können nicht dadurch gelöst werden, daß wir uns Erziehungssysteme zum Vorbild nehmen, die in anderen Ländern »erfolgreich« waren. Wir sollten diese Lektion in den siebziger Jahren gelernt haben, als der »offene« Unterricht Großbritanniens als Muster für unser Bildungssystem diente. Das einzige, was von dieser pubertären »Schwärmerei« übriggeblieben ist, sind einige Schulen ohne Mauern.

Wenn die Briten von »offener« Erziehung redeten, meinten sie den Geist des Schulkindes, während wir dachten, sie sprächen über die Schulgebäude; deshalb wurden die Mauern entfernt. Wir haben Probleme mit unserem Bildungswesen, weil wir nicht amerikanisch genug sind, nicht weil wir nicht britisch oder japanisch genug sind. In unseren Klassenzimmern geht es nicht so individuell zu, und unsere Lehrpläne sind nicht so flexibel, wie es die amerikanischen Werte von Individualismus und Selbständigkeit erfordern würden. Eine wirkliche Bildungsreform kann es nur geben, wenn wir unser Bildungswesen dem individuellen Wachstum der Kinder und ihren unterschiedlichen geistigen Entwicklungsstufen anpassen.

SEX FÜR ANFÄNGER

Ebenso kontrovers diskutiert wie die Lernfabriknatur der Schulen und der daraus resultierende Leistungsdruck auf Kinder wird der neue Sexualaufklärungsunterricht und sein Einfluß. Der Gedanke der Sexualaufklärung ist natürlich nicht neu. Um die Jahrhundertwende entdeckte G. Stanley Hall durch seine Fragebögen, daß heranwachsende Frauen glaubten, sie könnten durch Küssen schwanger werden; er befürwortete daher die schleunige Einführung von Sexualaufklärungsunterricht. Jungen waren überzeugt davon, daß durch Onanie vielfältige Schäden entstehen könnten (Schwachsinn, früher Tod und so weiter). Eine frühe Sexualaufklärung sollte vor allem solche Fehlinformationen korrigieren.[15]

Die Richtigstellung von Fehlinformationen bildete bis weit in die fünfziger Jahre hinein den Schwerpunkt des Aufklärungsunterrichts; Sexualaufklärung war damals meistens ein Bestandteil des Hauswirtschaftsunterrichts und wurde als »Ehevorbereitung« bezeichnet. Zu der Zeit beinhalteten die Lehrpläne für Sexualaufklärung auch schon Informationen über Geschlechtskrankheiten und uneheliche Schwangerschaften. Im Biologieunterricht wurde zusätzlich die Anatomie der Geschlechtsorgane und deren Funktionen durchgenommen, allerdings erst in den oberen Klassen.

Am Ende der sechziger Jahre begann der Aufklärungsunterricht als Reaktion auf den gesellschaftlichen Wandel und die anwachsende Frauenbewegung auch einige der gefühlsmäßigen Aspekte der Sexualität zu beleuchten. Es wurden Probleme wie Kleidung und provozierendes Verhalten, Verabredungen, Anpassungsdruck und persönliche Fragen von sexueller Aktivität diskutiert. Wieder war ein Großteil dieser Unterrichtseinheiten auf die oberen Klassen abgestimmt. Sie sind auch heute noch am häufigsten, nur daß der Stoff jetzt zunehmend in der Mittelstufe unterrichtet wird.

Diese notwendige Gesundheitserziehung ist nicht umstritten; kontrovers diskutiert werden vielmehr viel explizitere Unterrichtseinheiten, die jetzt von vielen Schulen übernommen worden sind, teilweise in Reaktion auf die AIDS-Epidemie. Dieser neue Sexualaufklärungsunterricht – und über 80 Prozent der Kinder nehmen heute daran teil[16] – wurde von Psychologen,

113

Sozialarbeitern, von verschiedenen Organisationen und sogar von der Ärztekammer der Vereinigten Staaten entwickelt. Das gemeinsame Anliegen dieser Gruppen sind die Folgen der zunehmenden sexuellen Aktivität von Teenagern: ungewollte Schwangerschaften, die Bedrohung durch AIDS und die Ausbreitung von Geschlechtskrankheiten. Die neuen Sexualaufklärer wollen nicht nur informieren, sondern auch einige der negativen Folgen von früher und ungesicherter Sexualität verhindern.

Der neue Aufklärungsunterricht stellt auch Materialien bereit, die einem anderen Ziel dienen, nämlich sexueller Anpassung und sexuellem Bewußtsein. Dieser Unterricht soll jungen Leuten dabei helfen, die vielen Facetten ihrer Sexualität auszudrücken, mehr Rücksicht auf die Bedürfnisse des Partners zu nehmen, auch andere Lebensweisen zu akzeptieren und sich an ihrer Sexualität als einem normalen und gesunden Teil ihres Lebens zu erfreuen. Die Befürworter dieser Art der Sexualerziehung, zu denen auch der Vorsitzende der Ärztekammer, C. Everett Koop, zählt, glauben, daß die Kinder wegen AIDS früh mit den Realitäten der Sexualität vertraut gemacht werden müssen. Er sagt: »Jetzt kann es keinen Zweifel mehr daran geben, daß Sexualaufklärung notwendig ist und daß sie auch Informationen über heterosexuelle und homosexuelle Beziehungen enthalten muß.«[17]

Im neuen Aufklärungsunterricht geht es nicht nur um Anatomie; es werden auch Probleme wie das Verhalten bei Verabredungen, Abtreibung, Verhütung, Homosexualität, Masturbation, Geisteskrankheiten und Sterben behandelt. Wie Harvey Fineberg, Dekan der medizinischen Fakultät von Harvard, sagt: »AIDS wird die Sexualaufklärung, wie wir sie kennen, verändern. Offenere und unverhülltere Diskussionen über Kondome und andere *Safer-Sex*-Strategien sind unumgänglich notwendig ... Wir sind an einem Punkt angelangt, an dem Sexualaufklärungsunterricht nicht länger eine Frage der Moral ist – es ist eine Frage von Leben und Tod.«[18] Die Unterrichtsmethoden sind Diskussionen, die durch Lehrfilme, zum Beispiel über Homosexuelle oder über ein junges Paar, das versucht, ein Kind mit wenig Geld und vielen Trennungen großzuziehen, in Gang gebracht werden.

Der folgende Auszug aus der Unterrichtseinheit »Familienleben und Gesundheit« des Lehrers Thomas Lundgren verdeutlicht, welcher Stoff durchgenommen wird:

Die Klasse wird für zwei oder drei Tage nach Geschlechtern getrennt, weil die Mädchen vor den Jungen nicht über Menstruation reden wollen und die Jungen ebenso verlegen sind, wenn sie vor einer gemischten Klasse über nächtlichen Samenerguß reden sollen. Wenn die Schüler über Heterosexualität und Homosexualität sprechen, sagt Lundgren: »Wir gebrauchen die Anatomie von den Rechtshändern und den Linkshändern, und wir erklären ihnen, daß die sexuelle Orientierung schon sehr früh im Leben festliegt.«

Lundgren erwähnt auch Kondome und Abtreibungen.[19]

Das Problem dabei ist natürlich, daß etwas, was für Siebzehnjährige angemessen ist, jüngere Kinder überfordern kann. Es ist jedoch unvermeidlich, daß die Überzeugung »Je eher, desto besser«, die das heutige

Bildungswesen prägt, dazu führt, daß derartige Themen auch bei Kindern zwischen zehn und zwölf Jahren und bei Teenagern eingesetzt werden, die dadurch mehr Informationen erhalten, als sie haben wollen, oder als sie brauchen. Die eigentliche Frage ist nicht, ob die Kinder in der Schule aufgeklärt werden sollen oder nicht, die Frage ist, ob die jeweilige Form der Sexualaufklärung für die jeweiligen Altersstufen sinnvoll und brauchbar ist. Unglücklicherweise ist die Antwort oft »Nein«; viele Kinder und Jugendliche werden mit Informationen und Unterrichtseinheiten konfrontiert, die eher die Sorge von Erwachsenen über die Sexualität von Teenagern widerspiegeln als die tatsächlichen Sorgen, Interessen und Ängste der Jugendlichen. Manche bezweifeln die Wirksamkeit von schulischer Sexualaufklärung bei Kindern jeden Alters. Auf die Frage, ob der Aufklärungsunterricht die verzerrten Vorstellungen der Kinder über Sexualität richtigstelle, antwortete der bekannte Kinderpsychologe Bruno Bettelheim: »Nein, weil die falschen Vorstellungen durch richtige Informationen nicht beseitigt werden. Das ist ein Vorurteil. Neue Informationen werden einfach auf die alten, falschen Vorstellungen aufgepropft und bewirken eine noch größere Verwirrung. Die Tochter eines Kollegen kam einmal von der Schule nach Hause und sagte: ›Wir haben in einem Film gesehen, wo die Babys herkommen.‹ Ihre Mutter fragte sie, wo denn die Babys herkämen, und das kleine Mädchen sagte: ›Babys werden der Mutter von der Krankenschwester gebracht, das habe ich im Film gesehen.‹«

Gefragt, wie guter Aufklärungsunterricht aussehen könne, antwortete Bettelheim: »Meiner Ansicht nach ist Sexualerziehung in der Schule nicht möglich. Sie ist ein fortdauernder Prozeß, der mit dem Moment der Geburt beginnt. Die Art, wie du gebadet und gewikkelt wirst, wie die Erziehung zur Sauberkeit aussieht, all das ist Sexualerziehung; es kommt darauf an, ob das mit Respekt für den Körper geschieht, mit der Vorstellung, daß körperliche Gefühle angenehm sind und daß die Funktionen des Körpers nicht ekelerregend sind. Man erfährt nichts über Sex, wenn man die Eltern nackt sieht oder zusammen duscht. Das ist Unsinn. Was man über Sex denkt, das hängt davon ab, wie die Eltern miteinander umgehen, ob sie Freude haben an der Gegenwart des anderen, ob sie Respekt füreinander empfinden, nicht von dem, was sie im Bett miteinander tun.«[20]

Und was den Sexualaufklärungsunterricht angeht, sagt Bettelheim: »Ich glaube, daß dieser Unterricht gefährlich ist und daß der Anstieg von Teenagersex und von Teenagerschwangerschaften damit zusammenhängt. Man kann keinen Sexualkundeunterricht machen, ohne zu sagen, daß Sex etwas Natürliches ist und daß es den meisten Leuten gefällt. Der Unterricht kann einem nicht beibringen, den eigenen Körper zu akzeptieren. Das Problem beim Sex sind sexuelle Ängste, und die kann man nicht im Unterricht durchnehmen, weil sie bei jedem anders sind.«[21]

Es gibt also noch nicht einmal völlige Übereinstimmung darüber, ob der Sexualkundeunterricht in den Schulen für irgendeine Altersstufe gut ist, geschweige denn für Kinder, die sich der Pubertät nähern. Zusammenfassend muß man sagen, daß die Sexualaufklärung in den Schulen die Sorge der Erwachsenen über die Sexualität junger Leute widerspiegelt. Das »Vorurteil«, daß eine frühe Sexualaufklärung Kindern eine »gesunde Sexualität« vermittelt, ist anzweifelbar — sogar wenn die Experten sich darüber einig wären, was gesunde Sexualität ist. Der Aufklärungsunterricht an den Schulen, der immer jüngeren Schülern zuteil wird und dem eine klare theoretische oder wissenschaftliche Grundlage fehlt, trägt zur Förderung des schnellen Erwachsenwerdens der Schüler bei.

FACHUNTERRICHT AN DEN GRUNDSCHULEN

Es gibt neben den Tests und fragwürdigem Unterrichtsstoff noch andere Praktiken der Schulen, die Kinder hetzen. Eine wachsende Anzahl von Schulen läßt Grundschulkinder von einem Lehrer und einem Klassenraum zum nächsten wandern, wo der Unterricht in einem anderen Fach stattfindet. Diese Betonung des Fachunterrichts ist nicht neu; es hat sie schon öfter gegeben, besonders dann, wenn das Bildungswesen heftiger Kritik ausgesetzt war und eine »Bildungsreform« in der Luft lag.

Zu Beginn dieses Jahrhunderts war das Rotationssystem an den Grundschulen unter verschiedenen Namen bekannt, so zum Beispiel als der Dalton-Plan oder der Winnetka-Plan. Diesen Plänen lag die Vorstellung zugrunde, daß die Grundschule effektiver sein könnte, wenn sie so aufgebaut wäre wie die weiterführenden Schulen. In den frühen vierziger Jahren wurde die Wirkungslosigkeit dieses Systems jedoch immer offensichtlicher, und so wurde es allmählich aufgegeben.

Der heutige lautstarke Ruf nach einer Bildungsreform wurde erstmals am Ende der fünfziger Jahre als Reaktion auf die russischen Sputniks laut. Das Resultat war eine Welle von »neuen« Lehrplänen, die sich an den Universitäten über die Schulen ergoß. Die Welle ebbte in den siebziger Jahren ab und hinterließ eine Generation von Eltern und Kindern, die immer noch an den Nachwirkungen dieser von Experten entwickelten Lehrpläne litt. Der neue Lehrstoff (zum Beispiel das Rechnen mit Variablen, das als das »neue« Rechnen bekannt war) wurde fallengelassen, weil er zu schwierig für die jeweiligen Altersstufen war – ganz zu schweigen von den Eltern, die den Kindern bei den Hausaufgaben helfen mußten!

Dennoch behauptete die nächste Welle der Reform, jetzt werde es nach einem Jahrzehnt der Einfachheit wieder anspruchsvoll in den Schulen zugehen! In Wirklichkeit war es genau umgekehrt. Die Welle »Zurück zum Grundwissen« bedeutete die Rückkehr zu von Lehrern geschriebenen Lehrplänen, die auf das Kind ausgerichtet waren. Weit davon entfernt, anspruchsvoller zu sein, war dieser neue Lehrstoff einfacher! Ein Beispiel wird das verdeutlichen. Beim neuen Rechnen wurden die Erstkläßler angewiesen, die Rechenaufgabe $2 + 2 = ?$ unter der Fragestellung »Welche Summe kommt dabei heraus?« zu lösen. Jetzt wurden die Kinder wieder aufgefordert, das Ergebnis auszurechnen. Zumindest in der Grundschule war diese Bildungsreform erfolgreich, weil die Kinder unter dem Vorwand der Härte und der Leistung wieder ihrem Alter angemessene, sinnvolle Lehrpläne erhielten.

Aber diese Welle der Bildungsreform ebbte ihrerseits ab, als 1983 die Studie »A Nation at Risk« veröffentlicht wurde, die auf krasse Weise dokumentierte, wie unterlegen unsere fortgeschrittenen Schüler den europäischen und asiatischen Schülern seien. Eine neue Welle der Bildungsreform war auf dem Weg. Das Leitmotiv dieser neuen Bewegung ist die »Effektivität«.

Der Fachunterricht an Grundschulen ist mit dem Ziel, die Schulen wieder effektiver zu machen, wiederbelebt worden. Darin liegt eine gewisse Ironie. Unter der Bezeichnung »Bildungsreform« werden längst ausrangierte Methoden neu eingeführt, um das Bildungswesen effektiver zu machen. Und dies trotz der Tatsache, daß die vorhandene Forschung zu diesem Thema (Slavin, 1987) belegt, daß Fachunterricht in der Grundschule *ineffektiv* ist.[22]

Bevor wir uns den Gründen dafür zuwenden, daß Fachunterricht und Rotation in der Grundschule die Kinder hetzen, müssen wir uns die Argumente, die dafür sprechen, genauer ansehen. Die Hauptrechtfertigung der Rotation ist, daß der Lehrstoff der einzelnen Fächer so komplex geworden sei, daß ein Lehrer unmöglich in allen Fächern unterrichten könne. Es könne von keinem Lehrer erwartet werden, mit den Veränderungen in Theorie und Forschung auf den Gebieten des Lesens, des Rechnens, der Gemeinschaftskunde und der Naturwissenschaften Schritt zu halten. Kinder profitierten eindeutig davon, wenn sie von Experten unterrichtet würden.

Andere Berufe haben sich eindeutig auf eine Spezialisierung hin entwickelt, und der Status und das Einkommen der Spezialisten haben sich dementsprechend erhöht. Zum Beispiel ist es einem einzelnen Arzt nicht möglich, sich über die neuesten Entwicklungen in der Forschung auf dem laufenden zu halten und sich sowohl bei Krebskrankheiten als auch mit Herzkrankheiten auszukennen, und so gibt es Fachärzte für Krebsheilkunde und für Kardiologie. Auch Juristen spezialisieren sich auf Verwaltungsrecht, Strafrecht, Erbrecht oder Steuerrecht. Sicher gibt es auch Allgemeinmediziner und nichtspezialisierte Anwälte, aber ihr Status ist geringer als der des Spezialisten. Das gleiche gilt auch schon für den Beruf des Lehrers. Die Fachlehrer an den weiterführenden Schulen werden besser bezahlt als Grundschullehrer, und sie haben einen höheren Status. Vielleicht werden diese Unterschiede verschwinden, wenn die Grundschullehrer sich ebenfall spezialisieren.

Unglücklicherweise ist etwas, was gut für die Lehrer wäre, nicht unbedingt auch gut für die Kinder. Bei der Rotation ist das sicherlich so. Der Grund dafür wird sofort ersichtlich, wenn wir uns die obengenannten medizinischen und juristischen Analogien näher ansehen. Die Verwendung dieser Analogien impliziert, daß das Kind notwendigerweise von der Sachkenntnis des Lehrers profitieren wird. Aber das Kind ist in Wirklichkeit weder ein Patient noch ein Klient, sondern eher ein Student des Lehrers. Wenn die medizinsiche oder die juristische Analogie korrekt angewendet werden soll, müssen wir uns fragen, ob und ab wann ein Student der Medizin oder ein angehender Jurist von Spezialisten unterrichtet wird.

Bevor die Studenten sich für ein Medizin- oder für ein Jurastudium bewerben, müssen sie zunächst den Bakkalaureus der philosophischen Fakultät oder der Naturwissenschaften machen. Um diesen Abschluß zu machen, müssen die Studenten einführende Überblickskurse in den Naturwissenschaften, in Mathematik und den Geisteswissenschaften belegen. Erst später belegen die Studenten spezialisierte Seminare. Aber auch diese sind immer noch allgemeiner als die Seminare, die nach dem abgeschlossenen Eingangsstudium kommen. Die meisten Überblickskurse werden von Generalisten und nicht von Spezialisten angeboten. Kurz, Spezialisierung ist etwas für Fortgeschrittene, nicht für Anfänger.

Was auf die Universität zutrifft, trifft auch auf die Grundschule und auf die höhere Schule zu. Ein Kind, das gerade eingeschult worden ist, braucht keinen Spezialisten, um das Lesen und Rechnen zu lernen. Denn die Vermittlung dieser Grundkenntnisse erfordert wesentlich mehr pädagogische Fähigkeiten als Fachkenntnisse. Neben der Vermittlung des Grundwissens gehört es zu den Aufgaben des Grundschullehrers, die Schüler zu »fesseln«, ihr Interesse am Lernen zu wecken.

Wenn die Schüler die Mittelstufe oder die Oberstufe erreicht haben, fangen sie an, vom Fachunterricht zu profitieren. Weil sie das Lernen gelernt haben, brauchen die Lehrer der individuellen Persönlichkeit der einzelnen Schüler nicht mehr ganz so viel Aufmerksamkeit zu schenken. Ein Lehrer einer weiterführenden Schule, der wirklich etwas von seinem Fach versteht, kann so einen effektiven Unterricht gestalten, auch wenn er oder sie die einzelnen Schüler nicht so genau kennt. Bei einem Grundschullehrer ist das nicht so. Sicher sollten sich alle Lehrer neben ihrem Fachwissen auch um die einzelnen Schüler kümmern. Aber je älter die Schüler werden, desto mehr nimmt das Fachwissen gegenüber den pädagogischen Fähigkeiten an Bedeutung zu. Der Fachunterricht in der Grundschule kann also nicht damit gerechtfertigt werden, daß kleine Kinder spezialisierten Lehrstoff brauchen oder von ihm profitieren. Auch ist das Rotationssystem nicht effektiver. Was kostet es für eine Zeit, bis neunjährige Kinder ihre Sachen eingepackt haben, in einen anderen Klassenraum gegangen sind und da alles wieder vor sich aufgebaut haben. Wenn das vier- oder fünfmal am Tag wiederholt wird, haben die Kinder mehr Zeit mit Herumwandern als mit Lernen zugebracht!

Zudem haben Vorschulkinder noch kein integriertes Bewußtsein ihres Selbst, ihrer persönlichen Identität; das entwickelt sich, wie Erik Erikson sagt, erst in der Pubertät. In der Grundschule ist es sehr vorteilhaft, wenn es einen Erwachsenen gibt, der die Kinder in verschiedenen Lernsituationen und zu unterschiedlichen Zeiten des Tages gesehen hat. Dann kann dieser Erwachsene den Kindern ihre individuelle Ganzheitlichkeit und Kontinuität zurückspiegeln. Das ist heute, wo in vielen Familien beide Eltern berufstätig sind und daher weniger fähig, diese Aufgabe zu übernehmen, besonders notwendig. Wenn das Rotationssystem eingeführt worden ist, kennt kein Lehrer die Kinder gut genug, um ihnen ein Spiegel zu sein.

Sogar wenn man davon ausgeht, daß eine Spezialisierung den Kindern nützt − wo steht es geschrieben, daß es die Kinder sind, die in einen anderen Klassenraum gehen müssen? Es ist interessant, daß ein wichtiger Punkt bei all den Vergleichen mit dem japanischen Bildungswesen niemals erwähnt wird. In Japan gehen die Lehrer von Klasse zu Klasse, nicht die Kinder. Sogar in der Oberstufe hat jede Klasse ein eigenes

Klassenzimmer. Die Lehrer haben ihr Pult in einem großen Lehrerzimmer. Diesem System liegt die Überzeugung zugrunde, daß es nicht nur rationeller ist, die Schüler zusammen zu lassen, sondern daß es auch viele soziale Vorteile hat. Die Klasse entwickelt so ein Zusammengehörigkeitsgefühl und ein Bewußtsein von gegenseitiger Unterstützung, das sowohl den Lernprozeß als auch die Anpassung an die Gesellschaft fördert.

Fachunterricht und Rotation an der Grundschule hetzen die Kinder. Dieses Prinzip hetzt sie Tag für Tag, weil es so viele zusätzliche Anpassungsleistungen an neue Lehrer und neue Klassenzimmer erfordert, und es überfordert die Kinder auf lange Sicht, weil sie eines Lehrers beraubt werden, der sie gut genug kennt, um ihnen Kontinuität und persönliche Ganzheitlichkeit zurückzuspiegeln. Das hilft den Kindern dabei, in der Pubertät ihre Identität zu finden. Schließlich wird ihnen durch die frühe Rotation ein wichtiger Wendepunkt in ihrem schulischen Leben genommen. Wenn es die Rotation schon in der Grundschule gibt, verliert sie beim Übergang in die Mittelstufe ihren Wert als ein sichtbares Zeichen für größere Reife und Unabhängigkeit. Damit hat sie ihren Wert als Initiationsritus verloren.

Viele Eltern werden jetzt zu dem Schluß kommen, ich sei ein Vertreter der antiautoritären Erziehung und wolle es den Kindern zu leicht machen. Aber das ist wirklich nicht der Fall. Ich glaube an Disziplin, harte Arbeit und an den Erwerb von Grundwissen. Kinder sollten sich nicht selbst überlassen bleiben, und Regeln sind nicht dazu da, um gebrochen zu werden.

Aber ich bin gegen Methoden, die nicht nur ineffektiv sind, sondern die den Kindern auch schaden.

Eine Schülerin der Oberstufe erzählte mir neulich, daß sie vier Stunden täglich Hausaufgaben machen müsse. Dann fragte sie: »Meinen Sie nicht, daß ich gehetzt werde?« Ich fragte sie, ob ihre Hausaufgaben durchgelesen und mit ihr besprochen würden, und sie gab zu, daß das so sei. Ich fragte, ob sie während der Schulzeit einige Freistunden hätte, in denen sie einen Teil der Hausaufgaben machen könne. Das gab sie zu. Meine Antwort war: »Nein, du wirst nicht gehetzt. Deine Hausaufgaben sind sinnvoll und, gemessen am Stundenplan, nicht übertrieben.«

Ein gewisses Maß an Streß und Leistungsdruck sind wichtig und gut für Kinder, damit sie ihre Fähigkeiten voll entfalten können. Nur wenn der Streß und der Leistungsdruck unangemessen werden und über das gewöhnliche Maß hinausgehen – was in vielen unserer Schulen der Fall ist –, führen die Erwartungen und die Anforderungen zum hetzen, und der Streß wird schädlich.

Viele der heutigen Initiativen im Bildungssektor, die als »Reformen« bezeichnet werden, setzen die Kinder diesen Gefahren aus, ohne daß Ergebnisse vorgewiesen werden könnten.

Tatsache ist, daß »schnelle Reparaturen« im Bildungswesen niemals funktionieren. Wir wissen, wie gute Schulen aussehen. In vielen Schulen findet ein überzeugender Unterricht statt, es gibt gut ausgebildete und engagierte Lehrer, kleine Klassen, adäquates Unterrichtsmaterial und Unterstützung. Kinder unter Druck zu setzen, damit sie bei Tests, die bestenfalls auswendig gelerntes Wissen abfragen, eine bestimmte

Punktzahl erzielen, kann wirklich nicht der Weg sein, die Erziehung unserer Kinder zu verbessern. Was nützt es, wenn die Kinder lesen können, sie aber nicht verstehen, was sie lesen, oder wenn sie rechnen können, aber nicht wissen, wo, wann oder was sie berechnen sollen?

Unser Bildungswesen leidet an denselben Mängeln, an denen unsere Industrie gelitten hat. Sie war zu sehr am Produkt orientiert und hat die Arbeiter ignoriert. Wenn eine immer schnellere und immer rationellere Produktion verlangt wird, leiden die Bedürfnisse der Arbeiter – Selbstachtung, Stolz auf die Arbeit und ein Bewußtsein ihrer eigenen Leistung. Das Ergebnis ist schludrige Arbeit, häufige Krankmeldungen und mangelndes Interesse an der Arbeit. Es muß fehlschlagen, wenn die Schulen die Lösung darin sehen, die Kinder immer stärker anzutreiben.

Die Industrie hat mittlerweile erkannt, daß Arbeiter Menschen sind, die an Entscheidungen beteiligt werden wollen und die nicht immer nur dieselbe Arbeit machen möchten. Firmen wie Chrysler, die diese neuen Ansätze in die Praxis umgesetzt haben, haben festgestellt, daß sich die Qualität der Produkte verbessert hat und daß es weniger Fehlzeiten gibt. Wenn wir unsere Schulen schon als Fabriken sehen müssen, sollten wir auch aus den Erfahrungen der Industrie lernen. Es hat nichts genützt, die Arbeiter zu hetzen und sie zu bedrohen. Erst als sie wie menschliche Wesen behandelt wurden, die das Bedürfnis haben, stolz auf ihre Arbeit zu sein, die nicht immer nur den gleichen Handgriff machen möchten, die ihre Ansichten äußern wollen und die wünschen, daß ihre Ansichten ernst genommen werden, hat sich die Arbeitsleistung verbessert.

Ein solcher Ansatz, ob in der Industrie oder in der Schule, ist nicht antiautoritär – er ist demokratisch im besten Sinne des Wortes. Kinder brauchen Anleitung; es müssen ihnen Grenzen gesetzt werden, aber sie müssen auch ihrem Alter angemessene Entscheidungen treffen können und eine ihrem Alter angemessene Verantwortung übernehmen können. Und die Lehrer müssen an den Schulen, an denen sie unterrichten, mitbestimmen können. Wahre Demokratie ist der Mittelweg zwischen totaler Kontrolle und völliger Freiheit, und sowohl in den Schulen als auch in der Industrie brauchen wir sie. Nur wenn die demokratischen Werte, auf die dieses Land gegründet ist, auch in unserem Bildungswesen und in unserer Wirtschaft zur Anwendung kommen, werden wir unser volles menschliches Potential verwirklichen können.

Ein abschließendes Wort über die Triebkräfte des Hetzens: Schulen und Lehrer sind momentan einem starken Druck ausgesetzt, die Noten und die Testergebnisse der Schüler zu verbessern. Wir haben gesehen, daß Menschen, die unter Streß stehen, egozentrisch werden und die Bedürfnisse und Interessen von anderen Menschen nicht wahrnehmen – sie nicht wahrmachen können. Folglich ignorieren die neuen Unterrichtseinheiten das, was wir über Kinder wissen, und zwar aus dem gleichen Grund, aus dem die Eltern die Kinder hetzen – die betroffenen Erwachsenen sind unfähig, ihr Wissen über Kinder und über Erziehung anzuwenden. Wenn wir also die Schulen und die Schulbehörden nicht mehr so unter Druck setzen, verringern wir auch den Streß, dem unsere Kinder ausgesetzt sind.

KAPITEL 4

DIE TRIEBKRÄFTE DES HETZENS: DIE MEDIEN

Während die Schulen unsere kulturelle Vergangenheit weitergeben, strahlen die Medien unsere Gegenwart aus und entwerfen ein Zukunftsbild. Nach Marshall McLuhan[1] erweitern die Medien (Fernsehen, Radio, Zeitungen, Zeitschriften, Kino) unsere sinnliche Wahrnehmung. Die Entwicklung von Stummfilmen zu Tonfilmen, von Schwarzweiß- zu Farbfilmen, und die gegenwärtigen Bestrebungen, die klassichen Schwarzweißfilme per Computer in Farbfilme umzuwandeln – all das beweist, daß die Filmindustrie bemüht ist, unsere sinnliche Wahrnehmung zu erweitern. Auch das Fernsehen ist bemüht, unsere sinnliche Erfahrung zu erweitern, wie die Entwicklung vom Schwarzweiß- zum Farbfernseher hin zu immer größeren (und kleinen, tragbaren) Bildschirmen und zu einer verbesserten Tonqualität zeigt.

Während die Medien unsere sinnliche Wahrnehmung erweitern wollen, sind die Schulen bestrebt, unser Gedächtnis zu erweitern. Die Schulen haben die Aufgabe, das angesammelte Wissen und die Kenntnisse einer Gesellschaft weiterzugeben; daher repräsentieren sie zwangsläufig unsere kulturelle Vergangenheit. Wie wir gesehen haben, sehen die Schulen

Kinder immer noch als leere Flaschen, die auf dem Fließband der Klassen vorrücken — jede Klasse füllt die Flasche ein bißchen mehr, wobei die Flasche das Gedächtnis des Kindes verkörpert. Was die Schulen übersehen, ist, daß die Flaschen bereits mit Informationen über die Gegenwart und die Zukunft überfließen — Informationen, die aus dem Fernsehen kommen.

DAS FERNSEHEN

Die Medien hetzen unsere Kinder ganz anders als die Schulen; sie erweitern unsere sinnliche Wahrnehmung, so daß wir miterleben können, was überall in der Welt an weit entfernten Orten geschieht. Das gilt besonders für das Fernsehen. Denn das Fernsehen erweitert unsere Wahrnehmung in einer Weise, die den anderen Medien nicht offensteht — die Nachrichten sind das beste Beispiel dafür. Zeitungen und Filme berichten über Ereignisse, die schon in der Vergangenheit liegen. Das Radio kann über Ereignisse berichten, die gerade im Moment geschehen; sie werden durch die Worte und die Stimme des Nachrichtensprechers übermittelt. Wenige Rundfunksprecher sind dabei so gut wie Orson Welles in seiner berühmten Sendung »The War of the Worlds«, in der er seine Zuhörer glauben machte, wir würden von Marsmenschen angegriffen. Das Radio verlangt von uns, die Worte in Bilder zurückzuwandeln, und das regt die Phantasie an.

Das Fernsehen jedoch erweitert unsere sinnliche Wahrnehmung unmittelbar; der Kommentar eines Nachrichtensprechers ist zur Vermittlung oder zum

Verständnis nicht immer erforderlich. Beispielsweise verstanden auch Kleinkinder, ohne daß es ihnen gesagt werden mußte, daß die Raumfähre explodiert war. Weil Informationen, die durch das Fernsehen übermittelt werden, nicht verbal kodiert oder dekodiert werden müssen, sind sie auch für Kleinkinder zugänglich. Das vermittelt ihnen Erfahrungen, die dieser Altersstufe niemals zuvor offenstanden.

Das folgende Beispiel wird dies verdeutlichen: Kleinkinder sind normalerweise nicht in der Lage, von dem Ziffernblatt einer Uhr abzulesen. Zwei verschiedene Zahlen und zwei verschiedene Zeiteinheiten werden dort von einer Zahl verkörpert: Die »drei« bedeutet sowohl drei Stunden nach zwölf als auch fünfzehn Minuten nach jeder Stunde. Das Kind muß verstehen, daß dieselbe Zahl zwei verschiedene Zeiteinheiten verkörpert, und für dieses Verständnis sind die von Piaget beschriebenen konkreten Operationen notwendig, die später ausführlich erläutert werden.

Aber sogar Kleinkinder können die Zeit von einer Digitaluhr ablesen. Die Digitaluhr erleichtert diese Aufgabe, weil einige der logischen Schwierigkeiten, die ein Ziffernblatt aufwirft, wegfallen. Während sich auf dem Ziffernblatt verschiedene Einheiten an derselben Stelle befinden, hat bei einer Digitaluhr jede Einheit (Stunden, Minuten und Sekunden) einen eigenen Platz. Das Kind kann sagen, wie spät es ist, indem es die Zahlen direkt abliest, ohne die genaue Zeit aus der Stellung des »großen Zeigers« und des »kleinen Zeigers« übersetzen zu müssen. Der Unterschied zwischen einer herkömmlichen Uhr und einer Digitaluhr ist auch der Unterschied zwischen Radio und Fernsehen.

Beim Fernsehen werden viele der Begriffsbarrieren und der logischen Barrieren wirkungsvoll beseitigt. Kinder müssen nicht lesen können, und sie müssen nicht fähig sein, die Worte eines Rundfunksprechers in Bilder zu übersetzen, um Ereignisse mitzuerleben, die überall in der Welt geschehen. Das Fernsehen ist für das Kind das, was das Radio für die Erwachsenen ist. Durch das Radio haben die Erwachsenen ohne den vermittelnden Schritt des Lesens Zugang zu Nachrichten, zu Schauspiel und Unterhaltung, ohne das Haus verlassen zu müssen. Durch das Fernsehen haben Kinder Zugang zu Nachrichten, zu Schauspiel und Unterhaltung, ohne Worte in Bilder übersetzen zu müssen. Die Bilder sind bereits da.

Es ist also anzunehmen, daß das Fernsehen eine besondere Anziehungskraft auf Kleinkinder ausübt, weil es ihnen erlaubt, etwas zu tun, was mit den anderen Menschen nicht möglich wäre — ihre sinnliche Wahrnehmung zu erweitern. Untersuchungen über die Fernsehgewohnheiten von Kindern untermauern diese Interpretation. Von allen Kindern sehen Kleinkinder am meisten fern, je älter die Kinder werden, desto weniger sitzen sie vor dem Fernseher.[2] Das ist nur zum Teil eine Folge der Schulausbildung. Jugendliche bringen weniger Zeit in der Schule zu als Grundschulkinder, aber sie sehen trotzdem weniger fern. Das Fernsehen übt eine etwas geringere Anziehungskraft auf Jugendliche aus, denen ihre geistigen Fähigkeiten es erlauben, ihre sinnliche Wahrnehmung durch das Radio oder das Lesen zu erweitern.

Viele der intellektuellen Barrieren, die andere Medien Kleinkindern in den Weg stellen, sind beim Fernsehen nicht vorhanden. Auch eine andere

Schranke, die den Zugang zu Informationen versperrt, wird durch das Fernsehen beseitigt, nämlich elterliche Vorbehalte. Normalerweise wissen Eltern, welche Bücher sie ihren Kleinkindern nicht zu lesen geben sollen und welche Kinofilme die Kinder nicht sehen sollen. Aber beim Fernsehen ist es oft unmöglich, den Informationsfluß zu kontrollieren, dem ihre Kinder ausgesetzt sind. Obwohl sich dies durch die Einführung von Videorecordern und Kabelfernsehen heute wieder etwas geändert hat, sind die Eltern so daran gewöhnt, keine Kontrolle auszuüben, daß viele noch nicht wieder die Initiative dazu ergriffen haben.

Der wachsende Informationsfluß, der Kleinkindern durch das Fernsehen zugänglich ist, kann mit dem Informationszuwachs, der Erwachsenen durch die Einführung der Computer ermöglicht wurde, verglichen werden. Als die ersten Computer auf den Markt kamen, war es notwendig, Programmiersprachen wie zum Beispiel Fortran zu beherrschen, um sie benutzen zu können. Dann kamen neue Programme heraus, die es einem ermöglichten, mit Computern zu arbeiten, auch wenn man die Programmiersprachen nicht kannte. Die neuen Textverarbeitungssysteme übersetzten die komplizierten Computersprachen in Worte, die jeder lernen konnte.

Das Fernsehen macht nicht nur Informationen für Kinder zugänglich, es verwischt auch die Altersgrenzen. In unseren Schulen ist eine entgegengesetzte Entwicklung eingetreten. Dort werden die Altersgruppen inzwischen so scharf getrennt, daß ein Lehrer, der in der vierten Klasse unterrichtet hat, neu angeleitet werden muß, um in der zweiten oder der sechsten Klasse unterrichten zu können. Diese rigide Trennung ist in dem Modell der Lernfabrik begründet, wo jede Station des Fließbandes eine bestimmte Funktion hat und einen bestimmten Handgriff erfordert, so daß jemand, der an einer bestimmten Stelle arbeitet, umlernen muß, um an einer anderen Station eingesetzt werden zu können. Gedruckte Medien neigen dazu, diese Art der Trennung zu verstärken, weil für jede Klasse verschiedene Lehrpläne geschrieben werden können und für jede Station (für jede Klasse) verschiedene Arbeitsbeschreibungen angefertigt werden können. Nach McLuhan verstärkt das Gedruckte den Individualismus, da Lesen notwendigerweise eine individuelle, einsame Angelegenheit ist.

Das Fernsehen ist anders. Schon 1966 schrieb Louis Kronenberger:

Ich denke, es muß gesagt werden, daß das Fernsehen nicht nur eine der bestimmendsten Kräfte des modernen Lebens ist; es ist praktisch das moderne Leben. Was, so könnte man fragen, kann es nicht? Ob wir nun reich, arm, eingeschneit, bettlägrig oder etwas begriffsstutzig sind, das Fernsehen bringt uns die Zeit, das Wetter, lokale Neuigkeiten, Nachrichten, Sportnachrichten; es gibt gesprochene Nachrichten und bebilderte Berichte, gelegentlich auch vom Tatort oder von der Krönung selbst. Es spielt, singt, pfeift und tanzt für uns, nimmt uns mit ins Kino oder ins Theater, ins Konzert oder in die Oper, zu Weltmeisterschaften und Fußballspielen, zum Skispringen und zu Tennisturnieren.

Es entbindet Kinder, testet Jugendliche und analysiert Erwachsene. Es zeigt Überschwemmungen, Feuersbrünste und Erdbeben, es nimmt dich mit auf den Gipfel eines Berges oder auf den Grund des Ozeans, es läßt dich

*durch den Weltraum wirbeln, es läßt dich beobachten,
wie ein Tiger tötet oder wie ein Tiger getötet wird. Es wird
zu einer Wahlversammlung oder zu einer Kirche; es errät
dein Alter, deine Gefühle, deine Arbeit, dein Geheimnis,
es führt dich durch Gefängnisse, Warenhäuser und Irren-
anstalten; es läßt dich zusehen, wie Winston Churchill
begraben und wie Lee Oswald erschossen wird. Es lehrt
dich Französisch, Seiltanz, Vogelstimmen und Erste
Hilfe; es liefert Debatten, Seminare und Symposien,
Quizsendungen und Wettbewerbe, und es erzählt dir
Witze.*[3]

Das Fernsehen erweitert jedermanns sinnliche Wahrnehmung, es macht keine Unterschiede. Nach McLuhan macht uns das Fernsehen wieder zu »Stammesan-
gehörigen«, in dem Sinn, daß »der elektronische
Schaltkreis das Regiment von ›Zeit‹ und ›Raum‹
umgeworfen hat und uns augenblicklich und ununterbrochen auf die Anliegen von allen anderen Menschen
hinweist. Er hat den Dialog auf globaler Ebene wiederhergestellt. Seine Botschaft ist der totale Wandel,
die psychische, soziale, wirtschaftliche und politische
Beschränktheit soll beendet werden. Die alten bürger-
lichen, staatlichen und nationalen Gruppierungen
funktionieren nicht mehr. Nichts könnte weiter von
dem Geist der neuen Technologie entfernt sein als der
Grundsatz ›ein Platz für alles und alles an seinem
Platz‹.«[4]

Obwohl McLuhan mit seinen Behauptungen wahrscheinlich zu weit geht (da es nun einmal die menschliche Trägheit gibt), ist die Vereinheitlichung der
menschlichen Erfahrung zweifellos eine Tatsache.
Zum Beispiel sahen sich 1988 circa 800 Millionen

Menschen die Olympischen Spiele von Seoul an. So eine universelle Erfahrung war nur eine von vielen (amerikanische Fernsehserien und amerikanische Rockmusik sind in der ganzen Welt verbreitet). Sogar in abgelegenen Kleinstädten kann man die Vereinheitlichung des Geschmacks in bezug auf Essen oder Kleidung feststellen, die durch das Fernsehen gefördert wird.

Die Vereinheitlichung geht nicht nur über soziale, ethnische und geographische Grenzen hinweg; sie vermischt auch die Altersgrenzen. Bei Fernsehsendungen wird nicht strikt nach Altersstufen getrennt. Sendungen wie *Pee Wee's Playhouse* und *The Cosby Show* werden von Kindern und Erwachsenen konsumiert. Sogar Sendungen wie die *Sesamstraße* werden von Kindern verschiedener Altersstufen gesehen. Das Fernsehen hat die rigide Trennung nach Altersstufen, die in den Schulen üblich ist, weitgehend aufgehoben.

Seit der Einführung des Kabelfernsehens gibt es bestimmte Fernsehsender, die vor allem Kindersendungen zeigen. Jedoch bleibt das Fernsehen zum größten Teil homogen. Die Gründe dafür sind vor allem wirtschaftlicher Natur, wie Jeffrey Cowan meint:

Bis zu einem gewissen Grade ist die Eintönigkeit und Kommerzialität des Fernsehens — gegen die so viele Zuschauer berechtigte Einwände haben — eine Folge der eigentümlichen Wirtschftsstruktur der Fernsehindustrie. Während die Einnahmen der anderen Medien entweder gänzlich von den Verbrauchern kommen — wie bei Büchern und Kinofilmen — oder teilweise vom Verbraucher und teilweise von Anzeigen — wie bei Zeitungen und Zeitschriften —, ist das Fernsehen ausschließlich von den

Werbeeinnahmen abhängig. Da fast alle Firmen, die im Fernsehen werben, Zuschauer im Alter von 18 bis 49 Jahren, die in der Stadt leben, erreichen wollen, gibt es wenig Anreiz, Sendungen zu produzieren, die sich an Menschen wenden, die älter als 49 oder jünger als 18 sind, oder die auf dem Land leben. Wenn ältere Leute in einer Kleinstadt im ländlichen Amerika den Eindruck haben, daß das Fernsehen nichts bietet, was ihrem Geschmack entspräche oder was gut für die Kinder wäre, haben sie recht.[5]

In den letzten zwanzig Jahren hat sich das kommerzielle Fernsehen auf diese 18 bis 49 Jahre alte Zuschauergruppe konzentriert und alle anderen fast vollständig mißachtet. Das wird unterstützt durch die Tatsache, daß Kinder dazu neigen, sich mit Charakteren zu identifizieren, die älter sind als sie, während ältere Leute dazu neigen, sich mit Charakteren zu identifizieren, die so alt sind, wie sie sich fühlen, nämlich mindestens zehn Jahre jünger, als sie wirklich sind. Während die Programmgestaltung des Fernsehens sich über die Jahrzehnte hinweg von Phantasien zum Realismus und wieder zurück entwickelt hat, ist diese Vereinheitlichung gleich geblieben.

Während der fünziger und sechziger Jahre dominierten heile Wunschfamilien den Bildschirm. In Sendungen wie *Leave It to Beaver, My three Sons* oder *Father Knows Best* wurden gut eingerichtete und zwanghaft saubere Häuser gezeigt, und die Eltern waren immer da, um Ratschläge zu erteilen, die Kinder anzuleiten und Grenzen zu setzen. Die Probleme, um die es ging, waren oft dem Alter der Kinder und Jugendlichen angemessen; es ging um das Gewinnen und Verlieren,

Hausaufgaben und Verabredungen. Sogar die Sendungen, die den Realismus der siebziger Jahre vorwegnahmen, indem sie die Probleme von alleinerziehenden Eltern oder von gemischten Familien beschrieben, präsentierten immer noch ideale Familien, und ihre Themen waren auf Kinder bezogen.

Dann kamen die siebziger Jahre. Charren und Sandler beschrieben am Ende dieses umwälzenden Jahrzehnts den Wandel in den Fernsehfamilien:

Durch die gesellschaftlichen Umwälzungen der letzten zehn Jahre haben sich die Fernsehfamilien sehr verändert. Die heutigen sogenannten Situationskomödien zeigen Probleme des wirklichen Lebens: Untreue, Arbeitslosigkeit, Impotenz, Scheidung, Alkoholismus. Norman Lear revolutionierte das Genre mit Sendungen, die mit den alten Fernsehklischees aufräumten.

Die einzigen glücklichen Ehen im Fernsehen kommen in Sendungen vor, die in der Vergangenheit spielen. Wie der Fernsehkritiker Jeff Greenfield sagt, ist »die Ehe im heutigen Fernsehen eine Kreuzung zwischen einem schlechten Scherz, einem Alptraum und einem Nostalgietrip. Es ist möglich, wenn auch nicht sehr wahrscheinlich, um 17.00 Uhr mitten in Manhattan ein leeres Taxi zu erwischen – ebenso steht es mit einem glücklich verheirateten Ehepaar auf dem Bildschirm.«

Häufig müssen sich die Fernsehehepaare in der Hauptsendezeit mit den typischen Seifenopernproblemen herumschlagen: mit Untreue, Unvereinbarkeit der Charaktere und Unverbesserlichkeit. In vielen Sendungen wimmelt es von alleinerziehenden Eltern.[6]

Am Ende der achtziger Jahre sind wir zu den heilen Wunschfamilien zurückgekehrt. 1988 schrieb Nora Ephron:

Dr. Cliff Huxtable, alias Bill Cosby, sitzt in seinem Wohnzimmer. Seine Frau, Clair, kommt aus der Küche. »Hast du Donnerstag nachmittag um 16.00 Uhr Zeit?« fragt sie. Huxtable zögert nur eine Sekunde. »Ja«, sagt er.

Es ist Freitag nachmittag. Huxtables Schwiegersohn Elvin kommt in die Küche. Clair, gekleidet in ein umwerfendes beiges Kostüm, wie es sich für eine erfolgreiche Frau gehört, nimmt einen Braten aus dem Ofen und begießt ihn mit Fett. »Möchtest du zum Abendessen bleiben?« fragt sie.

Im Fersehen geht es so zu bei zwei erfolgreichen, berufstätigen Eltern. Huxtable weiß, daß er am Donnerstag um 16.00 Uhr Zeit hat, ohne seinen Terminkalender konsultieren zu müssen. Seine Frau ist Teilhaberin einer Anwaltskanzlei, hat keine Hilfe im Haushalt und drei ihrer fünf Kinder wohnen noch zu Hause, aber sie hat an einem Werktag noch genügend Zeit und Energie, um ein köstliches Abendessen zu kochen.

Eines ist klar, die amerikanischen Fernsehzuschauer lieben immer noch die heile Welt der Traumfamilien. Die Sendung The Cosby Show *hat sehr hohe Einschaltquoten, wie auch andere dieser Art. Diese Sendungen sind erbarmungslos fröhlich und optimistisch.*[7]

Was bei all diesen Umschwüngen im Fernsehen im allgemeinen und bei Familienserien im besonderen konstant geblieben ist, ist die Vereinheitlichung der verschiedenen Altersgruppen. Das Fernsehen macht die Alterstufen gleich und wendet sich an eine einheitliche Zuschauermenge im Alter von 18 bis 49 Jahren. So werden schon Kleinkinder wie Erwachsene behandelt, als Teil der »allgemeinen« Zuschauermenge. Sogar kleine Kinder scheinen ziemlich gut über die Hauptfragen unserer Zeit Bescheid zu wissen — über Drogen, Gewalt, Verbrechen, Scheidung, alleinerziehende Eltern, Inflation und so weiter —, was zum Teil darauf zurückzuführen ist, daß sie sich Sendungen wie *L. A. Law* und *Miami Vice* ansehen. Was sie mit diesen Informationen anfangen können, ist eine ganz andere Frage. Wie oben schon gesagt, eröffnet das Fernsehen den Kindern Zugang zu Erfahrungen, die sie sonst nie gemacht hätten. Das Fernsehen vermittelt vereinfachte Erfahrungen, die über riesige Entfernungen und aus vielen verschiedenen Orten übertragen werden. Kinder müssen nicht lesen, um etwas über andere Teile der Welt mitzubekommen, und sie brauchen auch nicht mehr zuzuhören und zu versuchen, sie sich vorzustellen — sie können sie unmittelbar erfahren. Aber einer Erfahrung ausgesetzt zu sein, ist eine Sache, sie zu verstehen eine ganz andere. Vierjährige, die die Zeit von einer Digitaluhr ablesen können, haben deshalb noch keine genauere Vorstellung von Stunden, Minuten und Sekunden. Der mühsame Prozeß, sich die Zeiteinheiten gedanklich vorzustellen, bleibt ihnen dadurch nicht erspart. Erfahrungen werden nicht verständlicher, wenn sie leichter zugänglich gemacht werden.

Das Fernsehen schafft eine Art »Pseudowissen« der Kinder. Kinder wissen heutzutage weit mehr, als sie verstehen. Sie sind in der Lage, über Kernspaltung und Raumfähren zu reden; und sie scheinen über Sex, Gewalt und Verbrechen Bescheid zu wissen. Aber ein großer Teil dieses Wissens ist rein verbal. Erwachsene jedoch lassen sich häufig von diesem Pseudowissen täuschen; sie behandeln die Kinder so, als wären sie wirklich so wissend, wie sie reden. Diese Form des Wissens ist eine Folge des Hetzens durch das Fernsehen, und ironischerweise ermutigt das die Eltern und andere Erwachsene, die Kinder noch mehr anzutreiben. Aber auch Kinder, die wie Erwachsene reden, sich wie Erwachsene benehmen und wie Erwachsene aussehen, denken und fühlen wie Kinder.

Auch durch die Werbung im Fernsehen werden Kinder gehetzt. Dies gilt besonders für die achtziger Jahre, seit das FCC (Bundeskommission für das Nachrichtenwesen) seine Ausführungsbestimmungen geändert hat. 1984 hob die Kommission ein zehn Jahre lang bestehendes Verbot gegen bestimmte Werbefilme im Kinderprogramm auf. Während vorher die Werbung deutlich von dem Film getrennt sein mußte, ist dies heute bei vielen Kindersendungen nicht mehr der Fall. Sendungen wie *Captain Power* sind reine Werbefilme für interagierendes Spielzeug. Die Eltern müssen dem Kind ein Plastikflugzeug kaufen (für circa 40 Dollar), damit das Kind in Interaktion mit dem Film treten kann. Das Kind kann dann mit seinem Flugzeug auf den Bildschirm schießen und Charaktere »töten«. Im Gegenzug können die Figuren vom Bildschirm aus auf das Kind feuern.

Die Zahl dieser Interaktionssendungen steigt rapide an. Eine dieser Sendungen ist die westernähnliche Serie *Star Sheriffs*. Darin kämpfen der Held »Saber Rider« und drei halbwüchsige Freiheitskämpfer für Freiheit und Gerechtigkeit gegen die bösen »Outriders«. Um sich an der Handlung beteiligen zu können, müssen die Kinder Rennautos und silberne Hengste kaufen. Auf der Rückseite des Rennwagens werden die während der Schlacht gewonnenen oder verlorenen Punkte angezeigt.

Das Ganze ist so ähnlich, als würden während eines Films für Erwachsene ständig die Markennamen der verwendeten Zigaretten, des Biers und der Autos erwähnt werden und als würde ununterbrochen von deren Vorzügen geschwärmt. Als Erwachsene wären wir berechtigterweise empört über dieses schamlose Eindringen von Werbung in den Inhalt der Sendungen. Kinder jedoch, die sowieso Schwierigkeiten haben, die Werbung und die Fernsehfilme auseinanderzuhalten, werden von diesen halbstündigen Werbefilmen nicht abgeschreckt. Nachdem sie eine gute halbe Stunde diesem »sanften Verkauf« ausgesetzt waren, entwickeln sie sich zu leidenschaftlichen »Vertretern« der Spielzeugfirmen.

Peggy Charren, die Vorsitzende der Organisation »Action for Children's Television« (Initiative für das Kinderfernsehen), ist der Ansicht, daß diese Sendungen die Kinder auch in den Schmerz und die Vorurteile einer Zweiklassengesellschaft hineindrängen:

Diese Sendungen teilen die Fernsehzuschauer in zwei Klassen — in die Kinder, die sich das Spielzeug leisten können, und in die, die das nicht können. Die Fernsehanstalten sind verpflichtet, dem Interesse der Allgemeinheit zu dienen. Aber genau das können sie nicht, wenn sie die Interaktion nur einer ausgewählten Minderheit ermög-

lichen, nur denen, die Geld haben. Mattel und andere Firmen haben das Fernsehen in ein Videospiel verwandelt.

Die Spielzeugfirmen erfreuen sich an dem Besten von zwei möglichen Welten. Sie haben die Freiheit, Kinder wie Erwachsene zu behandeln und ihnen ihre Produkte zu verkaufen, aber sie haben auch die Freiheit, die Verwundbarkeit der Kinder auszunutzen und ihnen ihre Werbefilme zu zeigen.

Es ist behauptet worden, daß das Fernsehen »ein elektronischer Spiegel sei, der ein undeutliches und mehrdeutiges Bild widerspiegelt. Da die Gesellschaft komplex und vielschichtig ist, reflektiert das Fernsehen eine Vielzahl von verschiedenen Bildern. Sie sind niemals scharf und niemals vollkommen deutlich ... Wenn unterschiedliche Individuen ein verwischtes und undeutliches Bild sehen, sehen sie unterschiedliche Dinge ... Fernsehsendungen bedeuten verschiedene Dinge für verschiedene Menschen und unterschiedliche Dinge für dieselbe Person, je nach Einstellung und Stimmung.«[8]

Von diesem Standpunkt aus gesehen ist das Fernsehen ein Weg, herauszufinden, wer und was wir sind. Wenn wir uns mit einer Figur aus dem Fernsehen identifizieren, finden wir etwas über uns selbst heraus; wir können auch versuchen, der Figur ähnlicher zu werden. Wie Kinder im Kinderprogramm dargestellt werden, zeigt zum einen, wie die Gesellschaft Kinder sieht; zum anderen bietet es den Kindern Vorbilder, die sie nachzuahmen versuchen. Ich erinnere mich, daß mein mittlerer Sohn immer so sein wollte wie Danny, der rothaarige Wildfang aus der Partridge-Familie.

Wie also werden Kinder im Fernsehen dargestellt? Eins ist ihnen allen gemeinsam – sie sind Frühentwickler:

Die Kinder (im Fernsehen) benehmen sich zu gut, und sie sind weit über ihr Alter hinaus vernünftig. Alle Kinder überraschen einen andauernd mit außergewöhnlichen Einsichten. In vielen Sendungen sind die Einsichten der Kinder geradezu philosophisch. Die Moral von der Geschichte scheint zu sein: »Wenn ihr kleinen Kindern gut zuhört, werdet ihr große Wahrheiten erfahren.«[9]

Diese einsichtigen Kinder sollen auch noch andere Botschaften vermitteln (Webster aus der Sendung gleichen Namens zeigt ein geradezu unheimliches Einfühlungsvermögen für die Probleme Erwachsener). Sie liefern Kindern Vorbilder von emotionaler und intellektueller Reife und hetzen sie so in ein weises und reifes Verhalten. Diese Darstellung von Kindern steigert noch die Erwartungshaltung von Erwachsenen, Kinder sollten weiser, klüger und verständnisvoller sein, als wir mit Fug und Recht erwarten können.

BÜCHER UND ZEITSCHRIFTEN

Das Fernsehen hat einen nicht zu unterschätzenden Einfluß auf andere Medien ausgeübt, die Kinder erreichen, wie zum Beispiel Bücher und Zeitschriften.

Es ist offensichtlich, daß ein Comic wie *Bugs Bunny* nicht mit der Fernsehserie *Bugs Bunny* konkurrieren kann. In gewisser Weise ist das Verschwinden der Comics bedauerlich, so minderwertig sie auch gewesen sein mögen, weil viele Kinder lesen gelernt haben, um die Comics lesen zu können. Sie lieferten eine sehr starke Motivation zum Lesenlernen.

Die Comics wurden durch die Zeitschrift MAD ersetzt, die es jetzt schon fast vierzig Jahre gibt, fast so lange wie das Fernsehen. »MAD entdeckte, daß die neuen (Fernseh-)Zuschauer die Szenen und Themen des alltäglichen Lebens ebenso komisch fanden wie irgend etwas aus dem weit entfernten Dogpatch. MAD übertrug einfach die Welt der Werbung auf die Welt der Comics, und zwar gerade zu dem Zeitpunkt, da das Fernsehbild begann, die Comics durch direkte Konkurrenz auszumerzen.«[10] Was an der Zeitschrift MAD so einzigartig ist, ist, daß sie den Kindern keine Wunschphantasien anbietet, sondern Satire. Al Feldstein, der frühere Herausgeber von MAD, schrieb:

Wir haben die Absurditäten der Erwachsenenwelt, der die Jugendlichen sich gegenübersahen, aufgezeigt; wir haben den Kids gezeigt, daß die Welt der Erwachsenen nicht allmächtig ist, daß die Eltern den Kindern erzählen, sie sollten ehrlich sein und nicht lügen, während sie selbst Steuern hinterziehen. Wir sagten ihnen, daß es viel Schrott in der Welt gibt und daß man sich dessen bewußt sein muß. Nicht alles, was in der Zeitung steht, ist wahr; was im Fernsehen gesagt wird, ist zum größten Teil gelogen. Ihr müßt lernen, selbst zu denken.[11]

Wichtig ist, daß Kinder Satire erst wirklich verstehen können, wenn sie Piagets Phase der formalen Operation erreichen (siehe S. 188). Zum Beispiel druckte MAD im März 1988 die Werbungsparodie eines »Dry Ideal Anti-Perspirants« ab. Darauf war Richard

Nixon abgebildet, der für das Produkt warb und politische Tips gab; Ratschlag Nummer drei zeigte Nixon vor der Watergate-Affäre, und er lautete, sogar wenn man dich erwischt, »laß sie niemals sehen, daß du schwitzt«. Um diesen Witz wirklich zu verstehen, ist ein erhebliches politisches und historisches Wissen erforderlich.

Die Zeitschrift MAD ist also etwas für Jugendliche und nicht für Kinder, obwohl das Alter der Leser gesunken ist. Ursprünglich war das Magazin für ältere Jugendliche (15 bis 17 Jahre) und für Studenten der unteren Semester gedacht, aber mittlerweile liegt das durchschnittliche Alter der Leser bei 13 Jahren. Gleichzeitig ist der Stoff gewagter geworden. In der Juliausgabe 1988 behauptet der Vater des Babys in der Filmparodie *Three Morons and a Baby*, niemals mehr als ein paar Worte mit der Mutter des Kindes gewechselt zu haben. Die Mutter erinnerte ihn daran, daß es sich um die folgenden Worte gehandelt hatte: »Tut mir leid, ich dachte, du nimmst die Pille.«

Was an der Zeitschrift MAD so wichtig ist, ist nicht der Inhalt, sondern die Form. Kinder, die dazu gedrängt worden sind, schnell erwachsen zu werden, haben viele Gefühle, Ängste und Zorn und Furcht, die sie oft nicht ausdrücken können. Humor ist immer ein Weg gewesen, auf dem gefährliche Gefühle ausgedrückt werden können — fast jeder Witz hat einen aggressiven oder sexuellen Beiklang. Auf diese Art bietet MAD den jungen Leuten etwas befreiende Komik, die den Druck des schnellen Erwachsenwerdens erleichtert. Da Sexualität, Drogen und aggressive Werbung zu einem Witz gemacht wurden, können junge Leute etwas Abstand von dem Streß, zu vielem zu früh ausgesetzt zu sein, gewinnen. MAD ist ein Ventil für Streß, ist aber unglücklicherweise nur für intelligente Kinder und Jugendliche, die die geistigen Fähigkeiten haben, um Satire schätzen zu können, geeignet.

Auch bei den Kinderbüchern hat es in den letzten zwanzig Jahren periodische Veränderungen gegeben, die mit denen des Fernsehens vergleichbar sind. Wie beim Fernsehen gab es in den siebziger Jahren einen drastischen Wandel hin zu einem neuen Realismus und zu einem Bruch mit vielen herkömmlichen Tabus. So beschrieben Bilderbücher wie die von Ezra Jack Keats in schönen Farben und mit einfühlsamen Worten Episoden aus dem Leben von im Ghetto lebenden Kindern. Und die Bücher von Maurice Sendak verursachten einigen Aufruhr, besonders das Bilderbuch *In the Night Kitchen*, in dem der Penis des kleinen Helden eindeutig sichtbar war. Man kann gegen so einfühlsam geschriebene und künstlerisch erfreuliche Bücher wie diese wirklich nichts sagen, außer daß der neue Realismus vielleicht nicht in Büchern für Kleinkinder hätte zum Tragen kommen sollen. Unglücklicherweise sind nur wenige Bilderbuchautoren so einfühlsam und so begabt wie Keats und Sendak.

Der neue Realismus brachte auch eine Menge Geschmacklosigkeit hervor. Zum Beispiel fallen in einer Geschichte von Carl Withers mit dem Titel *Eenie-Meenie-Minie-Mo* einige schwarze Bären in einen Topf mit weißer Farbe. Ihre Mutter erkennt sie nicht, bis die Farbe zufällig abgewaschen wird. Ich nehme an, die Geschichte sollte die Botschaft »Black is Beautiful« vermitteln, aber das Resultat vermittelte genau den entgegengesetzten Eindruck. In dieser Zeit erschienen viele Bücher für Kleinkinder, die eine Vielzahl von heiklen Themen behandelten. Aber es gab nur wenige Autoren, die diese Themen mit Takt, Einfühlungsvermögen und Humor, die nötig sind, wenn solche Themen Kleinkindern vermittelt werden sollen, behandeln konnten.

In den achtziger Jahren kam es bei den Kinderbüchern ebenso wie beim Fernsehen zu einem Umschwung weg vom Realismus. Besonders deutlich wird das an den sogenannten »Büchern für junge Erwachsene«, die den Teenagern dabei helfen sollen, von den Kinderbüchern auf Bücher für Erwachsene umzusteigen. Der Realismus der siebziger Jahre hat zuckersüßen Liebesromanen und schlechten Science-Fiction-Romanen Platz gemacht. Wie die Familienserien der achtziger Jahre scheinen auch die Liebesromane für Teenager eine Sehnsucht nach der Vergangenheit auszudrücken: »Die Liebesromane scheinen die Jugendlichen in die fünfziger Jahre zurückdrängen zu wollen«, sagt Donald R. Gallo, Professor für englische Literatur an der Central Connecticut State University. »Die Charaktere sind überwiegend wohlhabende weiße Protestanten, die in Kleinfamilien leben und die traditionellen Werte verkörpern. Sogar die Nebenfiguren sind selten Minderheiten.«[12]

Auch der Autor W. D. Myers beklagt diese Entwicklung:

1974 gab es mehr als 900 Kinderbücher, die von den Erfahrungen Schwarzer handelten. Das ist relativ wenig, wenn man bedenkt, daß jährlich über 2000 Kinderbücher veröffentlicht werden. Aber 1984 gab es nur noch die Hälfte. Von 100 Büchern, die dieses Jahr (1986) her-

auskommen, wird gerade eins von den Erfahrungen
Schwarzer handeln. Ein Buch der diesjährigen Buch-
messe in New York war ernüchternd und entmutigend.
Können schwarze Autoren plötzlich nicht mehr schrei-
ben? Natürlich können sie, aber wir lassen uns nicht
mehr so gut verkaufen.[13]

Vielleicht war diese Reaktion auf den Realismus der
siebziger Jahre vorhersehbar. Unsere Gesellschaft
scheint zu Extremen zu neigen, was auch heißt, daß
die Korrektive ebenso extrem sein müssen. Die Rückkehr zu einem romantischen Wunschbild von der
Familie und von einer weißen Gesellschaft ist vielleicht eine Reaktion auf die zu plötzliche Einführung
in die Realität, die die siebziger Jahre auszeichnete,
und auf den daraus entstehenden Druck, schnell
erwachsen zu werden. Mittlerweile scheinen die kit-
schigen Liebesgeschichten das intensive Bedürfnis der
jungen Leute zu erfüllen, die sich ein weniger gestörtes und weniger gehetztes Familienleben erträumen.

Auch der Versuch der siebziger Jahre, so etwas wie
eine Literatur für beide Geschlechter zu entwickeln,
ist in den achtziger Jahren wieder aufgegeben worden.
Heute sind die literarischen Vorlieben von Kindern
und Jugndlichen immer noch an das Geschlecht
gebunden. Bibliothekare sagen, daß Jungen Bücher
über das Militär, über Rennen, Züge und Flugzeuge
lesen, außerdem Krimis, Geister- und Horrorge-
schichten − insbesondere solche, die auf alten Horror-
filmen basieren − und Bücher über Schlangen, Repti-
lien und sämtliche Sportarten.

Laut dem elfjährigen Casimr Nozkowski mögen »Jungen wirkliche witzige Bücher«. Eine Reihe von Jungen, die ich fragte, unter anderem mein neunjähriger Sohn Bruno, sagten stolz: »Jungen mögen ekelhafte und widerliche Bücher.« Am häufigsten wurde in diesem Zusammenhang Thomas Rockwells Buch How to Eat Fried Worms *genannt — ein Roman, der, wie der Titel andeutete, die Jungen mit der äußersten Herausforderung konfrontiert.*[14]

Im Gegensatz dazu ziehen Mädchen Kriminalromane und Liebesromane vor. Außerdem scheinen Jungen kürzere Bücher zu lesen als Mädchen. Es scheint so zu sein, daß Mädchen in Büchern versinken und stark an ihnen interessiert sind, während Jungen von den Büchern erwarten, *sie* zu interessieren. Auch wollen Jungen oft keine Bücher lesen, die für Frauen geschrieben zu sein scheinen. Ich selbst beraubte mich wegen eines unbewußten pubertären Vorurteils, daß sie etwas für Frauen sei und daher zu »schmalzig« für einen Jungen, lange Zeit des Vergnügens, Jane Austen zu lesen. Geschlechtsunterschiede kommen in der Literatur für junge Erwachsene auch noch auf andere Art zum Ausdruck:

Geschichten über Mädchen, die erwachsen werden, werden normalerweise als Jugendbücher veröffentlicht, während Geschichten über Jungen in den Belletristikreihen herauskommen. Dieses Muster mag durch frühe Beispiele etabliert worden sein, aber es hat sich so lange gehalten, daß es die allgemeine Einstellung der Gesellschaft gegenüber Jungen und Mädchen widerzuspiegeln scheint. 1942 kam der wegweisende Mädchenroman

Seventeenth Summer von Maureen Daly als Kinderbuch heraus; neun Jahre später erschien das klassische Buch über heranwachsende Jungen, Der Fänger im Roggen *von J. D. Salinger, als Roman für Erwachsene. Seit damals betonen Bücher über Mädchen den Aspekt der romantischen Liebe und werden als Kinderbücher verkauft. Geschichten über Jungen, so wie Goldings* Herr der Fliegen *befassen sich eher mit allgemeineren Themen und werden in den Belletristikreihen herausgegeben.*[15]

Die heutigen Kinderbücher scheinen sich also vom Realismus und vom Hetzen abgewandt zu haben, sind aber zu weit in die entgegengesetzte Richtung gegangen. Bei anderer Gelegenheit habe ich es einmal so ausgedrückt:

Der neue Realismus in den Kinderbüchern kann insofern gerechtfertigt werden, als daß die alten Schablonen eine Kindheit der Unschuld beschrieben, die es in Wirklichkeit niemals gegeben hat. Charlotte Zolotow, die Herausgeberin der Kinderbuchreihe bei Harper, hat gesagt: »Wir können unsere Kinder nicht mehr vor all dem beschützen, womit wir sie gern verschonen würden. Wir können sie nicht vor dem Krieg und dem gewaltsamen Tod, den sie jeden Abend auf dem Bildschirm sehen, beschützen ... Alles, was wir tun können, ist, Kindern dabei zu helfen, alle Seiten zu sehen, sich ihr eigenes Urteil zu bilden und ihre eigenen Verteidigungsstrategien zu entwickeln, und wir können in den Büchern, die wir für sie schreiben, ehrlich über Alkohol, Drogen und Unsterblichkeit sprechen.«

Ich schrieb auch, daß Kinder Phantasien brauchen, um mit Gefühlen fertigzuwerden, die nicht immer deutlich formulierbar sind. Jetzt jedoch ist mir klar geworden, daß es nicht um den Gegensatz Realismus – Phantasie geht. Was wichtig ist, ist die Qualität der Bücher. Wie wir ein Buch nennen, ob realistisch oder phantastisch, hat nichts damit zu tun, wie der junge Mensch es liest. Gute Literatur, ob realistisch oder phantastisch, erweitert unsere Erfahrungsdimensionen, und die Natur dieser Bereicherung ist immer einzigartig. Wir können nicht wissen, was ein junger Mensch aus einem Buch mitnehmen wird. Aber was immer das auch sein mag, die Bereicherung hängt von der Qualität des Buches ab.

Unabhängig von dem Wechsel der Schwerpunkte in der Kinderliteratur wird das Lesen immer ein gesundes Gegengewicht zum Hetzen und zum Streß bilden. Beim Lesen können die Kinder selbst bestimmen, sie können ihre eigene Wahl treffen und ihr eigenes Tempo beibehalten. Kinder können und werden die Bücher für sich entdecken, die der Phase ihrer sozialen und emotionalen Entwicklung entsprechen, in der sie sich gerade befinden. In der großen Welt, auf die Kinder und Jugendliche so wenig Einfluß haben, ist die Welt der Bücher eine willkommene Oase.

DAS KINO

Wie das Fernsehen und die Bücher hat sich auch das Kino in den Themen, in der Sprache und in der Charakterisierung hin zu einem neuen Realismus entwikkelt. Im Zeitalter von *Eine verhängnisvolle Affäre* und

Die unerträgliche Leichtigkeit des Seins ist es schwer zu glauben, daß es einmal Filme gab, in denen ein Paar nicht zusammen im Bett gezeigt werden konnte, und daß sogar Aussprüche wie »Zur Hölle« und »Verdammt« verboten waren. Aber in den sechziger Jahren wurden die meisten dieser moralischen Verbote aufgehoben, und in den siebziger Jahren waren wir schon so an Flüche und Nacktheit in den Filmen gewöhnt, daß niemand es mehr bemerkenswert fand.

In den achtziger Jahren waren die Eltern selbst so sehr an Flüche, Nacktheit, Sexualität und Gewalt auf der Leinwand gewöhnt, daß sie nicht mehr darauf achteten, ob ihre Kinder diese Filme auch sahen. Filme wie *Friday the 13th* oder *She's Having a Baby* wurden schon von zehnjährigen Kindern gesehen. Durch das Kabelfernsehen können unbeaufsichtigte Kinder zu Hause oder im Hotel auch pornographische oder gewalttätige Filme sehen. Die Kennzeichnungen der Kinofilme durch PG (einige Szenen ungeeignet für Kinder), R (für Jugendliche unter 17 Jahren nur in Begleitung eines Erziehungsberechtigten) oder X (nicht freigegeben für Jugendliche unter 17 Jahren) sind häufig unklar, und weder Eltern noch Kinder scheinen sie ernst zu nehmen. Da sogar nichtfreigegebene Filme den Kindern zu Hause im Nachtprogramm des Kabelfernsehens offenstehen, wirken die Altersbegrenzungen in den Kinos fast albern.

Kinofilme wirken jedoch anders auf Kinder als Fernsehen oder Bücher. In Kinofilmen kann klar zwischen dem Schauspieler oder der Schauspielerin und der Rolle unterschieden werden. Was Kinder sogar noch mehr beeinflussen kann als das, was sie auf der Leinwand sehen, sind die Eskapaden, die sich die

153

jugendlichen Helden und Heldinnen im wirklichen Leben leisten. Ob Molly Ringwald auch außerhalb der Leinwand sexuell aktiv ist oder nicht, kann für Jugendliche bedeutsamer sein als jede Rolle, die sie spielt.

Demzufolge hetzt das Fernsehen die Kinder viel mehr als das Kino. Im Fernsehen ist die Distanz zwischen dem Schauspieler und der Rolle viel geringer, vor allem deshalb, weil die Schauspieler dort oft immer die gleiche Rolle spielen, während Schauspieler in Kinofilmen ständig die Rollen wechseln. Wenn sie Fernsehfilme sehen, identifizieren sich Kinder mit der Rolle; wenn junge Leute Kinofilme sehen, identifizieren sie sich mit dem Schauspieler. In dem Moment, wo eine Schauspielerin wie Ally Shudy sich im wirklichen Leben frühreif verhält, wird sie zu einem Vorbild, dem junge Frauen nacheifern.

Es muß auch gesagt werden, daß der neue Realismus in den Medien etwas einseitig ist. Sicher können Tabuthemen freier diskutiert und dargestellt werden. Die Kinder sind zusammen mit den Erwachsenen befreit worden. Während diese Liberalisierung Erwachsene von Repressionen befreit hat, ist es möglich, daß sie bei Kindern die Herausbildung dieser Repressionen verhindert hat. Kinder werden heute schon früh mit allen Seiten der Sexualität konfrontiert. Die Eltern und die Gesellschaft im allgemeinen sind der Ansicht, daß Sexualität etwas Gutes ist. Hollywood versucht unverhohlen, ein jugendliches Publikum zu erreichen, wie die große Zahl der Teenagerfilme, die jedes Jahr herauskommen (*Pretty in Pink, The Breakfast Club, Sixteen Candles*), die Beliebtheit der jugendlichen Schauspieler und die dargestellten sexuellen Themen vieler dieser Filme zeigen.

In dieser Beziehung ist unsere Kultur etwas europäischer geworden. Die europäischen Kinofilme sind immer offener mit der Sexualität umgegangen als die amerikanischen; das gilt auch für die Literatur. Die Europäer haben Sexualität immer als einen normalen Teil des Lebens betrachtet, und wenn Sexualität auch nicht vor den Kindern zur Schau gestellt wurde, wurde sie doch auch nicht als etwas Schmutziges, das versteckt werden müsse, gesehen. Ebenso wie es Kindern erlaubt war, ein wenig Wein zu trinken, wurden sie auch einigen Aspekten der Sexualität ausgesetzt, um sie auf das Erwachsenenleben vorzubereiten.

Die heutige Darstellung von Sexualität in den amerikanischen Medien ist so beunruhigend, weil sie so übertrieben ist. Obwohl »Busenserien« wie *Three's Company* und *Designing Women* nicht mehr so häufig sind, bauen auch gute Fernsehserien wie *L. A. Law* sehr stark auf Sexualität und sexuelle Anspielungen. Wir sind in Wirklichkeit nicht so fortschrittlich, wie wir denken oder gerne sein wollen. Nackheit und Sexualität werden offen gezeigt, aber ich bin mir nicht sicher, ob wir uns jetzt wohler dabei fühlen. Tatsächlich ist unsere puritanische Haltung, nach der Sexualität etwas Schmutziges ist, trotz unserer gegenwärtigen Offenheit bestehen geblieben.

Das eigentliche Problem bei dem Druck, mit dem die Medien die Kinder in ein erwachsenes Bewußtsein von Sexualität hineindrängen, ist die Frage, ob ein gewisses Maß an Repression zu einem gesunden Erwachsenwerden dazugehört. Freud war dieser Ansicht. Ihm war bewußt, daß die Repressionen einiger unserer instinktiven Neigungen für das Funktionieren der Gesellschaft notwendig ist. Wenn wir alle unsere sexuellen und aggressiven Impulse ausleben würden, wären wir immer noch im Dschungel. Sexuelle Befreiung ist nicht gleichbedeutend mit sexueller Zügellosigkeit. Zugegeben, wir gehen heute freier und offener mit unserer Sexualität um, aber unser sexuelles Verhalten wird immer noch von gesellschaftlichen Regeln bestimmt. Ein von Regeln gelenktes Verhalten ist das Wesentliche der Zivilisation.

Realismus in den Medien sollte also nicht mit einem »Alles ist erlaubt« gleichgesetzt werden. Es gehört zum Erwachsenwerden dazu, daß die Kinder lernen, ihre Impulse zu kontrollieren und sich so zu verhalten, wie die Gesellschaft es vorschreibt; das erfordert Zeit und Mühe, von den Eltern und auch von den Kindern.

Wenn Kinder der Sexualität ausgesetzt werden, bevor sie die Regeln kennen, ziehen sie sich entweder völlig überwältigt zurück, oder sie werden von ihren Altersgenossen zu einem Verhalten gedrängt, für das sie noch nicht bereit sind, was häufiger der Fall ist.

Es ist interessant zu beobachten, wie einige der neueren Filme versuchen, innovative Wege aufzuzeigen, um Kinder beim Erwachsenwerden zu hetzen. Bei dem gegenwärtigen Trend der »Umkehrfilme« wie *Eighteen Again* und *Peggy Sue Got Married* wird der Geist von Erwachsenen in die Körper von Kindern versetzt; dieser Trend begann mit dem Kassenschlager *Zurück in die Zukunft*. Ein Thema dieser Filme ist der Wunsch, daß Kinder so klug und vernünftig sein könnten wie Erwachsene und daß Erwachsene sich wie Kinder benehmen könnten. Diese Filme spiegeln das Bedürfnis der Erwachsenen nach Kindern wider, die augenblicklich erwachsen sind.

Aber auch Kinder haben »Umkehrphantasien«. In

ihrem Fall jedoch handelt es sich nicht um eine Wunscherfüllung, sondern um Rache. Und diese Rachephantasie erschien in der Gestalt von Pee Wee Herman. In Herman, so hoffen die Kinder, werden die Eltern das Resultat ihres Drucks auf sie, schnell erwachsen zu werden, erkennen: einen Pee Wee Herman, ein Kind im Körper eines Erwachsenen. Pee Wee Herman ist die Rache des gehetzten Kindes.

Der neue Realismus der Medien setzt die Eltern größeren Belastungen aus, und das gerade zu einer Zeit, in der sie eine größere Last nur schwer bewältigen können, weil sie alleinerziehend oder berufstätig sind und so weiter. Es geht nicht um irgendwelche fehlgeleiteten Vorstellungen von der Kindheit als einer Zeit der Unschuld, die beschützt werden muß, sondern darum, daß Kinder sozialisiert werden müssen, und das ist nur möglich, wenn *die Eltern* ihnen die gesellschaftlich vorgeschriebenen Verhaltensregeln einprägen. Diese Regeln bauen aufeinander auf und werden schließlich automatisiert, so daß das Kind sich richtig verhalten kann, ohne sich den Regeln bewußt zu sein. Die wirkliche Gefahr des schnellen Erwachsenwerdens ist die, daß die Kinder möglicherweise die Regeln gesellschaftlicher Zügellosigkeit vor denen des gegenseitigen Respekts lernen. Die unvermeidliche Folge dieser Umkehrung der Reihenfolge ist sexuelle Ausbeutung.

DIE MUSIK

Die Musikindustrie übt einen wenig beachteten, aber nichtsdestotrotz bedeutsamen Einfluß auf Kinder und Jugendliche aus. Viele Erwachsene ziehen es vielleicht vor, den Einfluß der Rockmusik auf ihre Kinder zu ignorieren, weil sie die Lautstärke unerträglich, die Musik nervtötend und die Texte unverständlich finden.

Unsere Kultur ist visuell orientiert, und so sind wir mehr an dem interessiert, was wir sehen — zum Beispiel Sex und Gewalt im Fernsehen und im Kino —, als an dem, was wir hören; aber die Musik kann einen jungen Menschen ebenso beeinflussen wie die visuellen Medien. Philosophen und Theologen sind sich der Macht der Musik schon lange bewußt gewesen: Plato forderte in seinem Werk *Der Staat*, die Musik zu zensieren, weil er fürchtete, die Bürger »würden von schwachen und sinnlichen Melodien verführt und verdorben und dazu veranlaßt werden, sich sittlich verderblichen Gefühlen hinzugeben«. Die Musik für junge Leute zielt nicht auf das Bewußtsein, sondern auf das Unterbewußtsein, und das wird oft zu leichtgenommen. Noch wichtiger ist vielleicht, daß diese Musik nicht dazu dienen soll, junge Leute ins Erwachsensein zu hetzen; vielmehr bietet sie Fluchtwege vor dem Druck des schnellen Erwachsenwerdens. Die Musikindustrie bietet jungen Leuten Rollenvorbilder, deren Themen, Freuden und Phantasien — der Druck der Familie, die Schule, Sex, Drogen, Autos und die endlose Party — die Jugendlichen unmittelbar ansprechen.

Junge Leute sind der Markt für die Musikindustrie,

während sie nur einen kleinen Teil des Marktes des Fernsehens ausmachen. Die Jugendlichen sind die Zielgruppe der Musikwerbung, und es kommt häufig vor, daß ein Popstar (z. B. Phil Collins oder Whitney Houston) für Sodawasser oder Bier wirbt; die Popstars treten nicht nur in Konzerten auf, sondern sie erscheinen auch im Fernsehen oder im Kino. Schätzungen zufolge hören junge Leute täglich bis zu sechs Stunden lang Musik. Nach Angaben der Musikindustrie wurden 1986 in Amerika Singles, LPs, CDs und Kassetten im Wert von über vier Billionen Dollar verkauft. Die Käufe von jungen Leuten zwischen zehn und neunzehn Jahren machten dabei bis zu 30 Prozent des Gesamtumsatzes aus. Zu jeder Tages- und Nachtzeit kann Musik gehört werden, und es ist nicht ungewöhnlich, daß Teenager ihre Hausaufgaben mit dem Walkman im Ohr machen. Seit der Einführung von Musikvideos und Kabelfernsehprogrammen haben Kinder zusätzliche Möglichkeiten, Musik zu hören (und zu sehen), und das beeinflußt ohne Zweifel die Art, wie sie sich anziehen und wie sie sich benehmen. Der Druck, die »richtige« Musik zu hören und zu kaufen, ist ein weiterer Weg, Kinder anzutreiben, und wer was hört, kann früh zu einem gesellschaftlichen Maßstab werden.

Die Musik für junge Leute verspricht, wie auch andere Formen der populären Unterhaltung, die Befreiung vom Streß (der durch Eltern, Schule, Verantwortungen und so weiter hervorgerufen wird) durch verschiedene Ventile wie zum Beispiel Sex, Eskapismus (was oft Drogen bedeutet), Wunschträume und Rebellion. In den Texten, im Rhythmus und im Aussehen der populären Musiker ist implizit eine starke, oft unbewußte sexuelle Stimulation enthalten. Alan Bloom schreibt:

Die Rockmusik hat nur eine einzige Anziehungskraft, die barbarische Anziehungskraft des sexuellen Verlangens – nicht der Liebe, nicht der Erotik, sondern des unentwickelten und ungeschulten sexuellen Verlangens. Die Rockmusik erkennt die ersten Regungen der sich herausbildenden Sinnlichkeit der Kinder an, sie nimmt sie ernst, lockt sie heraus und legitimiert sie; sie behandelt sie nicht wie kleine Sprosse, die sorgfältig gepflegt werden müssen, damit sie zu wundervollen Blumen werden können, sondern als das Eigentliche. Die Rockmusik serviert den Kindern auf einer silbernen Platte und mit er ganzen öffentlichen Autorität der Unterhaltungsindustrie all das, von dem ihre Eltern immer sagten, sie müßten warten, bis sie erwachsen seien ... Junge Leute wissen, daß der Rhythmus der Rockmusik der Rhythmus des Geschlechtsverkehrs ist. Darum ist auch Ravels Bolero das einzige Werk der klassischen Musik, was sie kennen und mögen. Im Bund mit etwas wahrer Kunst und viel Pseudokunst bringt eine riesige Industrie die Jugndlichen auf den Geschmack der orgiastischen Gefühle, die mit Sex verbunden sind, und liefert dann eine Flut von frischem Material für den gefräßig gewordenen Appetit. Niemals zuvor hat es eine Kunstform gegeben, die so ausschließlich an Kinder gerichtet war.[16]

Die Popularität der Teenageridole hängt zum Teil von ihrer erotischen Anziehungskraft ab. Madonna, deren Fans hauptsächlich junge Mädchen sind, tritt oft in Unterwäsche auf und singt von Themen wie Jungfräulichkeit und Teenagerschwangerschaften; in dem Lied »Papa don't Preach« teilt ein schwangeres Mädchen ihrem Vater mit, daß sie ihr Baby behalten will. Madonna entspricht sowohl dem Bild des *good girl* wie dem des *bad girl* und zweifellos identifizieren sich viele ihrer jungen Fans mit ihren Themen von sexueller Freiheit, dem Druck der Eltern und sexueller Neugier, auch wenn sie sie nicht ganz verstehen. Ihre Themen mögen, von der Entwicklung her gesehen, weit über das Verständnis vieler ihrer Hörerinnen hinausgehen, aber sie erfreut sich einer ungeheuren Popularität. Prince, George Michael, Boy George und Michael Jackson singen alle offen über sexuelle Themen (»I want Your Sex«, »Kiss«), während sie sich selbst als Variationen der traditionellen Sexualität präsentieren. Für ihre Hörer sind sie lebende Beispiele für eine Art, sich sexuell und gesellschaftlich selbst auszudrücken, ohne mit der Mehrheit konform zu gehen.

Sex ist nicht das einzige Ventil, das die Rockmusik Teenagern anbietet. Drogen, Rebellion und Gewalt waren immer schon wichtige Themen des Rock and Roll. Heavy-Metal-Gruppen wie AC/DC, Iron Maiden und Mötley Crüe betonen diese Themen sehr stark:

Heavy Metal ist eine rüde Form der Rockmusik, die von erwachsenen Meinungsmachern verhöhnt und verachtet und von den Fans heiß geliebt wird; inzwischen ist diese Musik im jungen Amerika fest verwurzelt; die Fans sind vor allem männliche, weiße, wohlhabende Teenager. Während in der Popmusik die Moden kommen und gehen, bleibt die Machart des Heavy Metal gleich: das Schlagzeug dröhnt, die Gitarren plärren, die Sänger

meckern und heulen, die Texte durchbrechen Tabus ...
Die wesentlichen Themen des Heavy Metal sind einfach
und praktisch bei allen Gruppen gleich. Mit Grunzen,
Stöhnen und subliterarischen Texten feiert Heavy Metal
die neuentdeckten Gefühle des Teenagers, Rebellion und
Sexualität, Familie und körperliche Arbeit. Meistens
wird von einer Party ohne Grenzen geträumt.[17]

Heavy Metal und Rapmusik (die mittlerweile von
schwarzen und weißen Teenagern gehört wird) muß
laut gehört werden. Es ist eine Musik, die alle Eltern
hassen können, und sie drückt mit ihrem aggressiven
Rhythmus, ihrer Lautstärke und ihren Themen die
Frustrationen und Ängste des Teenagers aus. Heavy
Metal und andere Musikformen sind oft kritisiert worden, weil diese Musik Drogen befürwortet und
Gewalt gegen Frauen fördert, und wenn auch eine
Wechselwirkung zwischen beiden nicht nachgewiesen
werden kann, besteht auf jeden Fall beim Heavy
Metal, wie auch bei den anderen Formen der Popmu-
sik, die Gefahr, daß Jugendliche zu einer verfrühten
Beschäftigung mit Themen, die für sie noch nicht von
wirklicher Bedeutung sind, animiert werden.

Sex, Drogen und Parties werden immer die Haupt-
themen des Rock and Roll bleiben, und Musikgrup-
pen, die versuchen, Konflikte auf andere Art zu
lösen, sind selten. Seit kurzem sind jedoch auch Sängerinnen aufgetreten, die über Liebe singen, nicht
über Sex, wie zum Beispiel die 17jährige Debbie Gib-
son und die 16jährige Tiffany. Ihre Lieder sind roman-
tisch und keusch, und sie sind bei jungen Hörerinnen
mittlerweile sehr populär. Andere Gruppen und Sänger haben auf die Bedrohung durch AIDS und auf die

negativen Folgen des Drogenmißbrauchs verantwortungsvoll reagiert; sie propagieren andere Arten zu leben.

Aber auch, wenn erwachsene Musiker über neue Möglichkeiten, mit alten Problemen fertigzuwerden, singen, können die jungen Fans die Botschaft vielleicht nicht immer verstehen.

Auch Rockstars und Gruppen mit einem politischen Anliegen sind auf der musikalischen Szene erschienen. Die Gruppe U2 singt über die politischen Unruhen in Irland und ist trotzdem ungeheuer populär, und in den letzten Jahren haben einige Rockidole – zum Beispiel Bruce Springsteen, Michael Jackson und John Cougar Mellencamp – ihre Popularität dazu benutzt, auf wichtige gesellschaftliche und politische Probleme aufmerksam zu machen. Es muß jedoch bezweifelt werden, daß jüngere Hörer diese Texte und ihre Botschaften verstehen; Studien haben gezeigt, daß weniger als 25 Prozent der Jugendlichen die Texte der Lieder, die sie hören, verstehen. Aber zum größten Teil befaßt sich die populäre Musik nicht auf diese neue Art mit den Problemen Heranwachsender. Die Musikindustrie ist im großen und ganzen mehr an ihren Bilanzen als an einer Botschaft interessiert.

Die Rockmusik in all ihren Formen bietet jungen Leuten Fluchtmöglichkeiten vor dem Druck des schnellen Erwachsenwerdens, vor einem Gefühl der Sinnlosigkeit und vor der seelischen Einsamkeit.

Frei flottierende Angst wird durch einige Themen der Rockmusik reduziert, sexuelle Aktivität und Eroberungen vermindern die Einsamkeit; und die Flucht in Drogen, Rebellion und Wunschphantasien verringern den Schmerz der Realität. In den letzten Jahren haben einige Elterninitiativen gefordert, daß die Musikindustrie Altersbegrenzungen ähnlich denen der Filmindustrie für ihre Produkte einführt, da sie der Ansicht sind, daß in der Rockmusik Drogen, Sex und Gewalt gutgeheißen und propagiert werden. Es ist eine bittere Ironie, daß die meisten Eltern die Musik, die ihre Kinder hören, ignorieren; denn Kinder und Jugendliche versuchen durch die Musik und die Texte der Lieder aus der unglücklichen und vom Druck belasteten Welt zu entfliehen, in die wir Erwachsene sie offensichtlich unbedingt hineinzwingen wollen.

TEIL II

GEHETZTE KINDER:
GESTRESSTE KINDER

KAPITEL 5

LANGSAM ERWACHSEN WERDEN

Der Begriff des Hetzens setzt voraus, daß es eine langsamere, normalere und gesündere Art des Wachsens und der Entwicklung gibt als die, die viele amerikanische Kinder heutzutage erleben. In diesem Kapitel werde ich einige der Möglichkeiten und Grenzen der Hauptphasen der Entwicklung beschreiben – des Säuglingsalters, der frühen Kindheit, der Kindheit und des Jugendalters. Zudem werde ich einige der Folgen beleuchten, die das Hetzen auf den »normalen« Verlauf der intellektuellen, emotionalen und sozialen Entwicklung hat.

Der Schweizer Psychologe Jean Piaget hat vier Hauptphasen der kognitiven Kindesentwicklung beschrieben. Piaget war der Ansicht, daß die Kinder in jeder dieser Phasen nicht das nachahmen, was ihnen begegnet, sondern daß sie die Realität aktiv aus ihren Erfahrungen mit der Umwelt aufbauen. Die Realitäten, die die Kinder konstruieren, sind in gewisser Weise eine Reihe von fortschreitenden Annäherungen an die Realität der Erwachsenen; deshalb stimmen sie nicht Punkt für Punkt mit der erwachsenen Sichtweise der Welt überein. Zudem fehlen Kindern, bevor sie das Jugendalter erreichen, die kognitiven Fähigkeiten, um so zu denken, logisch zu folgern, zu urteilen und sich zu entscheiden, wie Erwachsene es tun. Diese Fähigkeiten entwickeln sich ebenfalls in aufeinanderfolgenden Phasen. Also verändern sich mit fortschreitendem Alter sowohl der Inhalt als auch die Form des Denkens von Kindern.[1]

In den letzten Jahren häufen sich die Beweise für die von Piaget beschriebenen Entwicklungsphasen. Die Tests, die er entwickelt hatte, sind in vielen Ländern der Welt mit erstaunlich ähnlichen Ergebnissen angewandt worden. Zumindest bis zum Jugendalter entwickeln sich Kinder aus aller Welt in diesen Phasen. Zudem weisen neuere Studien darauf hin, daß der Erfolg von Kindern bei Tests und bei der Bewältigung von Lerninhalten in der Schule damit zusammenhängt, ob die Phase der kognitiven Entwicklung, in der das Kind sich befindet, und die Phase, die die Tests und die Lerninhalte voraussetzen, miteinander übereinstimmen. Das heißt, daß der Schulunterricht verbessert werden kann, wenn darauf geachtet wird, daß beides aufeinander abgestimmt wird.

Piagets Phasen bilden jedoch nur den Rahmen für dieses Kapitel; es wird auch auf die sozial-emotionale Entwicklung des Kindes eingegangen. Wenn wir erst einmal die Möglichkeiten und die Grenzen jeder dieser Entwicklungsphasen kennen, wird die Bedeutung und die Gefahr des Hetzens viel klarer zutage treten.

DIE SENSOMOTORISCHE PHASE

Von der Geburt bis zum Alter von ungefähr zwei Jahren konstruieren Säuglinge eine Welt der permanenten Objekte, sie entwickeln persönliche Bindungen an das, was der inzwischen emeritierte Havardprofessor

Erik Erikson das »Urvertrauen«[2] genannt hat. Diese Erwerbungen sind die hauptsächlichen intellektuellen, sozialen und emotionalen Entwicklungen des Säuglingsalters. Was die permanenten Objekte angeht, so haben Säuglinge keine Vorstellung davon, daß diese weiterhin existieren, wenn sie sie nicht sehen, hören, fühlen, schmecken oder riechen können. Was wir als Erwachsene als Objekte erleben, Tassen, Teller, Hunde, Katzen und so weiter, sind zum Teil Gedankenkonstruktionen, die wir aufgebaut haben. Wir wissen, daß eine bestimmte Tasse nicht die einzige ist, die es gibt, und daß es überall auf der Welt Tassen gibt, egal ob wir sie sehen und anfassen können oder nicht. Aber unser Wissen über Tassen, wie auch unser Wissen über Hunde, Autos, Häuser und Boote, ist nicht angeboren, wir sind nicht mit diesem Wissen auf die Welt gekommen, sondern wir mußten es erwerben.

Wie sieht diese Erwerbung aus? Nach Ansicht der traditionellen Psychologie sehen die Kinder die Tasse an und abstrahieren dann die allen Tassen gemeinsamen Merkmale oder Charakteristiken. Das Problem dabei ist, daß diese These das Wissen voraussetzt, das mit ihr erklärt werden soll. Wenn Kinder eine Tasse gut genug von allen anderen Objekten unterscheiden können, um die gemeinsamen Merkmale aller Tassen zu abstrahieren, würden sie die Vorstellung bereits haben, die sie dabei doch erwerben sollten. Die Abstraktionstheorie des Begriffserwerbs dreht sich im Kreis.

Piaget ist der Ansicht, daß Kinder Objekte wie zum Beispiel Tassen als nicht getrennte, selbständige Dinge wahrnehmen, sondern daß sie sie konstruieren müssen. Erst wenn Kinder eine Tasse ansehen, sie anfassen, fallenlassen, sie wegstoßen und danach greifen, konstruieren sie die Tasse. Ihr Begriff von der Tasse basiert auf ihren Handlungen, die ihren aktiven Erkundungen der Charakteristiken der Tasse, nicht auf einem passiven Hinsehen und Abstrahieren. Deshalb ist es so wichtig für Säuglinge, Objekte durch Anfassen, Fühlen, Schmecken, Danach-Greifen und Fallenlassen zu erforschen. Durch diese Aktivitäten sind Säuglinge am Ende des ersten Lebensjahres fähig, permanente Objekte zu konstruieren, und damit zu wissen, daß sie existieren, auch wenn sie sie nicht ansehen.

Als Piagets Tochter Jacqueline acht Monate alt war, zeigte er ihr ein Zigarettenetui und ließ es dann fallen. Jacqueline verfolgte nicht den Fall des Zigarettenetuis, sondern sah weiterhin auf seine Hand. Sie hatte sich noch keinen Begriff von einem Zigarettenetui gebildet, der es ihr ermöglicht hätte, dem Etui mit den Augen zu folgen, als es herunterfiel. Als sie 19 Monate alt war, zeigte Jaqueline jedoch, daß ihr Konstruktionsvermögen von Objekten jetzt gut ausgebildet war. Piaget nahm eine Münze in die Hand und legte die Hand dann unter eine Decke; er ließ die Münze fallen, bevor er die Hand wieder herauszog. Jacqueline sah erst in seiner Hand nach und hob dann sofort die Decke an, um nach der Münze zu suchen.[3]

Ein ähnlicher Vorgang geschieht in bezug auf Menschen. Sehr kleine Säuglinge glauben nicht, daß Menschen existieren, wenn sie sie nicht mit ihren Sinnen wahrnehmen können, ebensowenig wie Objekte. Zum Beispiel wurden in einer Studie die Reaktionen von drei Monate alten und von zehn Monate alten

Säuglingen nach einem kurzen Aufenthalt im Krankenhaus verglichen. Die drei Monate alten Säuglinge zeigten kaum Anpassungsschwierigkeiten, als sie wieder nach Hause kamen; sie kehrten problemlos zu dem Tagesablauf zurück, an den sie gewöhnt waren, bevor sie das Haus verlassen hatten. Im Gegensatz dazu zeigten die zehn Monate alten Säuglinge Anzeichen von akuter Angst, sie klammerten sich an ihre Mütter, und es dauerte mehrere Wochen, bis sie sich beruhigt hatten. Es ist nicht überraschend, daß die Kinder in diesem Alter auch Angst vor Fremden entwickeln und ungern bei Babysittern zurückbleiben.

Nach Auffassung des englischen Psychologen John Bowlby ist das Säuglingsalter auch die Phase der individuellen Bindungen an Bezugspersonen.[4] Diese Bindungen — die Mutter ist normalerweise die wichtigste Bezugsperson — hängen zum Teil mit der Konstruktion der Mutter als einem Objekt zusammen. Aber sie weisen auch auf ein grundlegendes Bedürfnis nach Bindung hin, ein grundlegendes Bedürfnis, mit einem anderen Menschen in eine emotionale Beziehung zu treten. Die Bindung des Kindes an die Mutter ist eine wesentliche Motivation für das Lernen des Kindes. Die Bindung ermöglicht es dem Säugling, sich über Liebe und Fürsorge zu freuen (beide bedeuten nichts, wenn sie nicht von einer Bezugsperson kommen), aber sie ist auch der Grund für die Furcht vor Trennung und Verlust.

Neben individuellen Bindungen müssen die Säuglinge auch ein Urvertrauen entwickeln, das stärker wiegt als ihr Mißtrauen. Die Herausbildung des Urvertrauens ist in hohem Grade von den Erfahrungen des Säuglings mit seinen Bezugspersonen abhängig. Ein Säugling, der feststellt, daß die Welt ein verläßlicher Ort ist, dessen Bedürfnisse rechtzeitig und regelmäßig erfüllt werden, erwirbt ein Urvertrauen, das stärker ist als sein Mißtrauen. Und dieses Urvertrauen, daß die Menschen, die für ihn sorgen, gut und verläßlich sind, wird allmählich auf Erwachsene im allgemeinen ausgedehnt. Umgekehrt kann ein Säugling, der nur sporadisch versorgt worden ist, der vernachlässigt wurde, ein Gefühl des Mißtrauens gegenüber der Welt entwickeln, er sieht die Welt als einen beängstigenden und gefährlichen Ort, wo man sich auf niemanden verlassen kann. Etwas Mißtrauen ist ein gesunder Schatz vor unangemessenem Vertrauen in andere, aber zu viel Mißtrauen kann zu selbstzerstörerischem Denken führen.

Das Säuglingsalter ist also eine sehr wichtige Zeit, weil die Kinder in dieser Phase nicht nur ihre grundlegenden begrifflichen Vorstellungen von der Welt entwickeln, sondern auch ihre entscheidendsten Bindungen und sozialen Orientierungen. Diese Entwicklungen, wie auch die, die später kommen, brauchen Zeit und erfordern viel Mühe; sie können nicht forciert werden, und die Zeit und die Mühe, die im Säuglingsalter aufgewendet worden ist, entscheiden mit darüber, was für ein Mensch aus dem Säugling wird. Das heißt nicht, daß Säuglinge nicht in Kindertagesheime oder zu Tagesmüttern gegeben werden sollten. Aber es heißt (wie wir später sehen werden), daß die Bedürfnisse des Kindes nicht denen der Erwachsenen untergeordnet werden dürfen.

Die präoperationale Phase

Die Phase von ungefähr zwei bis sechs Jahren ist für die Entwicklung des Kindes zu einer eigenen Persönlichkeit von entscheidender Bedeutung. Von der intellektuellen Entwicklung her gesehen können die Kinder jetzt die Objektive und die Beziehungen, die sie im Säuglingsalter konstruiert haben, symbolisch darstellen. Der Erwerb der Sprache erlaubt es den Kindern, ihre intellektuellen Entdeckungen, ihre Wünsche und Gefühle mit Worten auszudrücken. Außerdem beginnen sie damit, ihre Ängste und ihre Furcht in Träumen und symbolischen Spielen auszudrücken, wenn sie sozialisiert werden und ihnen ihre relative Machtlosigkeit bewußt wird, sie Gefahren entdecken, unangenehme Leute treffen und unangenehmen Situationen ausgesetzt werden. Die Faszination, die Helden wie Superman auf manche Kleinkinder ausüben, ist ein treffendes Beispiel dafür. Die Superhelden demonstrieren die Schwächen und die Grenzen der durchschnittlichen Erwachsenen. Sie helfen den Kindern dabei, den Glauben zu überwinden, ihre Eltern seien allmächtig und allwissend.

Neben der symbolischen Darstellung erwerben Kleinkinder ein elementares logisches Denkvermögen in bezug auf Symbole. Sie fangen an, sich einen Begriff von Klassen und Beziehungen zu bilden, der über die Erwachsenen des Säuglingsalters hinausgeht. Aber Kinder machen in dieser Phase auch charakteristische Fehler. Wenn Kleinkinder einen Hund sehen und »Hund« sagen, ist nicht klar, ob sie damit diesen bestimmten Hund meinen (»Guck mal, ein schwarzer Cockerspaniel«) oder ob sie auf ein Exemplar der

Klasse der Hunde aufmerksam machen wollen (»Guck mal, ein Hund«). Wenn Kinder einen fremden Mann »Papa« nennen, bezeugen sie damit eine Verwirrung zwischen einem Wort, das für ein einzelnes Objekt steht (»Papa«) und einem Wort, das für viele steht (»Mann«).

Die Bindung an Symbole erklärt auch die Schwierigkeit, die viele Kleinkinder damit haben, Personen und Objekte, die sie für ihre eigenen halten, zu »teilen«. Kleinkinder sind eifersüchtig auf ein neues Baby in der Familie, weil sie sich die symbolische »Mama« als einen Teil ihres symbolischen »Ich und das meine« vorstellen, als zu ihnen allein gehörig. Dasselbe gilt auch für Spielzeug. Vorschulkinder können schlecht teilen, aber nicht deshalb, weil sie im erwachsenen Sinne egoistisch sind. Da Kleinkinder ihre Spielsachen als einen Teil ihres Selbst ansehen, geben sie praktisch einen Teil ihres Ichs weg, wenn sie ein Spielzeug weggeben.

Die gedankliche Umsetzung in Symbole führt auch zu einer Art Wortmagie. Kleinkinder glauben, daß sie die Eigenschaft zusammen mit dem Wort erhalten, wenn sie zum Beispiel als »Stinker« beschimpft werden. Vorschulkinder glauben auch, daß Dinge, die gleichzeitig geschehen, sich gegenseitig verursachen. Ein Kind hängt oft sehr an einer Decke oder einem Teddybären, die oder den es bei einer Gelegenheit mit Trost und guten Gefühlen assoziiert hat. Von nun an glaubt das Kind, daß der Teddy oder die Decke die guten Gefühle »verursacht«, und es wird in Streßzeiten danach greifen. Diese Art des magischen Denkens läßt Kinder auch glauben, sie wären für die Trennung oder die Scheidung der Eltern verantwortlich. Das

Kleinkind glaubt, daß irgend etwas, das es zur Zeit der Trennung sagte oder tat, die Trennung »verursachte«. So ein Denken kann zu lebenslangen Schuldgefühlen beitragen.

Die frühe Kindheit ist auch die Phase, in der nach Eriksons Theorie ein Gleichgewicht zwischen Autonomie, Scham und Zweifel erreicht wird. Wenn Kinder ermutigt werden, das Essen und das Auf-die-Toilette-Gehen selbst zu übernehmen, nachdem sie gezeigt haben, daß sie dazu bereit sind, wird ihre Autonomie gestärkt. Wenn die Kinder andererseits dazu gedrängt werden, selbst zu essen und selbst zur Toilette zu gehen, bevor sie die dazu nötigen Fähigkeiten haben, wird es peinliche Unfälle geben. Diese Unfälle, zusammen mit der Mißbilligung der Eltern, stärken Scham und Zweifel auf Kosten der sich herausbildenden Autonomie. Ob ein Kleinkind eine gesunde Autonomie entwickelt oder belastet mit überwältigender Scham und überwältigendem Zweifel in die Kindheit wechselt, ist davon abhängig, wieviel Mühe die Eltern sich geben, ihre Erwartungen an die sich entwickelnden Fähigkeiten des Kindes anzupassen.

Im Alter von vier bis fünf Jahren müssen Kinder lernen, mit ihrer Initiative gegenüber ihren Schuldgefühlen umzugehen. Kinder dieses Alters haben eine erhebliche Kontrolle, ein erhebliches Sprachvermögen und erhebliche intellektuelle Fähigkeiten erworben. Sie sind neugierig und eifrig bestrebt, die Welt zu entdecken; ihre Neugier wird durch endlose »Warum-Fragen« ausgedrückt, wie zum Beispiel »Warum scheint die Sonne?« oder »Was passiert, wenn man zum Ende der Welt kommt?« Kinder in diesem Alter nehmen auch gerne Sachen auseinander (zum Beispiel alte Uhren, Toaster und Radios), um zu sehen, wie sie funktionieren.

Die Initiative, die Neugier und der Forschungsdrang des Kindes wird gefördert, wenn die Eltern sich die Zeit nehmen, die Fragen des Kindes zu beantworten, wenn sie Materialien zur Forschung und Entdeckung zur Verfügung stellen, dem Kind Gelegenheit zum Erforschen geben und sich nicht übermäßig über die zwangsläufig folgende Unordnung und die Trümmerhaufen erregen. Wenn die Fragen des Kindes hingegen nur oberflächlich oder gar nicht beantwortet werden, wenn die Eltern zu beschäftigt sind, um dem Kind die Gelegenheit zum Erforschen zu geben, und sie wegen der Unordnung in Wut geraten, die entsteht, wenn ein Kind sich bemüht, alte Uhren, Telefone und Radios auseinanderzunehmen, werden die Schuldgefühle des Kindes zum Schaden der Initiative verstärkt.

Kleinkinder brauchen Zeit zum Erforschen und zum Erkunden ihrer Umwelt, und sie brauchen eine Umgebung, die auf sie eingeht, wenn ihre Initiative stärker werden soll als ihre Schuldgefühle. Wenn Vorschulkinder von einer Pflegeperson zur nächsten oder von einer Unterrichtsstunde zur nächsten gehetzt werden, werden sie damit der Gelegenheit beraubt, ihre Umgebung frei zu erkunden. Und wenn die Eltern zu beschäftigt oder zu müde sind, um die Fragen des Kindes zu beantworten, wird es sich schuldig fühlen, weil es sie überhaupt gestellt hat. Wenn die Bemühungen des Kindes um Initiative abgeblockt oder abgeschmettert werden, werden Schuldgefühle die vorherrschende Einstellung sein, die das Kind in dieser Phase erwirbt. Überwältigende Schuldgefühle, die aus der frühen Kindheit stammen, können zu lebenslangen vorsichtigem Zögern und zur Angst, jemals die Initiative zu ergreifen, führen.

DIE KONKRET-OPERATIONALE PHASE

Ungefähr im Alter von sechs oder sieben Jahren erlangen die Kinder neue kognitive Fähigkeiten, die Piaget »konkrete Operationen« nennt. Die konkreten Operationen ermöglichen es den Kindern, viele Dinge zu tun, die sie vorher nicht tun konnten. So wie sie im Säuglingsalter gelernt haben, Objekte zu handhaben und auf sie einzuwirken, sind sie jetzt dazu fähig, mit Symbolen zu operieren. Zum Beispiel ermöglichen es die konkreten Operationen den Kindern, Dinge in Klassen einzuordnen. Sie begreifen jetzt, daß Jungen und Mädchen beide zu der Klasse der Kinder gehören, daß Hunde, Katzen und Mäuse alle Tiere sind, daß Klaviere und Geigen alle zu den Musikinstrumenten gehören. Kinder können jetzt die Symbole für die Objekte so handhaben, wie sie früher mit den Objekten selbst umgegangen sind.

Es gibt einen entscheidenden Unterschied zwischen der Handhabung von Dingen und der von Symbolen. Der Umgang mit Symbolen ist geistig, er geschieht in den Köpfen der Kinder; die Hände sind daran nicht beteiligt. Wenn zum Beispiel einem vierjährigen Kind ein Labyrinth gezeigt wird (ein großes Labyrinth aus Holz, bei dem die verschiedenen Wege mit der Hand erforscht werden können), erforscht das Kind es mit der Hand, es zeichnet die verschiedenen Wege nach, bis es den Weg entdeckt, der zum Ausgang führt.

Wenn das Labyrinth einem sechsjährigen Kind gegeben wird, erforscht das Kind es nicht mit der Hand, sondern mit den Augen, es benutzt seine Hand erst, wenn der richtige Weg gefunden ist. Wenn das Kind das Labyrinth visuell erforscht, erfaßt es das Labyrinth mit dem Geist; durch symbolische Handhabung wird die Reichweite und die Vielfalt der Erkundungen, die das Kind durchführen kann, erheblich erweitert.

Die Fähigkeit, mit Symbolen geistig umzugehen, macht eine ganze Reihe von kognitiven Leistungen möglich, die Vorschulkinder nicht leisten können. Unglücklicherweise gibt es jedoch in unserer Sprache keine Ausdrucksmöglichkeiten für diese neuen Leistungen, so daß sie oft nicht genügend beachtet werden.

Da ist beispielsweise die Zahlenvorstellung des Kindes. Kleinkinder können zwei oder drei Dinge richtig identifizieren, und sie können die Worte *zwei* und *drei* richtig anwenden. Aber für sie sind *zwei* und *drei* einfach nur Namen, vergleichbar mit den Nummern auf den Trikots der Fußballspieler. Erst mit sechs oder sieben Jahren erwerben Kinder einen wirklichen Begriff von Zahlen. In diesem Alter erkennen sie beispielsweise, daß eine Ansammlung von zwölf Objekten (zum Beispiel die Messer, Gabeln und Löffel, die auf dem gedeckten Tisch liegen) immer zwölf Objekte bleiben, ob sie nun ordentlich verteilt auf dem Tisch liegen oder zusammengewürfelt im Abwaschbecken.

Wie die erweiterte Zahlenvorstellung ist auch das fortgeschrittene Lesen etwas ganz anderes als die ersten Leseversuche von Kleinkindern, obwohl es in unserer Sprache keine Worte für diesen Unterschied gibt. Wir sprechen über das Lesen von Kindern, als ob Kinder entweder lesen oder nicht lesen. Aber es gibt viele verschiedene Stufen des Lesenkönnens. Das Kleinkind, das alle Worte eines Textes auswendig gelernt hat, hat gelernt, diese Worte zu erkennen; aber das ist eine viel leichtere geistige Tätigkeit als das Entschlüsseln von neuen Wörtern mit Hilfe der syntaktischen Struktur. Diese Stufe des Lesens wird gewöhnlich erst im Alter von sechs oder sieben Jahren erreicht.

Wenn Kinder gehetzt werden, werden diese verschiedenen Leistungsstufen oft ignoriert. Wenn die Eltern beim Zählen und beim Lesen nicht zwischen den beiden Leistungsstufen unterscheiden, können sie das eine mit dem anderen verwechseln.

»Wenn sie«, so höre ich manche Eltern sagen, »die Zahlen kennt (wenn sie bis zehn zählen kann), warum kann sie dann nicht rechnen?« Oder: »Wenn er diesen Satz lesen kann« (zum Beispiel »Ich habe eine Schildkröte«, in einem Buch mit einem Satz pro Seite), »warum sollte er dann nicht mit *Robinson Crusoe* anfangen?« Es dauert seine Zeit zu lernen, mit Symbolen geistig umzugehen; das kann nicht forciert werden, wenn das Kind wirklich gut darin werden soll.

Die konkreten Operationen machen nicht nur neue intellektuelle Fertigkeiten möglich, sondern auch neue zwischenmenschliche Fähigkeiten. Kinder in dieser Entwicklungsphase haben zum Beispiel die Fähigkeit erlangt, Regeln zu lernen und sich nach ihnen zu richten, was die Basis für jeden dauerhaften Umgang ist. Zu lernen, sich den Regeln entsprechend zu verhalten, erfordert eine Art syllogistischen Denkens, das durch konkrete Operationen möglich gemacht wird.

Zum Beispiel muß das Kind folgende logische Folgerungen aufstellen, um zu lernen, bei den passenden Gelegenheiten *bitte* und *danke* zu sagen.

»Immer wenn dir jemand etwas gibt, mußt du *danke* sagen.«

»Dieser Mensch hat mir eben etwas gegeben.«

»Also muß ich *danke* sagen.«

Das Kind ist sich dieses Denkprozesses nicht bewußt, er ist ein Teil dessen, was Piaget das »intellektuelle Unbewußte« nennt. Ein großer Teil unseres Denkens läuft unbewußt ab; bewußt werden uns normalerweise nur die Resultate des Denkprozesses. Das ist einer der Gründe, warum es uns so schwerfällt, zu versehen, daß es für Kinder so schwierig ist, Regeln zu lernen. Wenn wir die Regeln und das syllogistische Denken erst einmal verstanden haben, ist uns nicht länger bewußt, daß beim Umgang mit unseren Mitmenschen diese Denkprozesse ablaufen. So glauben wir zum Beispiel, daß Kinder *bitte* und *danke* sagen können sollten, wenn wir es ihnen ein paarmal gesagt haben. Erwachsenen scheint das Bitte- und Dankesagen eine Sache des Gedächtnisses zu sein, nicht die Folge eines Denkprozesses.

Die Fähigkeit, Regeln zu lernen, macht auch die Schulbildung erst möglich. Das meiste von dem, was Kinder lernen, wenn sie die Grundfertigkeiten des Lesens und Rechnens erwerben, sind Regeln. Sie lernen phonetische Regeln, Rechtschreibregeln und die Regeln des Rechnens. Um sich das Grundwissen anzueignen, müssen sich die Kinder eine ungeheure Vielzahl von Regeln einprägen, und sie müssen lernen, sie richtig anzuwenden. Wenn die Kinder gehetzt werden, wird also die Schwierigkeit der Aufgabe ignoriert, der sich die Kinder gegenübersehen, wenn sie sich die grundlegenden Lese- und Rechenkenntnisse aneignen. Wir müssen anerkennen, was für eine ehrfurchtgebietende intellektuelle Aufgabe es für die Kinder ist, Lesen und Rechnen zu lernen; und wir müssen ihnen die Zeit geben, die sie brauchen, um diese Aufgaben zu erfüllen.

Das Lernen von Regeln befähigt Kinder auch, Spiele zu spielen, die komplexe Regeln voraussetzen, und es ermöglicht ihnen, ihre eigenen Spiele und Regeln zu entwickeln. Eine der Gefahren des organisierten Mannschaftssports für diese Altersstufe besteht darin, daß die Kinder keine Gelegenheit mehr haben, ihre eigenen Spiele und Regeln zu schaffen; denn dadurch erwerben sie ein gesundes Bewußtsein von der Relativität von Regeln. Einmal beobachtete ich, wie eine Gruppe von Jungen die Straße entlangraste, als einer rief: »Wer zuletzt an der Ecke ist, ist ein Erzreaktionär.« Einer der Jungen stolperte unglücklicherweise über die Schnürsenkel seiner Turnschuhe und mußte anhalten, um sie zuzubinden. Er rief dem ersten Jungen zu: »Das gilt nicht!« Da kam die schnelle Antwort: »Keine Ausnahmen.« Es ist ein wichtiger Bestandteil des Regellernens und damit des Erlernens von reifem sozialen Verhalten, wenn man lernt, Regeln zu entwickeln und sich an diejenigen zu halten, die man aufgestellt hat — auch wenn es nur einfache Regeln für unkomplizierte Straßenspiele sind.

Kinder, die die Entwicklungsphase der konkreten Operationen erreicht haben, werden auch dazu fähig, sich in die Kultur der Kindheit einzugliedern, eine Kultur, die aus einer Anzahl von Regeln besteht, die seit Hunderten von Jahren mündlich überliefert worden sind. Sprüche wie »Step on a crack, break your mother's back« oder »Rain, rain go away, come again another day« oder »Finders, keepers; losers, weepers«, sind ein Teil der Sprache des überlieferten Wissens der Kindheit. Das Lernen der Sprüche, des Aberglaubens und der Witze und Rätsel der Kindheit ist die erste Stufe der sozialen Interaktion von Peers, die die Welt auf die gleiche Art sehen und auf die gleiche Art mit ihr umgehen. Gehetzten Kindern wird dieses reiche kulturelle Erbe oft vorenthalten, ebenso wie die Gelegenheit zur Interaktion mit Peers auf einer Ebene, die nur der Kindheit eigen und von den Beschäftigungen der Erwachsenen weit entfernt ist.

Ich vertrete keine romantische Sichtweise der Kindheit als eine Zeit, die frei ist von Konflikten und Nöten. Es gibt Konflikte und Sorgen, die angemessen sind für diese Altersstufe — Sorgen über schulische und sportliche Leistungen und darüber, ob man von der Peergruppe akzeptiert wird. Die Kinder müssen sich dem stellen und damit fertigwerden. Das Entscheidende während dieser Phase ist, daß die Kinder lernen, als Gleiche mit Gleichaltrigen umzugehen und anzuerkennen, daß die Bedürfnisse und Interessen wechselseitig sind. Das Verhältnis eines Kindes zu einem Erwachsenen ist ganz anders aufgebaut; hier ist die Beziehung einseitig — das heißt, Erwachsene haben mehr Autorität als Kinder.

Bei Familien mit alleinerziehenden Eltern und solchen, wo beide Eltern berufstätig sind, kommt es vor, daß Erwachsene und Kinder auf gleicher, wechselseitiger Ebene interagieren. Diese Entwicklung kommt auch dadurch zum Ausdruck, daß Eltern heute oft beim Vornamen genannt werden. Vielleicht gibt es darum, zum Teil jedenfalls, organisierten Mannschaftssport in der Grundschule. Früher waren die Beziehungen in der Familie nach dem System von Überordnung und Unterordnung aufgebaut, während die Beziehungen zwischen Gleichaltrigen auf Gegenseitigkeit und Gleichheit beruhten; aber heute scheint das Gegenteil der Fall zu sein. Eltern behandeln ihre Kinder wie Ebenbürtige, während einige Peers (zum Beispiel der Mannschaftskapitän) mehr Autorität haben als andere. Durch solche Umkehrungen kann es vorkommen, daß Peers mehr Autorität haben als Eltern.

In der Kindheit kommt es zur ersten Loslösung von den Eltern und zur Bindung an andere Erwachsene und Gleichaltrige. Das ist teilweise eine Folge der konkreten Operationen. Kleinkinder neigen dazu, ihre Eltern als allmächtige und allwissende gottähnliche Geschöpfe zu betrachten. Wenn Kinder die Phase der konkreten Operation erreichen, gewinnen sie nicht nur die kognitive Fähigkeit des logischen Denkens, sondern auch die Fähigkeit, Symbole an ihren Erfahrungen zu überprüfen. Zum Beispiel fangen sie an, zwischen Phantasie und Realität zu unterscheiden; sie hören auf, an den Weihnachtsmann oder an den Osterhasen zu glauben. (Es ist völlig in Ordnung, wenn Kleinkinder daran glauben; das Aufgeben dieses Glaubens ist für Kleinkinder eine nützliche Kennzeichnung ihrer eigenen intellektuellen Entwicklung − »Ich glaube nicht mehr daran.«) Aber sie sind jetzt auch in der Lage zu entdecken, daß Eltern Fehler machen und Dinge sagen, von denen das Kind weiß, daß sie nicht wahr sind.

Diese Entdeckung, daß Erwachsene nicht vollkommen sind und die daraus folgende Entthronung der Eltern von ihrem gottähnlichen Status beschreibt auch der Kunstkritiker Edmund Gosse in seinen Kindheitserinnerungen:

Die Theorie, daß mein Vater allwissend und unfehlbar sei, war damit tot und begraben. Wahrscheinlich wußte er überhaupt sehr wenig; in diesem Fall hatte er etwas so Wichtiges nicht gewußt, daß es kaum noch darauf ankam, was er sonst noch wußte.[5]

Wenn die Eltern erst einmal aus dem Götterhimmel entfernt worden sind, können die Kinder andere Erwachsene in diesen Stand heben. Während der Grundschuljahre idealisieren Kinder oft Sportler, Filmstars oder junge Musiker. Sie reden auch davon, in Gleichaltrige »verliebt« zu sein, einen »Freund« oder eine »Freundin« zu haben, obwohl es in Wirklichkeit in dieser Phase nicht viel Interaktionen zwischen Jungen und Mädchen gibt.

Eine weitere Folge der Entthronung der Eltern ist ein Phänomen, das ich »kognitive Eitelkeit« genannt habe. Wenn Kinder herausfinden, daß ihre Eltern sich geirrt haben (wie Gosse es tat), nehmen sie an, daß die Eltern überhaupt nichts wissen, da sie ja diese einfache Tatsache nicht wußten. Ferner glauben die Kinder, daß sie selbst alles wissen, da sie ja etwas wußten, was den Eltern nicht bekannt war. Sie müssen also klüger sein als ihre Eltern, und diese Einstellung weiten sie dann auf die Erwachsenen im allgemeinen aus. Es ist nicht überraschend, daß Kinder in diesem Alter gern Witze und Geschichten erzählen, in denen Erwachsene als dumme Tölpel erscheinen. Die sich

durchwurstelnde, vergeßliche, impulsive und arbeits-
scheue Comicfigur Dagwood Bumstead ist ein schö-
nes Beispiel dafür, wie Kinder Erwachsene sehen.
Interessanterweise werden Dagwoods Kinder erwachsener und reifer dargestellt als er selbst.

Die kognitive Eitelkeit ist also eine der Auswirkungen der beginnenden Loslösung des Schulkindes von
den Eltern. Sie ist ein normales Phänomen der Kindheit und richtet normalerweise wenig Schaden an,
außer für die Unterhaltung der Kinder zu sorgen (sie
lieben es, über die Fehler von Erwachsenen zu
lachen), aber sie kann unter Umständen auch ernstere
Folgen haben. Wenn Kinder zum Treffen von Entscheidungen gehetzt werden, die eigentlich von
Erwachsenen getroffen werden sollten, wird die
kognitive Eitelkeit der Kinder verstärkt. Wenn
Erwachsene Kinder bitten, ihnen bei wichtigen Entscheidungen zu helfen (über einen Umzug, eine neue
Heirat, den Arbeitsplatz), wird die kognitive Eitelkeit
des Kindes, sein Gefühl, klüger zu sein als Erwachsene, gefördert. Das kann Kindern eine übertriebene
Vorstellung von ihrer eigenen Klugheit und Macht
geben, die ihnen später viel Kummer bereiten kann.

Die beginnende Loslösung von den Eltern führt in
der späten Kindheit auch zu sehr engen Freundschaften zwischen Kindern des gleichen Geschlechts, in
denen die beiden Freunde ihre intimsten Gefühle und
Gedanken miteinander teilen. Nach Ansicht des
Psychiaters Harry Stack Sullivan ist die Herausbildung dieser Vertrautheit von entscheidender Wichtigkeit für Kinder, da sie die Grundlage für alle künftigen
Beziehungen mit Menschen des gleichen oder des
anderen Geschlechts bildet. Das Hetzen von Kindern

kann zur Folge haben, daß sie der Gelegenheit und der Zeit für diese engen Freundschaften beraubt werden.[6]

Schließlich ist nach Erikson die Kindheit die Zeit, in der Kinder entweder einen sicheren »Werksinn« — die Überzeugung, daß sie eine Arbeit tun können und daß sie sie gut tun können — oder ein tiefsitzendes Minderwertigkeitsgefühl — die Überzeugung, daß alles, was sie anfangen, nur schiefgehen kann — entwickeln. Die Eltern sind jetzt nicht mehr diejenigen, die vor allem über den Werksinn oder das Minderwertigkeitsgefühl der Kinder entscheiden, da die Bindungen jetzt anders gelagert sind und die Kinder viel Zeit in der Schule verbringen. Das kann sowohl positive als auch negative Konsequenzen haben.

Wenn Kinder zum Beispiel Eltern haben, die ihren Werksinn untergraben, indem sie alles, was die Kinder tun, kritisieren, sich auf jeden Fehler stürzen und das, was die Kinder gut machen, nicht beachten, kann das Minderwertigkeitsgefühl der Kinder stärker werden. Sollten diese Kinder jedoch auf Lehrer treffen, die ein Gespür für ihre Fähigkeiten haben, ihnen Gelegenheit zum Arbeiten geben und sie in ihren Leistungen bestärken, können die Kinder trotz der Behandlung durch ihre Eltern einen gesunden Werksinn entwickeln.

Leider ist auch das Gegenteil möglich. Eltern, die sich bemühen, ihren Kindern einen gesunden Werksinn zu vermitteln, können feststellen, daß ihre Bemühungen von einer Schule untergraben werden, die zu sehr darauf bedacht ist, die Kinder zu intellektuellen Leistungen zu treiben, um auf individuelle Unterschiede einzugehen. Kinder, von denen gefordert wird, daß sie lesen oder rechnen, bevor sie die dazu nötigen geistigen Fähigkeiten entwickelt haben, können eine Folge von entmutigenden Fehlschlägen erleben und sich dann selbst als wertlos ansehen.

Diese Kinder erwerben nicht nur ein Minderwertigkeitsgefühl, das ihren Werksinn erdrückt, sondern sie können sich auch etwas aneignen, das Martin Seligman von der Universität in Pennsylvania »erlernte Hilflosigkeit«[7] nennt. Wenn Menschen oder andere Tiere mit einer Reihe von Situationen konfrontiert werden, über die sie keine Kontrolle haben und in denen alle Bemühungen um eine Kontrolle der Situation erfolglos bleiben, geben sie auf und versuchen nicht mehr, ihre Umgebung zu meistern. Wie wir später sehen werden, werden Kinder, die häufig in der Schule versagen, wahrscheinlich sowohl die erlernte Hilflosigkeit als auch ein tiefsitzendes Minderwertigkeitsgefühl erwerben. Die Eltern können versuchen, den Einfluß der Schule zu bekämpfen, aber dieser Versuch ist nicht immer erfolgreich.

Die Kindheit ist also die Phase, in der die Kinder konkrete Operationen erlangen, in der sie Regeln lernen können und in der sie schulreif werden. Es ist auch die Phase, in der Kinder anfangen, sich von den Eltern zu lösen und in der andere Erwachsene und Gleichaltrige ihnen wichtiger werden als die Eltern. Besonders in der späten Kindheit ebnen enge Freundschaften zwischen Kindern den Weg für künftige vertraute zwischenmenschliche Beziehungen. Schließlich wird in der Kindheit auch über ein Gleichgewicht zwischen Werksinn und Minderwertigkeitsgefühl entschieden; dieses Gleichgewicht hängt von den Erfahrungen des Kindes zu Hause und in der Schule ab.

DIE FORMAL-OPERATIONALE PHASE

Wenn Kinder im Alter von circa elf bis zwölf Jahren zu Jugendlichen werden, sind die körperlichen Veränderungen (in der Größe, im Körperbau, in den Gesichtsproportionen) so auffallend, daß sie die ebenso starken Veränderungen im Denken der Kinder oft verschleiern. In der Tat ist Piagets Entdeckung der neuen geistigen Fähigkeiten des frühen Jugendalters eine seiner bedeutsamsten Leistungen.[8] Es war schon lange bekannt, daß Kinder im Alter von sechs oder sieben Jahren anfangen, logisch zu denken; aber vor Piaget war es keineswegs klar, daß es völlig unterschiedliche Ebenen des logischen Denkens gibt. Das logische Denken von Kindern ist völlig anders als das von Jugendlichen. Der Unterschied in der Weltsicht der Kinder ist nichts weniger als eine kopernikanische Revolution.

Zusätzlich zu den intellektuellen Veränderungen kommt es zu Veränderungen im emotionalen und sozialen Bereich. Die Bindungen an die Eltern und an andere Menschen werden komplexer und werden grundlegenden Umwandlungen unterzogen. Relative Abhängigkeit wird im emotionalen, intellektuellen und sozialen Bereich in relative Unabhängigkeit verwandelt. Und das Jugendalter ist die Zeit, die nach Erikson entscheidend für die Entwicklung einer persönlichen Identität ist. All diese Entwicklungen des Jugendalters können durch das Hetzen beeinträchtigt werden.

Die intellektuellen Errungenschaften von Jugendlichen sind beachtlich. Die konkreten Operationen ermöglichen es dem Kind, Objekte mit Hilfe von Symbolen zu handhaben; jetzt lernt der Jugendliche, Symbole mit Hilfe von Symbolen höherer Ordnung zu handhaben. Zum Beispiel sprechen wir über Symbole, wenn wir von einem Substantiv oder einer Präposition reden. Die Sprache der Grammatik ist ein Symbolsystem zweiten Grades, wo die Begriffe für Klassen von Symbolen stehen und nicht für Klassen von Dingen. Daher ist es nicht sehr sinnvoll, Kindern Grammatik beibringen zu wollen, da sie damit nicht auf intelligente Art umgehen können, bevor sie die neuen kognitiven Fähigkeiten, die Piaget »formale Operationen« nennt, erlangt haben. Diese erlauben es den Kindern, Symbole als Symbole zu begreifen.

Jedoch können Kinder selbstverständlich die Regeln der Grammatik richtig anwenden, auch wenn sie nicht in der Lage sind, abstrakt über Grammatik nachzudenken. Kleinkinder benutzen zum Beispiel die richtige Wortstellung, die Zeiten und den Plural, lange bevor sie sagen können, was genau sie da tun. Die Sprache an sich ist ein symbolischer Prozeß. Um über die Sprache anstatt über Dinge reden zu können, ist eine neue Ebene des Sprachverständnisses und im Grunde auch eine neue Sprache — die Sprache der Grammatik — erforderlich. Aber diese Sprache kann nur mit Hilfe des formal-operationalen Denkens verstanden werden. Wenn jemand die Fähigkeit hat, etwas zu tun, bedeutet das nicht, daß er auch die Fähigkeit hat, intelligent darüber zu reden, was er tut.

Piaget hat dieses Phänomen einmal mit einem interessanten Experiment demonstriert. Er bat Kinder verschiedener Altersstufen, erst auf allen vieren zu gehen und dann zu beschreiben, was sie taten. Obwohl Kleinkinder viel besser auf allen vieren laufen konnten als ältere Kinder oder Erwachsene, konnten sie es längst nicht so gut verbal beschreiben. Nur die Jugendlichen und die Erwachsenen konnten sagen: »Erst bewege ich meine rechte Hand vorwärts, dann meine linke Hand, dann mein rechtes Knie und schließlich mein linkes Knie.« Rechts und links sind symbolische Relationen, und formale Operationen sind notwendig, um darüber reden zu können.[9]

Algebra ist ein weiteres Beispiel. In einer algebraischen Gleichung — $(a + b)^2 = a^2 + 2ab + b^2$ — stehen die Buchstaben für Zahlen. Wie die Grammatik ist Algebra ein Symbolsystem zweiten Grades, das für ein Symbolsystem ersten Grades steht. Mit einem Symbolsystem zweiten Grades läßt sich ein Symbolsystem ersten Grades erfassen. Auch Metaphern und Gleichnisse sind Symbole, die für Symbole stehen. Ein Sprichwort wie »Stille Wasser sind tief« ist eine Metapher, weil die Symbole des Sprichworts, stille Wasser, nicht für Dinge stehen, für stille Wasser, sondern für andere Symbole — für stille Menschen. Die meisten Kinder können Metaphern und Gleichnisse nicht wirklich verstehen, bis sie zu Jugendlichen geworden sind. Demzufolge lesen Kinder *Alice im Wunderland* und *Gullivers Reisen* einfach als Geschichten, während Jugendliche sie als Allegorien verstehen.

Ein Großteil unseres Denkens ist ebenfalls symbolisch; und obwohl Kinder denken, können sie vor dem Jugendalter und den formalen Operationen nicht über das Denken nachdenken. Erst in dieser Zeit nehmen junge Leute Worte in ihren Wortschatz auf, die gedankliche Aktivitäten und die Ergebnisse von Gedanken symbolisieren. Im Gegensatz zu Kindern reden Teenager darüber, was sie »meinen« und was sie »achten«, und sie reden über »Glauben« und »Motive«. Das Nachdenken über ihr eigenes Denken und das anderer Leute ist eine einzigartige Leistung der kognitiven Operation von Jugendlichen.

Die formalen Operationen ermöglichen es den Jugendlichen auch, die Vergangenheit und die Zukunft auf ganz neue Art in Begriffe zu fassen und neu zu beantworten. Zum Beispiel sind Eltern oft verblüfft und beunruhigt, wenn sie wegen einer Kränkung, die dem Jugendlichen als Kind zugefügt wurde, bitter und scharf angegriffen werden: »Du hast ihm ein neues Fahrrad gekauft und mir nicht.« Zu der Zeit war nichts darüber gesagt worden. Aber mit Hilfe des formal-operationalen Denkens werden solche Erinnerungen neu belebt und ausgeschmückt. Jetzt können die jungen Leute das Verhalten ihrer Eltern, das sie damals nur intuitiv erfassen konnten, in Begriffe fassen und es auf Motive zurückführen. Im Jugendalter werden viele schmerzhafte Kindheitserinnerungen ausgegraben und neu interpretiert. Deshalb zahlen Jugendliche in der Pubertät den Eltern alle tatsächlichen oder eingebildeten Kränkungen heim, die unterdrückt oder verdrängt worden waren – aber nicht vergessen.

Das ist ein sehr wichtiger Punkt. Es ist möglich, daß gehetzte Kinder das Hetzen nicht verstehen und es nicht übelnehmen, bis sie in die Pubertät kommen. Dann sind sie wütend auf ihre Eltern und voller Ressentiments, und den Eltern fällt es schwer, die Gründe dafür zu verstehen. Ein Großteil der Verhaltensweisen und der Probleme von Jugendlichen haben ihren Ursprung in Kindheitserfahrungen; als Kinder haben sie diese Erfahrungen nur übelgenommen, jetzt reagieren sie darauf. Dieser »Schläfereffekt« des Hetzens von Kindern ist auf die neuen geistigen Fähigkeiten zurückzuführen, die es den Jugendlichen ermöglichen, ihre früheren Erfahrungen hinsichtlich der Motivationen und Intentionen der Eltern neu zu überdenken.

Dank der formalen Operationen konstruieren junge Heranwachsende auch etwas, das ich »imaginäres Publikum« nennen möchte. Teenager können jetzt über ihr eigenes Denken und das anderer nachdenken, aber sie machen nichtsdestotrotz einen Fehler. Sie unterscheiden nicht zwischen dem, worüber sie nachdenken, und zwischen dem, worüber andere Leute nachdenken. Wegen der starken Veränderungen in ihrem Körper, in ihren Gefühlen und Emotionen konzentrieren sich junge Leute in hohem Grade auf sich selbst. Folglich nehmen sie an, daß andere Leute ebensosehr mit ihrem Aussehen, ihren Gefühlen und Gedanken beschäftigt sind wie sie selbst. Das ist das imaginäre Publikum, die Vorstellung, daß andere Leute sich ebensosehr mit uns beschäftigen wie wir selbst.

Das imaginäre Publikum, das in der frühen Pubertät am meisten Bedeutung hat, ist eine stark motivierende Kraft. Die charakteristische Befangenheit von jungen Heranwachsenden ist zum größten Teil auf das imaginäre Publikum zurückzuführen. Man wird gehemmt, wenn man annimmt, daß alle einen ansehen und über einen nachdenken. Zum Beispiel duschen junge Heranwachsende, die dazu gezwungen werden mußten, sich zu waschen, freiwillig jeden Tag und waschen täglich ihre Haare. Die Macht des imaginären Publikums wird auch durch die Vorliebe junger Leute für Badezimmer und für Spiegel jeglicher Art belegt.

Die Gegenwart eines imaginären Publikums erklärt auch, warum einige junge Heranwachsende stärker auf eine Trennung oder Scheidung der Eltern reagieren als Kinder oder ältere Jugendliche. Sie glauben, daß nicht nur jeder von der Scheidung weiß, sondern auch einige der unerfreulicheren Gründe dafür kennt.

Der junge Mensch ist verlegen, weil jeder über das Privatleben der Familie informiert ist, und lehnt die Eltern bitter ab, weil die Scheidung als eine beschämende öffentliche Bloßstellung erlebt wird.

Eine weitverbreitete, ja sogar allgemein übliche Phantasievorstellung, die mit dem imaginären Publikum zusammenhängt, ist die, sich auszumalen, wie das Publikum auf unseren Tod reagieren würde. Wenn wir traurig sind und uns selbst leid tun, finden wir Freude an solchen Vorstellungen. Es ist eine Art, uns selbst zu trösten, wenn es sonst niemand tut. In *Tom Sawyer* gibt es eine Passage, in der Tom sich zurück nach Hause schleicht, nachdem er mit Joe und Huck weggelaufen war. Er stellt fest, daß alle annehmen, er und seine Freunde seien ertrunken:

Aber diese Erinnerung war zuviel für die alte Dame und sie brach völlig zusammen, während Tom schnüffelte und sich selbst mehr leid tat als jedem anderen. Er konnte hören, wie Mary weinte und von Zeit zu Zeit ein gutes Wort für ihn einlegte. Er begann besser von sich zu denken, als er es je zuvor getan hatte. Der Schmerz seiner Tante rührte ihn, und er sehnte sich danach, unter dem Bett hervorzukommen und sie mit Freude zu überwäl-

*tigen — auch die theatralische Größe dieser Geste hatte es
ihm angetan —, aber er widerstand der Versuchung und
blieb still liegen.*[10]

Wir alle haben gelegentlich solche Phantasien, aber
meistens wissen wir, was wir tun. Aber nach meinen
Erfahrungen mit Jugendlichen, die später Selbstmord
begangen haben, habe ich den Eindruck gewonnen,
daß die Phantasievorstellung des imaginären Publikums dazu beitragen kann. Kinder, die gehetzt werden, indem sie frühzeitig einem realen Publikum ausgesetzt werden — eventuell durch die positiven oder
negativen Leistungen ihrer Eltern, die über die Boule-
vardzeitungen an die Öffentlichkeit kommen —, konstruieren lebhaftere Publikumsphasen als Kinder, die
diese Erfahrungen nicht gemacht haben. Die Selbst-
mordgefahr ist bei diesen jungen Leuten größer.
Wenn ein junger Mensch sich der Gnade eines all-
mächtigen Publikums ausgeliefert fühlt und den Eindruck hat, daß er ihm mißfällt, kann er Selbstmord
begehen, um das Publikum für die schlechte Behandlung, die es ihm hat zuteil werden lassen, zu bestrafen.
Der folgende Fall (aus meinen privaten Akten) illustriert diese Folge von Ereignissen:

*Ein sechzehnjähriger junger Mann, Harry Y., beging
Selbstmord; er entwendete Medikamente aus einer Arztpraxis, nahm sie ein und versteckte sich im Kassenhäus-
chen des Sportstadions seiner Schule, um nicht gefunden
zu werden. Als Harry fünf Jahre alt war, ermordete der
vor Eifersucht rasende Vater seine Frau und tötete sich
dann selbst. Harry kam zu einer Tante nach Colorado.
Sie nahm ihn vor allem wegen der Schecks auf, mit denen*

der Staat für seinen Lebensunterhalt sorgte. Harry mußte von frühester Jugend an für sich selbst sorgen. Weil sich niemand für ihn interessierte, war er gezwungen, schnell erwachsen zu werden.

Trotz seiner Vergangenheit und der schwierigen Situation, in der er leben mußte, war Harry recht gut in der Schule; er war in der Leichtathletikmannschaft und mit einem Mädchen aus einer wohlhabenden und glücklichen Familie befreundet. Wegen eines Leichtathletikwettkampfes bat Harry seine Tante um Geld für neue Laufschuhe. Sie lehnte ab. Harry fragte sie noch einige Male, und immer lehnte sie ab. Beim letzten Mal verlor er die Selbstbeherrschung und beschimpfte sie. Harry wußte nicht, daß die Mutter seiner Freundin sich im Nebenzimmer aufhielt. Als sie hereinkam und Harry begriff, daß sie seine Worte gehört hatte, war er absolut entsetzt; er floh aus dem Haus und brach in die Arztpraxis ein. Er wurde erst einige Tage später gefunden.

Selbstmord ist nur eine der möglichen Folgen der verstärkten Macht, die das imaginäre Publikum hat, wenn Kinder gehetzt werden.

Kinder, die von frühester Kindheit an an Sportwettbewerben teilgenommen haben oder auf der Bühne aufgetreten sind, die also als Kinder einem realen Publikum ausgesetzt werden, konstruieren dennoch ein imaginäres Publikum, wenn sie in die Adoleszenz kommen. Das Publikum, das sie sich vorstellen, kann sogar mächtiger sein als das, was andere junge Leute konstruieren. Es ist möglich, daß sie als Folge davon extrem sensibel werden und sich in extremer Weise mit ihrem Aussehen und ihrem Auftreten beschäftigen, so daß sie sich sogar weigern können, weiter ihrer beruflichen Tätigkeit nachzugehen. Aber auch die entgegengesetzte Folge ist möglich; der Jugendliche kann übermäßig eitel und selbstgefällig werden und sich selbst den Status eines Superstars zuschreiben. Viele »Wunderkinder«, die von ihren Eltern angetrieben worden sind, erleben in der frühen Adoleszenz, wenn sie zusätzlich zu dem realen Publikum mit dem imaginären Publikum umgehen müssen, eine »Midlife-crisis«.

Eng verbunden mit dem imaginären Publikum ist eine andere gedankliche Vorstellung, die ich die »persönliche Fabel« genannt habe. Wenn jeder dich beobachtet und sich mit deinem Verhalten beschäftigt, dann mußt du etwas Besonderes sein, etwas Einmaliges auf dieser Welt. Die Fabel läßt uns glauben, daß zwar andere Leute alt werden und sterben, aber nicht wir, daß andere Leute krank werden, aber nicht wir, und so weiter. Wenn wir eine persönliche Tragödie erleben, was jedem Menschen einmal geschieht, ist unsere erste Reaktion: »So etwas kann mir doch nicht passieren, mir sollte so etwas nicht passieren, so etwas trifft doch nur andere Leute.«

Die Vorstellung von einer persönlichen Fabel erklärt zum großen Teil das Risikoverhalten Jugendlicher, und sie erklärt auch, warum gehetzte Kinder eher dazu neigen, Risiken einzugehen als nicht gehetzte Kinder. Diese Art des Denkens ist im Grunde ein Glauben an die eigene Unverwundbarkeit. »Anderen Leuten kann etwas zustoßen, aber mir nicht.« Diese Vorstellung ist nicht unwichtig, weil es so viele Gefahren auf unserer Welt gibt, daß wir uns niemals aus dem Haus wagen, niemals Auto fahren und niemals abgepackte Lebensmittel essen würden, wenn wir nicht von der Annahme ausgingen, daß wir relativ gefeit gegen Gefahren seien. Wir wären sonst bewegungsunfähig. Aber es liegt auch eine Gefahr darin, die eigene Fabel zu ernst zu nehmen; wenn sie das tut, gehen junge Leute unnötige Risiken ein.

Die Beispiele für dieses Phänomen sind bekannt; die junge Frau, die keine Verhütungsmittel benutzt und auch von ihrem Partner keine Vorsichtsmaßnahmen verlangt, teilweise, um die Spontaneität zu erhalten, aber auch aufgrund der Überzeugung, daß »andere Mädchen schwanger werden, aber ich doch nicht«. Und der junge Mann, der nach Marihuana stärkere Drogen ausprobiert, ist ebenfalls überzeugt davon, daß »andere süchtig werden, aber ich doch nicht«. Andere junge Leute begehen Diebstähle in der Schule, weil sie, bis zu einem gewissen Grade, glauben, daß »andere Leute erwischt werden, aber ich doch nicht«.

Warum verlassen sich einige junge Leute darauf und gehen Risiken ein, während andere es nicht tun? Die Antwort auf diese Fragen ist komplex, aber ich glaube, daß gehetzte Kinder eher von der Fabel verführt werden als nichtgehetzte. Genaugenommen sind gehetzte Kinder gestreßte Kinder (wie wir noch sehen werden). Wenn Menschen unter Streß stehen, werden sie ichbezogen und egozentrisch. Und die Fabel ist eine egozentrische Vorstellung – sie verstärkt das Bewußtsein des Individuums, einmalig und unverwundbar zu sein. Ein gestreßter junger Mensch neigt eher als ein nichtgestreßter dazu, sich auf die Fabel zu verlassen und sein Wissen um die Risiken zu ignorieren. Obwohl die Intuition dagegen spricht, gehen junge Leute unter Streß mehr Risiken ein als vorsichtigere Jugendliche.

Neben diesen durch die formalen Operationen ausgelösten Veränderungen und Ereignissen sind in der Adoleszenz auch andere wichtige Veränderungen zu beobachten. Die Eltern, die einmal die Hauptbezugspersonen waren, werden jetzt zunehmend in den Schatten gedrängt, da die jungen Leute anfangen, sich für das andere Geschlecht zu interessieren. Junge Leute fühlen sich dann oft schuldig. Es scheint ihnen, als sei es ihren Eltern gegenüber treulos, wenn sie sich verlieben. Sie verhalten sich, als gäbe es eine festgesetzte Menge Liebe; als hätten sie jemandem etwas weggenommen, wenn sie einem anderen Liebe geben. Die jungen Leute sind sich dessen nicht immer bewußt, aber sie wissen, daß sie sich schuldig fühlen. Es ist denkbar, daß sie dann zornig auf ihre Eltern werden und alle möglichen Fehler an ihnen finden, um dieses Schuldgefühl zu besänftigen.

Jugendliche bemerken plötzlich, daß ihre Eltern nicht wissen, wie man zu gehen oder zu reden hat, wie man essen oder sich anziehen sollte. Mit Hilfe der formalen Operation können die Jugendlichen sich jetzt ideale Eltern konstruieren und diese mit ihren eigenen vergleichen, die dabei meistens schlecht wegkommen. Die Jugendlichen brauchen sich nicht so schuldig zu fühlen, wenn die Eltern, denen sie ihre Liebe entziehen, sowieso nicht so großartig sind.

In dieser Beziehung sind Kinder also nicht anders als Erwachsene. Wenn Erwachsene eine Beziehung abbrechen, verleumden sie oft den anderen, um die Schuld zu erleichtern, die mit dem Entzug von Liebe verbunden ist. Natürlich stellen Kinder irgendwann fest, daß genug Liebe für *beide*, für die Eltern *und* einen Freund, eine Freundin oder einen Ehepartner da ist. Aber dieses Verstehen kommt erst in der späten Adoleszenz oder im frühen Erwachsenenalter. In der frühen und mittleren Adoleszenz haben junge Leute das Bedürfnis, Fehler bei ihren Eltern zu finden und sie zu kritisieren.

Bei gehetzten Kindern, die sehr viel Zorn gegenüber ihren Eltern empfinden können, kann diese Kritik oft verletzender und übertriebener sein als bei jungen Leuten, die keinen langjährigen Groll gegen ihre Eltern hegen. Freud nennt einen Zorn, der in keinem direkten Verhältnis zu seinem unmittelbaren Objekt steht »Überdetermination«. Der Zorn, den gehetzte Kinder gegenüber ihren Eltern fühlen, ist eigentlich nicht auf die Kleidung der Eltern oder deren Eßgewohnheiten gerichtet, sondern auf eine lange Folge von tatsächlichen und manchmal auch eingebildeten Kränkungen. Der Zorn gehetzter Kinder geht gelegentlich über verbale Kritik hinaus; in extremen Fällen kann es zu tätlichen Angriffen kommen.

Der letzte Punkt, der für die Betrachtung der Adoleszenz wichtig ist, ist der, den Erikson die »Krise der Identität gegenüber der Identitätsdiffusion« nennt. Die formalen Operationen machen unter anderem den Aufbau von Theorien möglich. Eine Theorie ist ein Symbolsystem zweiten Grades; Algebra könnte so die Theorie der Mathematik und die Grammatik die Theorie der Sprache genannt werden. Beide sind Abstraktionen des primären Symbolsystems. Das, was wir »Persönlichkeit«, »individuelle Identität« oder »das Ich« nennen, ist eine Theorie in diesem Sinne. Eine Persönlichkeit ist eine Abstraktion höherer Ordnung, die Abstraktionen niedrigerer Ordnung, Gefühle, Einstellungen, Charaktereigenschaften, Gewohnheiten und so weiter, die sich auch gegenseitig widersprechen können, mit einschließt. Die Persönlichkeit ist also die Theorie darüber, wie die disparaten Aspekte einer Person ineinandergreifen und einen Sinn ergeben.

Die persönliche Identität wird erst in der Adoleszenz geformt; erst dann haben Jugendliche das Gefühl, eine einzigartige Persönlichkeit zu sein. Auch anderen Menschen wird vor der Adoleszenz keine persönliche Identität oder Persönlichkeit zugeschrieben. Für die Bildung einer persönlichen Identität sind neben formalen Operationen auch einheitliche und kontinuierliche Erfahrungen des Selbst erforderlich. Für junge Leute, die ein einheitliches und kontinuierliches Bewußtsein ihrer sexuellen Identität, ihres Erfolges als Schüler, ihrer Arbeitsgewohnheiten und ihrer Beziehungen zu Erwachsenen und zu ihre Peer-Gruppe haben, ist die Bildung der persönlichen Identität eine Herausforderung und eine lohnende Aufgabe. Die Zutaten sind alle da, sie brauchen nur zusammengefügt zu werden, wenn es die neuerworbenen kognitiven Operationen möglich machen.

Wenn sich junge Leute andererseits über ihre sexuelle Identität im unklaren sind, sie hinsichtlich ihrer intellektuellen Leistungen unsicher und in ihren Beziehungen zu Eltern und Peers ambivalent sind, kann der Aufbau einer persönlichen Identität schwer gestört werden. Es ist schwierig, eine übergreifende Theorie der persönlichen Identität zu konstruieren, wenn die Einzelteile unzusammenhängend und widersprüchlich sind. In diesem Fall erleben junge Leute eine »Identitätsdiffusion«; es mangelt an einer eindeutigen Definition, an Geschlossenheit und Kohäsion.

Die Identitätsdiffusion kann dazu führen, daß die Jugendlichen eine negative Identität annehmen (zu einem Kriminellen oder einer Prostituierten werden), die klar und unzweideutig definiert ist. Andere junge Leute wählen dann den Verlust der Identität in der Unterwerfung unter einen Kult wie zum Beispiel den »Moonies«. Die Anziehungskraft solcher Gruppen liegt darin, daß sie eine vorgefertigte Identität anbieten, die der junge Mensch ohne Kampf und ohne Rücksicht auf seine oder ihre persönliche Geschichte annehmen kann.

Gehetzten Kindern fällt es schwerer, eine sichere persönliche Identität zu erlangen. Bei denjenigen, die sich im Leistungssport oder in den darstellenden Künsten betätigen mußten, kommt die Identitätsbildung zu früh. Diese jungen Leute neigen dazu, sich ausschließlich über ihr Können zu definieren, nicht über die vielen sozialen und intellektuellen Facetten, die wir gewöhnlich mit Persönlichkeit assoziieren. Und Kinder, die in eine frühe Übernahme von Verantwortung und in das Treffen von Entscheidungen gehetzt worden sind, können ein verzerrtes Bewußtsein von ihrer eigenen Stärke und Leistungsfähigkeit entwickeln. Ihre persönliche Identität kann reifer und gesicherter erscheinen, als sie es in Wirklichkeit ist. Diese Ausprägungen des Hetzens werden später noch detaillierter behandelt werden.

Im Moment bleibt nur noch, das Hauptargument dieses Kapitels noch einmal zu wiederholen. Das Wachsen zu einer Persönlichkeit braucht seine Zeit und kann nicht forciert werden. Soweit wir wissen, verläuft die Entwicklung in Stufen, die mit dem Alter zusammenhängen. Jede Stufe ist gekennzeichnet durch intensive Veränderungen der intellektuellen Leistungsfähigkeit, der emotionalen Bindungen und der sozialen Beziehungen. Die Weiterentwicklung dieser neuen Befähigungen in all ihrer Komplexität und Kompliziertheit geschieht in einem langsamen Prozeß. Wenn Kinder dazu gedrängt werden, schnell erwachsen zu werden, werden wichtige Leistungen übergangen oder ausgelassen, was später zu ernsten Problemen führen kann.

KAPITEL 6

DAS ERLERNEN
DES SOZIALEN VERHALTENS

Kinder sind traditionell als »Pflanzen«, die »sich von selbst entfalten« oder als »Rohstoff«, der »von außen geformt« werden muß, gesehen worden. Auch die Familie ist mit metaphorischen Begriffen versehen worden. Eine Sichtweise sieht die Familie als einen »Hafen in einer herzlosen Welt«, eine Art Zuflucht vor den Prüfungen und Drangsalen einer vom Konkurrenzkampf geprägten Welt.[1] Die Vorstellung, daß das Heim einem Menschen seine »Burg« sei, gibt diese Vorstellung von der Familie am besten wieder. Auch einige amerikanische Soziologen haben diese Ansicht vertreten, insbesondere Talcott Parsons.[2]

Ein zweites, konträres Bild sieht die Familie nicht als Zuflucht, sondern als ein »Gefängnis«, in dem nicht die besten, sondern die schlechtesten Serien der Insassen gefördert werden. Menschen, die durch das Familienleben gefangen sind, würden seelisch krank oder sozial auffällig werden. In sozialistischen Ländern und in Diktaturen wird die Familie oft als der Feind des Staates gesehen, und eine gemeinschaftliche Kindererziehung wird als eine Möglichkeit betrachtet, die schädlichen Folgen der familiären Kindererziehung zu vermeiden. Sogar in demokratischen Gesellschaften wie der unseren ist die Familie oft als eine Brutstätte von Neurosen und Psychosen angegriffen worden, so zum Beispiel von dem Psychiater R. D. Laing.[3]

In gewisser Weise ist natürlich jede Familie sowohl ein sicherer Hafen als auch ein Gefängnis. Beide, Eltern und Kinder, ziehen sich in Krisenzeiten oder nach Katastrophen in den sicheren Schoß der Familie zurück. Wenn zum Beispiel ein Elternteil oder ein Kind ernsthaft erkrankt, wird die Familie zum Mittelpunkt der Unterstützung für diesen Menschen. Nichtsdestotrotz kann sich jedes Familienmitglied zeitweise über Verantwortungen, die es der Familie gegenüber hat, ärgern, wenn diese mit privaten Plänen oder Aktivitäten in Konflikt geraten. Für Kinder jedoch ist die Familie immer mehr als ein sicherer Hafen oder ein Gefängnis; sie ist eine Schule der zwischenmenschlichen Beziehungen, in der sie lernen, in einer Gesellschaft zu leben. In diesem Kapitel wird diese Schulungsfunktion der Familie behandelt; es wird der Frage nachgegangen, wie die Sozialisation des Kindes vonstatten geht und wie der Streß die Eltern dazu bringt, das Tempo der Erziehung zu beschleunigen.

Auf welche Weise trägt die Familie zur Sozialisation der Kinder bei? Diese Frage ist von Psychologen und Soziologen auf mindestens vier verschiedene Weisen beantwortet worden. Die eine Richtung vertritt den Standpunkt, daß Kinder vor allem durch das Nachahmen von Erwachsenen lernen. Wenn die Eltern sich gut in die Gesellschaft eingefügt haben, die Gesetze achten und den Autoritäten Respekt entgegenbringen, werden ihre Kinder das auch tun. Wenn die Eltern die Gesetze nicht respektieren und gegen die Gesellschaft rebellieren, werden die Kinder das gleiche tun. Die Theoretiker des »sozialen Lernens« (zum

Beispiel Albert Bandura von der Stanford University) haben sich besonders mit der Gewalt im Fernsehen befaßt, da es ein möglicher Effekt sein kann, daß Kinder sie nachahmen.[4]

Ein zweiter Ansatz ist der der »Verhaltensmodifikation«, der auf B. F. Skinner und seine Schüler zurückgeht. Diesem Standpunkt zufolge ist Sozialisation eine Frage von Belohnungen und Strafen. Eltern, die ihr Kind für das Lernen und das Befolgen von Regeln belohnen und sie für das Brechen von Regeln bestrafen, werden Kinder haben, die sich in die Gesellschaft einfügen können. Eltern dagegen, die ein von Regeln bestimmtes Verhalten nicht belohnen oder die das Verletzen von Regeln belohnen, werden Kinder haben, die gegen die sozialen Normen verstoßen.[5]

Nach einem weiteren Ansatz, der durch das Werk Jean Piagets angeregt worden ist, »der sozialen Kognition« variieren Regeln in ihrer logischen Komplexität; manche Regeln sind leichter zu verstehen als andere.[6] Eltern, die ihre Lehren dem Verständnis des Kindes anpassen, werden viel eher Erfolg haben als diejenigen, die die Schwierigkeiten von Regeln nicht beachten. Manche Wissenschaftler vertreten die abweichende Position, daß die geistige Entwicklung durch Training beschleunigt werden kann, daß Kinder also schwierige Regeln eher lernen können.

Der letzte Ansatz ist der der Freudschen Psychoanalyse.[7] In psychoanalytischen Begriffen ausgedrückt, wird ein Kind durch Identifikationen und Internalisierung sozialisiert. Der Junge identifiziert sich mit dem Vater und internalisiert schrittweise die moralischen Normen, die Meinungen und die Vorurteile des Vaters. Gleichermaßen identifiziert sich das Mädchen mit der Mutter und internalisiert nach und nach die moralischen Normen, die Meinungen und die Vorurteile der Mutter. Freud hat die Prozesse, die bei der Identifikation und der Internalisierung ablaufen, nicht sehr ausführlich dargestellt, aber er meinte etwas anderes als simple Nachahmung – es ging ihm um einen komplizierten Prozeß der Aufnahme in das eigene Ich als Folge von emotionaler Identifikation.

Jede dieser Theorien ist bis zu einem gewissen Grade richtig. Menschliche Wesen sind komplex, und aller Wahrscheinlichkeit nach lernen wir auf verschiedene Arten. Kinder lernen gelegentlich durch Nachahmung; wenn ein Kind im Kindergarten während eines Spiels mit dem Tonfall eines Erwachsenen sagt: »Wenn du das noch einmal machst, breche ich dir den Arm!« wird offensichtlich, daß das Kind die Ausdrucksweise von Erwachsenen nachahmt. Auch Belohnungen und Strafen sind gelegentlich wirksam, aber immer auf eine komplexere Art, als wir annehmen. Und symbolische Belohnungen, ein Schulterklopfen, ein liebevolles Wort oder ein zärtlicher Blick verstärken ein Verhaltensmuster viel wirkungsvoller als materielle Belohnungen.

Es ist auch wahr, daß das Lernen von Regeln von dem Niveau des kognitiven Verstehens der Kinder abhängt. Wenn auch einige Bemühungen, das intellektuelle Verstehen der Kinder zu beschleunigen, begrenzte Erfolge hatten, belegte doch die Mehrzahl der Studien, daß Versuche, die intellektuelle Entwicklung zu beschleunigen, wenig oder keinen dauerhaften Wert hatten. Schließlich wissen wir, daß Kinder auch durch Identifikationen und Internalisierung lernen, weil gelegentlich bei Jugendlichen oder Erwachsenen moralische Normen, Meinungen oder Vorurteile zum Vorschein kommen, die diese Menschen als Kinder nie an den Tag gelegt haben, die aber leicht auf elterliche Einflüsse in der Kindheit zurückgeführt werden können.

Das »Vertragsmodell« der Sozialisation verbindet in gewissem Grade all die oben angeführten Ansätze. Laut diesem Modell setzt Sozialisation immer implizite, normalerweise nicht in Worte gefaßte und unbewußte gegenseitige Erwartungen der Eltern und der Kinder voraus. Die Art der Erwartungen variiert je nach dem Alter des Kindes und der Sensibilität der Eltern; folglich wird die »sozial-kognitive« Dimension der Kindererziehung von diesem Modell besonders berücksichtigt.

Die Einhaltung der Verträge wird oft durch Belohnungen und Strafen symbolisiert. Belohnungen und Strafen sind nicht wegen des unmittelbaren Vergnügens oder des Schmerzes, den sie mit sich bringen, wirksam, sondern wegen dem, was sie über die zugrundeliegenden Verträge symbolisieren. Wenn Kinder zum Beispiel glauben, daß sie eine Belohnung verdient haben, weil sie etwas getan haben (beispielsweise ihr Zimmer aufgeräumt) und sie nicht belohnt werden, werden sie verärgert sein. Aber ihre Verärgerung richtet sich gegen die Tatsache, daß ihr gutes Benehmen nicht beachtet wurde – nicht dagegen, daß sie eine bestimmte Belohnung wie etwa Geld oder eine Vergünstigung nicht bekommen haben. Folglich sind Belohnungen und Strafen den Kindern nicht wegen ihrer unmittelbaren Bedeutung wichtig, sondern wegen der Bedeutung, die sie für die Verträge haben.

Auch die Nachahmung ist ein Bestandteil dieser

Vertragstheorie; denn Eltern schließen oft die Verträge mit ihren Kindern so, wie ihre Eltern es mit ihnen getan haben. Alle Eltern haben sich irgendwann dabei ertappt, wie sie mit genau dem Tonfall und genau den Worten, die sie selbst als Kinder gehört haben, etwas zu einem Kind gesagt haben. Nachahmung trägt also zu der Qualität und zu dem Inhalt der vertraglichen Interaktion zwischen Eltern und Kindern bei.

Die Auffassung der Freudianer von Identifikation und Internalisierung sind schließlich wahrscheinlich die Mechanismen, durch die Kinder Verträge in sich aufnehmen und sie zu ihren eigenen machen. Heute wird Identifikation gelegentlich im Sinne von emotionaler »Bindung« benutzt. Internalisierung wird auch als eine Art »reflektierender Abstraktion« definiert; das Kind abstrahiert das Wesen der Verträge aus einer Reihe von elterlichen Handlungen. Es erwirbt durch diese Abstraktion keine bestimmten Verhaltensmuster, sondern eine allgemeine Regel oder einen Satz von allgemeinen Regeln.

Kinder lernen meistens erst dann Regeln (zum Beispiel die Spielregeln von Dame oder Domino), wenn sie die konkreten Operationen erworben haben. Dies heißt jedoch nicht, daß Kleinkinder keine Regeln lernen können; es heißt nur, daß sie sie nicht durch verbale Instruktionen lernen können. Sogar Kleinkinder können Regeln von Erwachsenen lernen, indem sie das Verhalten der Erwachsenen abstrahieren. Wahrscheinlich lernen Kinder die Regeln der Sprache und viele andere Regeln, die ihr Verhalten in alltäglichen Situationen bestimmen, durch reflektierende Abstraktion; die Kinder können diese Regeln erwerben, weil sie ihnen vorgeführt werden, nicht weil sie ihnen erklärt werden. Kleinkinder können Regeln lernen, die implizit durch das Verhalten der Eltern deutlich werden, obwohl sie vergleichbare Regeln, wenn sie verbal vermittelt werden, nicht verstehen.

ELTERN-KIND-VERTRÄGE

Die Realität ist immer relativ, da sie ein gemeinsames Produkt der geistigen Aktivität des Individuums und der Umwelt ist, jedenfalls vom Standpunkt der Entwicklungspsychologie aus gesehen. Zum Beispiel erfordert im Bereich der physischen Realität die Vorstellung des Kindes davon, daß die Zahl von Gegenständen gleich bleibt, egal wie sie angeordnet sind, sowohl Erfahrung mit Objekten als auch einen Denkprozeß. Das ist so, weil Zählen mehr ist als Wahrnehmung. Es ist zum Beispiel völlig unmöglich, nur vom Hinsehen festzustellen, wie viele Bonbons sich in einem bis zum Rande gefüllten Glas befinden.

Das gleiche gilt für soziale Realitäten, obwohl sie komplexer sind, da so wichtige Hinweise wie zum Beispiel der Gesichtsausdruck und der Tonfall der Stimme viel subtiler sind. Kinder müssen mit ihren geistigen Fähigkeiten und aus ihren sozialen Wahrnehmungen heraus eine soziale Realität konstruieren, die es ihnen erlaubt, sowohl innerhalb als auch außerhalb der Familie zu überleben.

In einer Hinsicht jedoch ist die soziale Realität anders als die physische. Zumindest anfangs entdeckt das Kind die physische Realität unmittelbar – die Entdeckung der physischen Realität leitet sich direkt von dem unmittelbaren Kontakt mit Objekten und Geschehnissen ab. Die Entdeckung der sozialen Realität wird jedoch immer durch die Eltern oder Betreuer vermittelt. Vermittlung heißt, daß die Eltern und Betreuer auf das Kind einwirken und damit seine Konstruktion der sozialen Realität beeinflussen. Ein Kind, das lächelt und angelächelt wird, erwirbt eine andere soziale Realität als ein Kind, das eine andere Reaktion erlebt. Die physische Umwelt reagiert im großen und ganzen nicht unterschiedlich auf das Kind, aber die soziale Umwelt tut das immer. (Kinder bestimmen auch die Verhaltensweisen und die Reaktion der Eltern, so daß die Sozialisation niemals einseitig ist.) Die sozialen Erfahrungen des Kindes werden also vom Augenblick der Geburt an von den Eltern und Betreuern, der Umwelt, vermittelt.

Die Tatsache, daß die soziale Realität von bestimmten Pflegepersonen vermittelt wird, bedeutet nicht, daß die Konstruktion derselben völlig willkürlich ist. Die impliziten Erwartungen von Eltern und Kindern bedingen eine Konstanz in der Konstruktion der sozialen Realität; und das führt zu »kollektiven Realitäten«, die von Familie zu Familie einige gemeinsame Grundzüge aufweisen. Diese kollektiven Realitäten, die mit jedem Kind neu konstruiert werden, bezeichne ich als »Eltern-Kind-Verträge«.

Das Eingehen von Verträgen ist sehr komplex; es findet auf mehreren psychischen Ebenen zugleich statt. Zum Beispiel können Kinder, die für eine ganz bestimmte Leistung sehr gelobt worden sind, glauben, daß alle Bestätigung von dieser Leistung oder von einem bestimmten Erfolgsniveau abhängt. Ein Mädchen, das sehr gut Pferde zeichnen konnte und für diese Leistung sehr gelobt wurde, bekam Angst, irgend etwas anderes zu zeichnen. Manchmal glauben Kinder auch, daß die Eltern mehr von ihnen erwarten, als sie es tatsächlich tun. Ein Junge, einer meiner Patienten, war ungeheuer erleichtert, als er begriff, daß seine Eltern nicht wirklich von ihm erwarteten, nur Einsen im Zeugnis zu haben.

Andererseits ist es möglich, daß Kinder glauben, wenn sie von den Eltern für eine bestimmte Leistung nicht gelobt werden, daß sie nicht gut genug waren und nicht genug geleistet haben – kurz, daß sie etwas falsch gemacht haben. Ein heranwachsender Junge aus meinem Bekanntenkreis trat einer Sekte bei, weil er den Eindruck hatte, daß nichts, was er tat, seine Eltern je zufriedenstellte. Verträge, besonders zwischenmenschliche, können also sowohl von Eltern als auch von Kindern mißverstanden werden. Vertragsverletzungen, wirkliche oder eingebildete, bedeuten Streß für Eltern und Kinder. Wie wir später sehen werden, wird der Druck, schnell erwachsen zu werden, von Kindern oft als Verletzung eines grundlegenden Vertrags angesehen – des Rechts, im eigenen Tempo in der eigenen Zeit zu wachsen.

FREIHEIT UND VERANTWORTUNG

Der Vertrag über Freiheit und Verantwortung ist die Grundlage der Kindererziehung. Die Eltern akzeptieren die anfängliche Hilflosigkeit des Säuglings, erwarten aber, daß die Kinder, wenn sie größer werden, die Verantwortung für ihr Verhalten übernehmen. Aber sie müssen sorgsam darauf achten, in welcher intellektuellen, sozialen und emotionalen Entwicklungsstufe sich das Kind befindet, um die jeweils angemessenen Freiheiten und die angemessenen Gelegenheiten zur Ausübung von Verantwortung geben zu können. Folglich wird der Vertrag über Freiheit und Verantwortung immer wieder neu abgefaßt, wenn die Kinder älter werden. Wenn das nicht geschieht, kann es zu ernsten zwischenmenschlichen Schäden kommen. Aber wenn die Erwartungen der Eltern und die Handlungen der Kinder sowie die Erwartungen der Kinder und die Handlungen der Eltern relativ gut übereinstimmen, wird es bei den Interaktionen der Familienmitglieder zu relativ wenig Streß kommen. Vertragsverletzungen – und damit Streß – entstehen, wenn die Eltern Verantwortung nicht mit Freiheit belohnen oder wenn die Kinder Freiheiten fordern, ohne Verantwortung zu zeigen. Die folgenden Beispiele sollen den Freiheits-Verantwortungs-Vertrag illustrieren. Von Säuglingen erwarten Eltern keine Verantwortung, und sie gewähren ihnen wenig Freiheiten. Säuglinge werden sorgsam überwacht. Aber die Eltern haben einige Erwartungen, die zutage treten, sobald die Säuglinge Dinge selbst tun wollen. Wenn ein Baby zum Beispiel selbständig essen möchte, werden die Eltern es erlauben, solange etwas Nahrung auch tatsächlich im Mund des Babys landet.

In der frühen Kindheit werden die Kinder aktiv und wollen Freiheiten haben, für die sie eventuell noch nicht bereit sind. Zum Beispiel kann ein Kleinkind den Wunsch haben, ein Glas oder einen Teller zu tragen, obwohl die Eltern sicher sind, daß es die Sachen fallen lassen wird. Es ist entscheidend, daß die Eltern in der Lage sind, die Fähigkeiten des Kindes richtig einzuschätzen, was oft nicht ohne Versuch und Irrtum und ein paar zerbrochene Teller abgeht. (Wenn die Eltern ihre Glas- oder Keramiksachen durch Plastikgeschirr ersetzen, werden diese Versuche weniger traumatisch für die Eltern.) Solange den Kindern klargemacht wird, daß sie es nach einiger Zeit wieder versuchen können, kann das Verweigern von Freiheiten nach einigen Fehlschlägen, die das Verbot erklären, den Kindern dabei helfen, die Grenzen ihrer eigenen Leistungsfähigkeit richtig einzuschätzen.

Während des Säuglingsalters und der frühen Kindheit wird den Kindern der Eltern-Kind-Vertrag normalerweise nur mitgeteilt. Die Eltern entscheiden, ob sie eine bestimmte Freiheit gewähren wollen oder nicht, und das Kind kann wenig mehr tun, als emotional auf das Gebot der Eltern zu reagieren. In der späten Kindheit sind die vertraglichen Vereinbarungen aufgrund der sprachlichen Fähigkeiten und des Denkvermögens von Schulkindern nicht mehr ganz so einseitig. Kinder sind oft nicht bereit, ein einseitig von den Eltern gefälltes Urteil zu akzeptieren, und sie vertreten ihren Wunsch nach bestimmten Freiheiten (zum Beispiel länger aufbleiben zu dürfen) mit erheblicher Heftigkeit.

An diesem Punkt werden die Erziehungsstile der Eltern deutlich. Die typischen Erziehungsstile — demokratisch, autoritär und laissez faire — lassen sich über den jeweiligen Umgang mit den Verträgen definieren. Demokratische Eltern hören sich die Argumente des Kindes an, nennen ihre eigenen Gründe und fällen ein Urteil, das den Standpunkt des Kindes mit in Betracht zieht. Autoritäre Eltern sind nicht bereit, auf die Argumente des Kindes einzugehen, sie fällen weiterhin einseitige Erklärungen. Laissez-faire-Eltern jedoch lassen sich von den Argumenten des Kindes überzeugen; sie gewähren eventuell Freiheiten, ohne im Gegenzug das Übernehmen von Verantwortung zu verlangen.

In der Adoleszenz erreichen die Verträge zwischen Eltern und Kindern eine neue Komplexität. Die Verträge werden abstrakt und allgemein; sie sind von moralischen und ethischen Prinzipien und von den Gesetzen der Gesellschaft nicht mehr zu trennen. Zum Beispiel hängt die Entscheidung, ob ein Jugendlicher das Auto benutzen darf oder nicht, zum Teil davon ab, wie die Eltern das Verantwortungsgefühl des Jugendlichen einschätzen; aber sie ist auch von seinem oder ihrem Alter und dem Vorhandensein oder Nichtvorhandensein eines Führerscheins abhängig. Auch das Verbot des Trinkens oder des Haschrauchens wird bis zu einem gewissen Grade sowohl von den Eltern als auch von der Gesellschaft erlassen. In der Adoleszenz wird der Freiheits-Verantwortungs-Vertrag auch zwischen dem Kind und der Gesellschaft abgeschlossen, nicht mehr nur zwischen Eltern und Kindern. Somit bereitet dieser Vertrag den jungen Menschen darauf vor, ein verantwortungsvolles Mitglied der Gesellschaft zu werden.

Um ein Beispiel dafür zu geben: Mein mittlerer Sohn Bob wollte mit einigen Freunden eine Fahrradtour nach Montreal machen, als er fünfzehn war. Wir setzten uns zusammen und gingen die Pläne durch, die die Gruppe gemacht hatte. Ich stellte fest, daß sie die Route sorgfältig geplant und sich überlegt hatten, wo sie übernachten wollten. Es war auch geplant, sich regelmäßig mit den Eltern in Verbindung zu setzen.

Sie hatten ausreichend Proviant, eine Erste-Hilfe-Ausrüstung und Fahrradflickzeug dabei. Die jungen Männer, die die Fahrt geplant hatten, schienen mir zudem umsichtig und verantwortungsvoll zu sein. Ich gab meinem Sohn die Erlaubnis (und das Geld!) für die Reise. Die Fahrt verlief ohne Zwischenfälle, und die Jungen hatten eine sehr schöne Zeit.

Auch sonst wird der Freiheits-Verantwortungs-Vertrag in der Adoleszenz komplexer. Eltern haben sehr viel weniger Gewalt über die Freiheit von Heranwachsenden als über die von Kindern.

Kinder richten sich gewöhnlich nach den Worten ihrer Eltern; Heranwachsende tun das nicht. Die Eltern können den Jugendlichen das Rauchen, das Trinken oder den Sex untersagen, aber das hat oft wenig oder keine Auswirkungen auf das Verhalten von Jugendlichen, besonders dann nicht, wenn die Eltern den Vertrag während der Kindheit nur willkürlich und inkonsequent erfüllt haben. Kinder, die in die Adoleszenz kommen, ohne ein klares Bewußtsein des Freiheits-Verantwortungs-Vertrages zu haben, neigen eher dazu, sich Freiheiten herauszunehmen, die nicht (durch angemessene Beweise von Verantwortung) gesichert sind, als Kinder, die sich bewußt sind, daß Freiheit durch verantwortungsbewußtes Verhalten verdient werden muß. Nach meiner Erfahrung haben die Eltern vieler junger Leute, die wegen rücksichtslosen Fahrens oder wegen Trunkenheit am Steuer verhaftet worden sind, den Freiheits-Verantwortungs-Vertrag vernachlässigt.

Es ist dieser Vertrag, der oft verletzt wird, wenn Kinder dazu ermutigt werden, schnell erwachsen zu werden, zum Beispiel dann, wenn den Kindern Freiheiten gewährt werden, für die sie noch nicht bereit sind.

Dann eignen sich Kinder gewöhnlich das verantwortungsbewußte Verhalten an, das nötig ist, um sich an die Freiheiten, die ihnen gewährt worden sind, anzupassen. Aber die Aneignung dieser verantwortungsbewußten Verhaltensweisen kann zu Streß führen, und andere Dinge, die für eine gesunde Entwicklung notwendig sind, wie zum Beispiel Spielen oder Phantasieren, können dabei zu kurz kommen.

Leistung und Unterstützung

Eine zweite Art der Realität, die zwischen Eltern und Kindern konstruiert wird, ist mit Leistung und Unterstützung verbunden. Eltern erwarten im allgemeinen bestimmte Leistungen von ihren Kindern, die sie dann kognitiv, affektiv und materiell unterstützen. Auch diese Verträge müssen erneuert werden, wenn die Kinder heranwachsen und die Art der Leistungen, zu denen sie fähig sind, sich verändern. Auch die Eltern müssen die Unterstützung, die sie den Kindern zukommen lassen, erweitern.

Ein paar Beispiele werden die Entwicklung dieses Vertrages illustrieren. Von Säuglingen erwarten Eltern vor allem sensomotorische Leistungen, und sie unterstützen die Kinder vor allem affektiv. Wenn Säuglinge es schaffen, ihren Kopf aufrecht zu halten, im Kinderbett aufzustehen oder ein Wort zu sagen, reagieren die Eltern mit Umarmungen, lobenden Ausrufen und anderen affektiven Zeichen der Anerkennung. Auf diese Weise lernen die Kinder schnell, daß Leistungen, oder Versuche, etwas zu leisten, von Eltern belohnt werden.

Während der Vorschuljahre kommen symbolische Leistungen zu den sensomotorischen hinzu, und die affektiven Unterstützungen der Eltern werden mit symbolischen Belohnungen verbunden. Kleinkinder beginnen nicht nur, ihren Körper zu beherrschen, sondern sie lernen auch, wie man sich anzieht, wie man ißt oder zur Toilette geht. Sie fangen auch an, besser mit Sprache umzugehen, und Eltern, die es nicht erwarten konnten, daß das Kind anfängt zu sprechen, warten nun darauf, daß es einmal still ist. Eltern fügen oft die symbolischen Unterstützungen der frühen Kindheit zu den affektiven Unterstützungen des Säuglingsalters hinzu — Wendungen wie »sehr gut« und »gut gemacht«.

Wenn die Kinder in die Schule kommen, werden die Leistungen differenzierter. Es gibt Leistungen in drei Bereichen: im schulischen, im zwischenmenschlichen und im außerschulischen Bereich. Im Gegensatz zu den Leistungen des Säuglingsalters und der Vorschuljahre haben diese eine soziale Dimension und schließen Interaktionen mit Lehrern, Gleichaltrigen und anderen Erwachsenen mit ein. In diesem Stadium sind die Kinder daher nicht mehr ausschließlich selbst für ihre Leistungen verantwortlich. Es ist wichtig, daß Eltern sich dieser Interaktion bewußt sind; sie müssen verstehen, daß der Erfolg oder das Scheitern der Kinder nicht allein von den Kindern selbst abhängt.

Die Eltern erweitern in dieser Phase ihrerseits den Spielraum und die Art ihrer Unterstützungen. Zum Beispiel sind mehr materielle Unterstützungen erforderlich, da die Kinder mit Kleidung, Schulsachen,

Geld und Ausrüstungen für außerschulische Aktivitäten versorgt werden müssen. Eltern aus der Mittelschicht zeigen ihre Unterstützung, indem sie die Kinder zu Freunden, zum Unterricht und so weiter fahren. Die Eltern fangen auch an, ihre Unterstützung durch ihre Anwesenheit bei bestimmten Ereignissen zu zeigen, besonders dann, wenn das Kind in der Schule oder sonst irgendwo öffentlich auftritt. Da die Leistungen der Kinder sich jetzt mehr im sozialen Gebiet abspielen, erwarten sie auch, daß die elterliche Unterstützung öffentlicher wird.

Die Wichtigkeit der Anwesenheit der Eltern für die Leistungen der Kinder sollte nicht unterschätzt werden. Es ist ein Beweis dafür, daß Eltern das Kind lieben, wenn sie sich die Zeit nehmen, um dabeizusein, besonders wenn die Kinder wissen, daß die Eltern nicht zu ihrem eigenen Vergnügen da sind. Sogar Vorschulkinder sind sich der elterlichen Anwesenheit auf diese Art bewußt, wenn auch in einer etwas gedämpfteren Form. Einmal habe ich den Kindergarten meines mittleren Sohnes besucht, um auf die Bitte der Lehrerin hin ein »Problemkind« zu beobachten.

Als ich dort saß und die Kinder beobachtete, saß eine Gruppe von Jungen, unter ihnen mein Sohn, in der Nähe. Die Unterhaltung der Kinder verlief folgendermaßen:

Kind A: »Mein Vater ist Arzt, er verdient eine Menge Geld. Wir haben einen Swimmingpool.«

Kind B: »Mein Vater ist Rechtsanwalt, er fliegt nach Washington und redet mit dem Präsidenten.«

Kind C: »Mein Vater hat eine eigene Firma, und wir haben ein Flugzeug.«

Mein Sohn (selbstbewußt, natürlich, mit einem stolzen Blick in meine Richtung): »Mein Vater ist hier!«

Kinder sehen die öffentliche Anwesenheit ihrer Eltern als ein sichtbares Zeichen von Liebe und Verbundenheit, das viel wichtiger ist als jede materielle Unterstützung je sein könnte. Auch das teuerste Geschenk wird niemals die Anwesenheit der Eltern auf der Geburtstagsfeier des Kindes ersetzen können.

In der Adoleszenz werden schulische, zwischenmenschliche und außerschulische Leistungen erwartet, und die Anforderungen der Eltern in diesen Bereichen werden spezieller. Sie erwarten, daß die Jugendlichen in bestimmten Fächern gut sind, sie sind nicht von allen Freunden der Jugendlichen sehr angetan, und sie lehnen einige der außerschulischen Aktivitäten der Jugendlichen ab. In dieser Phase können die Meinungen von Eltern und Jugendlichen darüber, welche Leistungen wertvoll und wichtig sind, zum ersten Mal auseinandergehen.

Zusätzlich verstricken sich junge Leute, insbesondere solche aus Mittelschichtfamilien, oft in einer »Leistungsüberlastung«. Auf Leistung wurde immer so viel Wert gelegt, daß die Jugendlichen sich überlasten; ein Kind nimmt dann Ballett- und Klavierunterricht, spielt in der Basketballmannschaft mit, arbeitet freiwillig im Krankenhaus und hat daneben einen vollen Stundenplan in der Schule. Viele dieser jungen Leute müssen über ihre Termine Buch führen, da ihr Zeitplan so eng ist. Sogar engagierte und liebende

Eltern finden es schwierig, all diese Aktivitäten zu unterstützen, und es kommt häufig zu Konflikten über ein »Zurückstecken«.

Oft kommt es zu diesen Überlastungen, weil das Kind die Unterstützung der Eltern für Leistungen mißverstanden hat. Wenn junge Leute annehmen, daß ihre Eltern nur an ihren Leistungen interessiert sind und nicht an ihnen selbst, werden die Kinder abhängig von dem Bedürfnis, etwas zu leisten. Sinnvolle Unterstützung vermittelt den Kindern das Gefühl, daß die Leistungen unterstützt werden, weil sie *gut für die Kinder sind*. Dann erkennen sie, daß das, was sie tun, zu ihrem eigenen Besten ist und nicht zu dem der Eltern. Wenn Kinder denken, daß ihre Leistungen für die Eltern sind und nicht für sie selbst, werden sie schließlich entweder aufgeben oder in die Überlastung flüchten, um die elterliche Unterstützung sicherzustellen.

Jugendliche brauchen auch weiterhin die Art von Unterstützung, die sie nötig hatten, als sie Kinder waren. Es ist für sie immer noch hilfreich, wenn die Eltern zu dem Theaterstück oder dem Konzert gehen, in dem die Jugendlichen mitwirken. Und auch Heranwachsende brauchen immer noch affektive Unterstützungen. Trotz ihrer Größe und ihrer körperlichen Reife müssen sie gelegentlich in den Arm genommen werden.

Loyalität und Bindung

Eine dritte kollektive Realität, die von Eltern und Kindern konstruiert wird, ist mit impliziten Erwartungen an Loyalität und Bindung verbunden. Im allgemeinen erwarten Eltern einen gewissen Grad an Loyalität von ihren Kindern, als Gegenleistung für die Zeit, die Energie, die Mühe und die Ausgaben, die sie für die Erziehung der Kinder aufwenden. Wie bei den anderen Verträgen müssen diese Realitäten jedoch neu erstellt werden, wenn Eltern und Kinder reifer werden. In der Tat müssen Eltern dahin kommen, neue Loyalitäten zu erwarten, die mit dem sich erweiternden Bewußtsein des Kindes von sich selbst und von der Welt vereinbar sind.

Während des Säuglingsalters konstruieren Kinder schrittweise eine Welt von permanenten Objekten, die als existierend begriffen werden, auch wenn sie nicht länger mit den Sinnen wahrnehmbar sind. Gleichzeitig entwickeln Säuglinge auch eine Vorstellung des Ichs. Eltern erwarten instinktiv, daß ihr Nachwuchs ihnen während des Säuglingsalters ihre Loyalität durch Zuneigung, Furcht vor Trennung und so weiter beweist. Es ist viel über die Furcht vor der Trennung als einem Zeichen der Zuneigung geschrieben worden, aber Furcht ist auch ein Ausdruck der Loyalität. Der Säugling, der sich weigert, auf Fremde zu reagieren, gibt der Mutter oder dem Vater, oder beiden, ein wichtiges und befriedigendes Zeichen seiner Loyalität zu ihnen.

Eine Beobachtung, die ich kürzlich machen konnte, wird diesen Punkt illustrieren: Die junge Frau eines Mitglieds unserer Fakultät führte ihr Baby in unseren Büros an der Universität vor. Alle machten viel Aufhebens um das Baby, bewunderten sein lockiges Haar, seine blauen Augen und so weiter. Eine der Sekretärinnen fragte, ob sie das Baby mal halten könnte, und die Mutter sagte ja. Aber als die andere Frau ihre Arme ausstreckte und es nehmen wollte, fing das Baby an zu schreien und klammerte sich an der Mutter fest. Die Mutter entschuldigte sich, hielt aber gleichzeitig das Baby noch fester, und sie sah erfreut aus, weil ihr Baby *wußte*, daß es ihr Kind war. Ich bin sicher, daß dieses Vorkommnis für die Mutter ein Ausdruck der Loyalität des Babys war.

Wenn Säuglinge zu Kleinkindern werden, konstruieren sie eine Welt der Zeichen und der Symbole, um ihre Kontrolle über die Welt der Objekte kundzutun und zu erweitern. Folglich baut das Kind jetzt auch eine Vorstellung des symbolischen Ichs auf, das mit den Worten »ich«, »mich« und »mein«, mit dem Vornamen und dem Familiennamen assoziiert wird. In dieser Phase erwarten Eltern neben der Loyalität zu ihnen als Personen auch Loyalität gegenüber den Symbolen, die sie repräsentieren. Die Eltern wiederum zeigen ihre Bindung an die Kinder durch die Zeit und das Interesse, das sie in die Erziehung der Kinder investieren. Kinder achten sehr genau darauf, wieviel Zeit die Eltern mit ihnen und für sie aufbringen.

Die Geburt eines weiteren Kindes verursacht eine Krise im Loyalitäts-Bindungs-Vertrag, da die Bindung der Eltern an das Kind durch die Schwangerschaft und die Geburt des Geschwisterkindes offensichtlich vermindert wird. Geschwisterrivalität und die Auswirkungen der Geburtsreihenfolge auf die Persönlichkeit können in der Tat besser verstanden werden, wenn die Bedeutung von Geschwistern für den Loyalitäts-Bindungs-Vertrag genauer untersucht wird.

Wenn die Kinder das Schulkindalter erreichen, konstruieren sie eine Welt der Regeln und eine Vorstellung des eigenen Ichs als Regelmacher, Regelnbefolger oder Regelbrecher. Die elterliche Konzeption von Loyalität muß sich erweitern, damit diese Veränderungen mit erfaßt werden können; die Loyalität von Kindern wird jetzt daran gemessen, inwieweit sie sich an die Regeln halten. Wenn Schulkinder lügen und anderen die Sachen wegnehmen, richtet sich der Zorn der Eltern zum Teil auch gegen die Disloyalität ihnen gegenüber, die sie in diesen Handlungen sehen. Die Eltern erwarten nicht nur Loyalität für die Symbole, die sie repräsentieren, sondern auch Loyalität für die Regeln (die moralischen Normen, die Meinungen), die sie vertreten.

Wenn Kinder in die Adoleszenz kommen, sind sie zu komplexeren Denkweisen fähig; sie können jetzt neue Vorstellungen von der Welt und dem Ich entwerfen. Die neue Welt, die sie gedanklich erstellen, ist theoretisch in dem Sinn, daß junge Leute sehr angetan sind von den abstrakten Ideen, mit denen sie jetzt umgehen können. Aber sie konstruieren auch eine Konzeption des reflektierenden Ichs, das über sich selbst und über andere nachdenken kann. Es ist nicht überraschend, daß Eltern jetzt auch eine andere Art von Loyalität erwarten. Neben der Loyalität ihnen gegenüber als Personen, gegenüber der Familie, gegenüber ihren moralischen Normen erwarten die Eltern jetzt auch Loyalität gegenüber ihren Wertvorstellungen und Meinungen. Zum Beispiel können Eltern die Freundschaft mit jemandem aus einer anderen religiösen oder ethnischen Gruppe, die von den Eltern mißbilligt wird, als Zeichen von Disloyalität bewerten.

Die neue Fähigkeit des Jugendlichen, Ideale zu konstruieren, die der Wirklichkeit entgegengesetzt sind, verursacht gelegentlich eine Krise des Loyalitäts-Bindungs-Vertrages: Der Heranwachsende entwirft ein Bild der idealen Eltern, die in jeder Hinsicht vollkommen sind. Er oder sie vergleicht dann diese idealen Eltern mit den wirklichen Eltern und stellt dabei bedauerliche Mängel in der persönlichen Erscheinung, der Kleidung und den Gewohnheiten der Eltern fest. Diese Kritik wird von den Eltern als mangelnde Loyalität interpretiert.

Junge Leute, die gedrängt werden, schnell erwachsen zu werden, haben oft das Gefühl, daß die Eltern ihnen nicht genug Interesse und Bindung entgegengebracht haben; sie neigen eher dazu, ihre Eltern kritisch zu sehen als Jugendliche, die nicht gehetzt worden sind. Gehetzte Kinder können das Gefühl haben, daß die Eltern eher an ihrem eigenen Leben, an ihren Karrieren und Freundschaften interessiert sind als an dem Kind. Wenn diese Kinder in die Adoleszenz kommen, sehen sie keine Notwendigkeit, den Eltern gegenüber oder den moralischen Wertvorstellungen und Meinungen, die diese vertreten, loyal zu sein. Wenn junge Leute denken, daß die Eltern einen Vertrag verletzt haben, fühlen sie sich nicht verpflichtet, ihre Seite des gegenseitigen Vertrages zu erfüllen.

Die Leere, die durch das Aufgeben der elterlichen Wertvorstellungen und Glaubensrichtungen entstanden ist, wird durch die Gleichaltrigengruppe, eine Jugendsekte, eine strikte Disziplin wie die vegetarische Ernährung oder dem Beitritt zu einer anderen Kirche ausgefüllt. Die Macht, die diese Alternativen über den jungen Menschen haben, ist direkt proportional zu dem Ausmaß, in dem er den Mangel an Interesse und Bindung erlebt hat. Eine der negativen Konsequenzen des Hetzens ist der Schaden, der dem Loyalitäts-Bindungs-Vertrag zugefügt wird. Obwohl der Schaden schon in der Kindheit entstanden ist, zeigen sich die Auswirkungen oft in der Adoleszenz.

Das war eine kurze Beschreibung der Realitäten, die Eltern und Kinder meiner Ansicht nach im Prozeß des Miteinanderlebens und Miteinanderwachsens konstruieren. Es handelt sich nur um einen Rahmen, um erkennen zu können, wie wir unseren Kindern soziales Verhalten beibringen. Wie werden Kinder, die den Freiheits-Verantwortungs-Vertrag, den Leistungs-Unterstützungs-Vertrag und den Loyalitäts-Bindungs-Vertrag von einer Seite erlebt haben, sich verhalten, wenn sie zu Eltern geworden sind? Obwohl einfache Nachahmung der elterlichen Verhaltensmuster ein Teil der Antwort ist, ist das doch keineswegs alles, was darüber zu sagen ist, denn die Verträge bestehen auch aus einer ganzen Reihe von impliziten Erwartungen, die unmöglich direkt nachgeahmt werden können und die den Kindern auf komplexe und subtile Art vermittelt werden. Nachahmung ist zu einfach, um die komplizierten Transformationen, die dabei stattfinden, erklären zu können.

Meiner Ansicht nach muß man sich die zwischenmenschlichen Verhaltensmuster, die sich in der Kindheit und der Adoleszenz entwickeln, genauer ansehen, um eine Antwort darauf zu finden. Die Beziehung der Kinder zu den Eltern ist unilateral in dem

Sinn, daß Eltern verantwortungsbewußtes Verhalten erwarten, für das sie Freiheiten gewähren. Kinder sind nicht in der Lage, zu verlangen, daß die Eltern sich verantwortungsbewußt verhalten, und sie können keine Freiheiten gewähren. Deshalb ist es unwahrscheinlich, daß Kinder die elterliche Seite der Verträge dadurch lernen, daß sie das Verhalten ihrer Eltern nachahmen.

Ich bin davon überzeugt, daß Kinder die andere Seite der Verträge im Umgang mit Geschwistern und anderen Kindern lernen. Hier ist die Beziehung gegenseitig, nicht unilateral. Wenn sie mit anderen Kindern spielen und arbeiten, fangen die Kinder an, im Gegensatz für bestimmte Verhaltensweisen bestimmte Gefälligkeiten zu erwarten. In der Kindheit besteht die Belohnung für das Einhalten von Verträgen meistens im persönlichen Angenommenwerden. Zum Beispiel wird einem Kind erlaubt mitzuspielen, wenn es zeigt, daß es bereit ist, sich an die Regeln des Spiels zu halten. Bei Gleichaltrigen lernen die Kinder die reziproke Natur von Verträgen, und sie lernen das Geben.

Am deutlichsten wird das in der Adoleszenz, wenn sich enge und bleibende Freundschaften bilden. Bei diesen Freundschaften gibt es Verträge, die auf Gegenseitigkeit beruhen. Bei wahren Freundschaften unterstützt zum Beispiel jeder der Freunde die Leistungen des anderen. In einer Fußball- oder Hockeymannschaft umarmt jeder den Spieler, der das Tor geschossen hat, aber sie würden jeden umarmen, der das geschafft hat. Das ist ein deutlicher Fall von gegenseitiger Leistungsunterstützung.

Auch Loyalität und Bindung gibt es bei engen

Freundschaften. Die Bindung wird gezeigt, indem man an der Beziehung arbeitet, indem man versucht, zusammen zu sein. Loyalität wird gezeigt, indem man die Freundschaft gegen diejenigen verteidigt, die versuchen, sie auseinanderzubringen. Gleichermaßen werden gute Freunde sich gegenseitig beraten und einander auf die Verantwortungen, die in bestimmten Freiheiten enthalten sind, hinweisen. Folglich sind Freundschaften in der Kindheit und in der Adoleszenz entscheidend für den Erwerb von Fähigkeiten, die bei der Ehe und beim Elternsein gebraucht werden.

VERTRAGSVERLETZUNGEN UND HETZEN

Bis jetzt habe ich beschrieben, was normalerweise in Familien geschieht, in denen ein Elternteil ganz oder teilweise zu Hause bleibt. Wenn jedoch beide Eltern berufstätig oder alleinerziehend sind, ändert sich der geordnete Verlauf des vertraglichen Lernens. In diesen Familien lernen die Kinder die reziproke Rolle nicht durch Freundschaften in der Adoleszenz, sondern durch die Anforderungen der Umstände und durch elterlichen Druck. Eine der wesentlichen Mechanismen des Hetzens besteht darin, von Kindern zu verlangen, diese reziproke Rolle zu übernehmen.

Einige Vertragsverletzungen, die das Hetzen begünstigen, geschehen in Familien, in denen beide Eltern berufstätig sind. In diesen Familien erhalten die Kinder bestimmte Freiheiten – sie dürfen sich zum Beispiel selbst Frühstück machen und sich selbst aussuchen, was sie anziehen wollen –, bevor sie in diesen Bereichen ein verantwortungsbewußtes Verhalten demonstriert haben, wie zum Beispiel nahrhaftes Essen auszuwählen oder Kleidung anzuziehen, die der Temperatur und der Jahreszeit entspricht. Es wurde mir sehr bewußt, daß manche Kinder für diese Freiheiten noch nicht reif genug sind, als ich ein achtjähriges Mädchen als Patientin bekam, die sich immer leere Eiswaffeln als Mittagessen mit in die Schule brachte und mitten in einem strengen Winter ein rückenfreies Oberteil und Shorts trug.

Gleichermaßen erwarten berufstätige Eltern manchmal Leistungen von Kleinkindern, die weit über das hinausgehen, wozu diese fähig sind; soziale Anforderungen sind dabei mit am unangemessensten. Wie schon erwähnt, wird von manchen Kindern erwartet, daß sie sich während eines einzigen Tages an drei oder vier verschiedene soziale Umgebungen anpassen – an einen Kindergarten, eine Kindertagesstätte und einen Babysitter. So ein Kind wird für Leistungen unterstützt, die eine soziale Reife und Adaptationsfähigkeit voraussetzen, die nur wenige Kleinkinder haben.

Schließlich verletzen berufstätige Eltern gelegentlich den Loyalitäts-Bindungs-Vertrag, wenn sie von ihren Kindern erwarten, daß sie im erwachsenen Sinn des Begriffs loyal sind. Einmal wurde ich in einem Kindergarten Zeuge des folgenden Ereignisses: Um 15.30 Uhr kam eine berufstätige Mutter, um ihre dreijährige Tochter Penny abzuholen. Der Tag war schwierig gewesen, es hatte im Kindergarten eine emotionale Krise nach der anderen gegeben. Penny hatte inmitten des Aufruhrs ruhig weitergespielt. Als ihre Mutter kam, saß Penny neben der Erzieherin. Sobald sie ihre Mutter sah, klammerte sie sich an die Erzieherin, als hinge ihr Leben davon ab; sie weinte ganz schrecklich.

Die Mutter war natürlich entsetzt und zugleich verlegen. Sie war entsetzt, weil ihre Tochter keine Loyalität zeigte, obwohl die Mutter ihr ihre Bindung dadurch bewies, daß sie arbeitete, um ihrer Tochter ein besseres Leben zu ermöglichen. Sie war verlegen, weil ihre Tochter eine andere Frau vorzuziehen schien, und es so aussah, als hätte sie bei Penny durch ihr bloßes Erscheinen diesen Gefühlsausbruch provoziert. Ich versuchte der Mutter zu erklären, daß Penny die Berufstätigkeit der Mutter zum Wohle der Familie noch nicht würdigen konnte — das Kind sah nur, daß ihre Mutter sie für lange Zeit allein ließ. Der Gefühlsausbruch war zwar durch die Mutter hervorgerufen worden, aber nicht so, wie diese dachte. Erst als Penny ihre Mutter sah, konnte sie ihre Selbstbeherrschung aufgeben und die Furcht, den Zorn und die Angst, die sie den ganzen Tag über im Zaum gehalten hatte, ausdrücken. Weil sie sich in der Gegenwart ihrer Mutter sicher fühlte — was ein wirkliches Zeichen für Loyalität ist —, konnte sie sich ihren Gefühlsausbruch erlauben.

Zweifellos können Familien, in denen beide Eltern berufstätig sind, nicht abgeschafft werden, jedenfalls nicht in der näheren Zukunft. Was bis jetzt gesagt wurde, sollte auf keinen Fall so verstanden werden, daß ein Elternteil zu Hause bleiben muß, um auf die Kinder aufzupassen. Jedoch sollten die Anforderungen von zwei berufstätigen Eltern uns nicht blind für die Tatsache machen, daß der Verantwortung, den Leistungen und der Loyalität von Kindern Grenzen gesetzt sind. Es ist möglich, daß beide Eltern berufstätig sind und die Kinder dennoch nicht gehetzt werden; wir müssen nur unser Leben und das Leben unserer

Kinder so einrichten, daß ihnen keine unangenehmen Freiheiten gewährt werden, daß keine Leistungen, die über ihre Grenzen hinausgehen, von ihnen verlangt werden, und daß keine Forderungen nach uneingeschränkter Loyalität erhoben werden.

Es gibt noch ein anderes Problem bei Familien mit berufstätigen Eltern, das mit den Verträgen zusammenhängt; ein Problem, das meistens bei Eltern von Mädchen auftritt, gelegentlich aber auch bei denen von Jungen. Solange das Mädchen noch ein Kind ist, sind die Eltern ganz demokratisch, sie gewähren ihm Freiheiten nach dem Ausmaß, in dem es Verantwortung zeigt. Die Eltern werden dem Kind vielleicht sogar erlauben, Make-up und Modellkleidung zu tragen; das Mädchen hat das Gefühl, schnell erwachsen zu werden, und es hat den Eindruck, daß seine Eltern diesen Prozeß unterstützen und ermutigen.

Wenn das Mädchen jedoch in die Pubertät kommt, wenn ihre Menstruation einsetzt und ihr Körper sich entwickelt, geraten manche Eltern in Panik. Diese Eltern ändern ihren Erziehungsstil und werden autoritär, obwohl sie zuvor demokratisch waren. Jetzt sagen sie zum Beispiel, daß das Mädchen sich nicht mit Jungen verabreden darf, bis sie fünfzehn geworden ist, egal wie verantwortungsbewußt es sich verhalten hat. Das Mädchen empfindet dies als Vertragsverletzung, weil die Eltern ihm bisher Freiheiten gewährt haben, wenn es sich verantwortungsbewußt zeigte. Jetzt wird plötzlich aus einem relativen Vertrag ein absoluter, und zwar normalerweise ohne Diskussion.

Tatsächlich ist das Problem allgemeiner Natur, als es im obigen Beispiel deutlich geworden ist; eine der Hauptursachen des Stresses von gehetzten Kindern hängt damit zusammen. Viele junge Leute, die als Kinder daran gewöhnt waren, sich wie Erwachsene anzuziehen und zu reden, sind als Jugendliche oft frustriert, weil die Reife, die ihnen aufgedrängt worden ist, jetzt plötzlich nicht mehr gilt. Zwar sind Jugendliche heute sexuell aktiver als die Jugendlichen vorangegangener Generationen, aber es ist immer noch gesetzlich verboten, daß sie rauchen, trinken, Auto fahren oder arbeiten, jedenfalls bis sie sechzehn geworden sind. Die Kinder werden dazu ermutigt, schnell erwachsen zu werden, wie Erwachsene auszusehen und sich so zu verhalten, aber wenn eben diese jungen Leute in die Adoleszenz kommen, wird manchmal von ihnen erwartet, daß sie all das vergessen. Sie sollen sich auf einmal wieder wie Kinder verhalten.

ALLEINERZIEHENDE ELTERN UND VERTRÄGE

Der Soziologe Erving Goffman vertrat die Ansicht, daß Autorität oft in einer »Echelonstruktur« existiert, und es eine natürliche Hierarchie oder eine Befehlskette gibt. Wenn beide Eltern da sind, ist die Echelonstruktur normalerweise klar und eindeutig. Die Eltern geben die Befehle, die Kinder sind untergeordnet. Die Eltern entscheiden, welche verantwortungsbewußten Verhaltensweisen zu welchen Freiheiten berechtigen, welche Leistungen mit welchen Unterstützungen belohnt werden und welche Loyalitäten zu welchen Bindungen berechtigen. Das heißt, daß ein Großteil der Entscheidungen von den Eltern getroffen wird, selbst wenn die Kinder daran beteiligt werden.[8]

In Familien mit alleinerziehenden Eltern bricht diese Struktur notwendigerweise zusammen, vor allem deswegen, weil eine wirkungsvolle Ausübung von Autorität nicht ohne Unterstützung möglich ist. Ehepaare unterstützen sich normalerweise gegenseitig; sie besprechen Entscheidungen, prüfen mögliche Ideen und so weiter. Bei alleinerziehenden Eltern ist das nicht möglich; niemand ist da, mit dem sie zusammenarbeiten können, der Unterstützung und Ermutigung gibt.

Es kann also nicht überraschen, daß viele alleinerziehende Eltern versuchen, diese Unterstützung von ihren Kindern zu bekommen. Dafür müssen die Verträge geändert werden; die Kinder werden zu vollwertigen Partnern. Das ist eine sehr weitverbreitete Art, Kinder zu hetzen, und wenn das allein auch nicht zu übermäßigem Streß führt, kann es doch in Verbindung mit anderen Streßarten, denen die Kinder ausgesetzt sind, schädliche Folgen haben.

Oft ist es der Freiheits-Verantwortungs-Vertrag, der abgeändert wird. Zum Beispiel können Kinder sehr in die Verabredungsgewohnheiten ihrer Eltern verwickelt werden. Wenn die Mutter zum Beispiel sehr spät und etwas angeheitert nach Hause kommt, können die Kinder sich dagegen aussprechen, daß sie diesen Mann noch einmal trifft. Und wenn der Vater oder die Mutter jemanden über Nacht bei sich behält, bewerten Kinder die Verantwortung, mit der diese heikle Situation gehandhabt wird, bevor sie einer Wiederholung dieses Ereignisses zustimmen. Auch im Bereich des Leistungs-Unterstützungs-Vertrages können Kinder zu gleichberechtigten Partnern werden. Eine Mutter, die wieder zu arbeiten beginnt, nachdem sie jahrelang zu Hause geblieben ist, um sich um die Kinder zu kümmern, kann erhebliche Unterstützung von ihren Kindern erhalten, wenn diese sich ihre Berichte über den Chef und die Mitarbeiter anhören und im Hause mithelfen. Kinder können die Mutter auch in ihren Entscheidungen, das Rauchen aufzugeben, eine Diät zu machen oder einen Kurs zu belegen, bestärken. In all diesen Fällen wird die unterstützende Rolle, die eigentlich dem Ehepartner zukommt, von den Kindern übernommen.

Schließlich kann es auch vorkommen, daß Kinder als gleichberechtigte Partner am Loyalitäts-Bindungs-Vertrag beteiligt werden. Die Kinder können denken, daß die Loyalität der Eltern ihnen gegenüber bedroht wird, wenn der Vater oder die Mutter andere Partner finden. Solange beide Eltern da sind, wird die Loyalität als selbstverständlich angesehen, da die Erwachsenen die leiblichen Eltern sind; dadurch wird eine Art von automatischer Loyalität garantiert. Die Zuneigung der Eltern zueinander wird von den Kindern nicht als Belohnung der Loyalität erlebt, da beide Eltern biologisch mit den Kindern verbunden sind. Aber wenn zum Beispiel die Mutter sich mit einem Mann trifft, der nicht der leibliche Vater der Kinder ist, kann von ihm eine Bedrohung für die Loyalität ausgehen. Weil der neue Partner biologisch nicht mit den Kindern verbunden ist, können sie die Zuneigung der Mutter zu ihm als Loyalitätsentzug erleben, während ihre Bindung an den leiblichen Vater als Beweis für ihre Loyalität den Kindern gegenüber gesehen wird.

Da die Loyalität von alleinerziehenden Eltern nicht selbstverständlich gegeben ist, sind die Kinder in der

Lage, als Gegenleistung für die Loyalität der Eltern Bindung zu zeigen. Jugendliche können zum Beispiel anbieten, zu Hause zu bleiben, wenn der Vater sich mit einer Frau trifft, die sie nicht leiden können. In diesem Fall vergelten die Kinder die Loyalität des Vaters, indem sie ihre Bindung beweisen. Sie sind bereit, Zeit und Energie für das Glück des Vaters aufzuwenden.

Folglich werden die Kinder von alleinerziehenden Eltern ermutigt, schnell erwachsen zu werden, da sie notwendigerweise in bezug auf die Verträge in eine reziproke Rolle versetzt werden. Die Zuteilung von Freiheiten als Gegenleistung für das Demonstrieren von Verantwortungsgefühl, das Angebot von Unterstützung für Leistungen und das Beweisen der eigenen Bindung als Gegenleistung für Loyalität – all das ist die Aufgabe von Erwachsenen. Um so handeln zu können, muß das Kind versuchen, sich wie ein erfahrener Erwachsener zu verhalten. Kindern gelingt das nicht immer, aber in dieser Lage wird Druck auf sie ausgeübt, sich wie Partner der Eltern zu verhalten, und das ist gleichbedeutend mit dem Druck, schnell erwachsen zu werden.

Der normale Prozeß der Erwerbung von reziproken vertraglichen Fähigkeiten kann bei gehetzten Kindern ebenfalls beeinträchtigt werden; diese Kinder scheinen im Vergleich mit Gleichaltrigen oft »phasenverschoben« zu sein. Da bewußt oder unbewußt von diesen Kindern erwartet wird, daß sie Gleichaltrigen auf intellektuellem oder sozialem Gebiet »voraus« sind, sind sie im Umgang mit Kindern gleichen Alters oft vom Konkurrenzdenken geprägt und egozentrisch. Es ist möglich, daß diese jungen Leute im Umgang mit

Gleichaltrigen den unilateralen Ansatz von Erwachsenen bei Verträgen anwenden. Zum Beispiel war ein attraktives halbwüchsiges Mädchen aus meinem Bekanntenkreis von Kindheit an dazu bestimmt, Ärztin zu werden. Sie traf einen jungen Mann, der ihr gefiel, aber die Beziehung war nicht von Dauer. Sie erwartete, daß er mit ihr ausging, egal ob er lernen mußte oder nicht; aber wenn sie lernen mußte, lehnte sie es ab wegzugehen und war ärgerlich, weil er sie gefragt hatte. Diese junge Frau, die von Kindheit an gehetzt worden war, hatte keine Vorstellung von der Gegenseitigkeit von Verträgen; sie behandelte ihre Altersgenossen wie ein Erwachsener ein Kind.

Junge Leute, die gehetzt worden sind, wissen oft nicht, welche Art des vertraglichen Verhaltens angemessen ist. Zum Beispiel kritisieren diese an der Universität den Professor, weil er die Klausuren nicht sofort zurückgibt, obwohl sie selbst es nie schaffen, ihre Arbeiten rechtzeitig abzugeben. Ihrer Ansicht nach ist es die Aufgabe des Professors, Verantwortung zu zeigen, nicht die ihre. Am Arbeitsplatz mögen diese jungen Leute es nicht, wenn ihnen gesagt wird, was sie tun sollen; sie benehmen sich, als ob der Arbeitgeber ebenso abhängig von ihrer Unterstützung für seine Leistung sei wie umgekehrt. In der Beziehung mit dem Ehepartner, wo Gegenseitigkeit angemessen und notwendig ist, benehmen diese jungen Leute sich oft, als wäre die Beziehung unilateral; sie verlangen Leistungen (zum Beispiel Hausarbeit) als Gegenleistung für Unterstützung, ohne ihrerseits Leistungen zu erbringen (Rechnungen bezahlen, den Müll hinausbringen).

Wenn Kinder gehetzt werden, werden also nicht nur

die Verträge verletzt; auch das Wissen des Kindes davon, ob unilaterale oder reziproke Verträge angemessen sind, kann beeinträchtigt werden. Es ist möglich, daß gehetzte Kinder gegenüber Gleichaltrigen und Freunden eine autoritäre Haltung einnehmen, was unangemessen ist, aber in der Schule oder am Arbeitsplatz die Autorität von anderen nicht anerkennen. Gehetzte junge Leute scheinen oft so unhöflich und ungehobelt zu sein, weil sie nicht wissen, ob sie ihr Verhalten nach unilateralen oder reziproken Verträgen ausrichten sollen. Das Verständnis der Struktur von menschlichen Beziehungen ist die Basis für gute Manieren. In Frankreich ist die Beziehung *mal élevé* (schlecht erzogen) die schlimmste Beleidigung, die einem Kind an den Kopf geworfen werden kann. Unglücklicherweise kann von vielen gehetzten Kindern, weil sie keine Manieren zu scheinen haben, gesagt werden, sie seien *mal élevé*.

KAPITEL 7

GEHETZTE KINDER:
GESTRESSTE KINDER

Sigmund Freud war der erste, der uns ein umfassendes Verständnis von seelischen Krankheiten ermöglichte. Gestörtes menschliches Verhalten, das einst dem Werk des Teufels zugeschrieben worden war, wurde jetzt ausschließlich auf den Menschen zurückgeführt. Nach Ansicht von Freud ist eine Verhaltensanomalie grundsätzlich auf einen Konflikt zurückzuführen; sie ist ein Symptom eines entweder innerhalb der Person oder zwischen der Person und der Umwelt entstandenen Konflikts. Die »hysterische« Frau zum Beispiel, die sich provozierend anzieht und sich auch so verhält, aber sich darüber beklagt, daß die Männer sie immer belästigen, befindet sich in einem Konflikt hinsichtlich ihrer Sexualität. Unbewußt will sie anziehend auf Männer wirken; bewußt will sie es nicht. So ein Problem wird behandelt, indem der Patientin ihre im Konflikt befindlichen Motive bewußt gemacht werden; so wird eine Lösung des Konfliktes möglich und ein Verschwinden oder eine Verminderung der Symptome, in diesem Fall der Angst, erreicht.[1]

Nach Freud ist das gestörte Verhalten, das für Neurosen und Psychosen kennzeichnend ist, eine Übersteigerung der normalen Reaktion auf einen Konflikt.

Wir alle können neurotisch oder psychotisch werden, wenn der Konflikt, in dem wir uns befinden, stark genug ist. Bei Experimenten sind Tiere »neurotisch« gemacht worden, indem sie einer Situation ausgesetzt wurden, in der der Preis für eine Belohnung Schmerz war. In einem der Versuche wurde Ratten erst beigebracht, daß ihr Futter an einem bestimmten Ort zu finden war, und dann erhielten sie einen elektrischen Schlag, wenn sie sich dem Futterplatz näherten. Tiere in dieser Situation – sie wollen das Futter haben, haben aber Angst davor – zeigen viele gestörte Verhaltensabläufe; die Ratten urinierten, hatten Stuhlgang, liefen im Kreis herum und immer wieder auf das Futter zu und dann von ihm weg.

Es ist also offensichtlich, daß Konflikte eine Hauptursache von seelischem Leid sind. Und wenn das Hetzen Konflikte verursacht, was es häufig tut, verursacht es auch Belastungen. Aber vor einigen Jahren entdeckte Hans Selye, ein Neurophysiologe an der McGill University von Montreal, eine Reaktion auf Belastungen, die uns allen gemeinsam ist. Sie kann negative Auswirkungen auf das psychische und physische Wohlbefinden des einzelnen haben, wenn sie auch nicht in jedem Fall neurotisches oder psychotisches Verhalten hervorruft.[2]

Selye bewies, daß unsere Körper in einer spezifischen Weise auf jede besondere oder zusätzliche Anforderung reagieren, sei sie nun physisch, seelisch oder intellektuell. Selye bezeichnete die Situationen, die Ereignisse oder die Menschen, die die Streßreaktionen auslösen, als »Stressoren«. Stressoren sind weder positiv noch negativ, es handelt sich einfach um besondere Anforderungen. Ein leidenschaftlicher

Kuß, eine Gehaltserhöhung, ein überraschender Sieg, der Erfolg eines unserer Kinder — all das sind Stressoren, da sie eine besondere Adaptationsanstrengung erforderlich machen. In gewisser Weise sind unsere Körper wie Maschinen — je intensiver wir sie gebrauchen, desto schneller werden sie verbraucht. Ob die Maschine für gute oder für böse Zwecke verwendet wird, ob sie Traktoren oder Gewehre herstellt, ist irrelevant. Das Ausmaß des Gebrauchs und nicht der Gebrauchszweck bestimmt, wie schnell die Maschine zusammenbricht.

Streß, der durch das Leben selbst hervorgerufen wird, bewirkt den Verschleiß unserer Körper. Wenn wir von jemandem, zum Beispiel von dem Präsidenten, sagen: »Wie sehr ist er doch durch seine Arbeit gealtert«, sprechen wir von einer Streßreaktion. Die besonderen Anforderungen, die an einen Präsidenten gestellt werden, sind enorm hoch, und die Folge davon sind keine Neurosen oder Psychosen, sondern vorzeitiges Altern. Natürlich gibt es individuelle Unterschiede, einige Menschen verschleißen nicht so schnell wie andere, aber der Alterungsprozeß wird in jedem Fall durch übermäßigen Streß beschleunigt.

Selye hat uns also ein weitergehendes Verständnis von menschlichem Leid ermöglicht. Der Konfliktthese liegt die Ansicht zugrunde, daß das Leben ohne Konflikte glatt und harmonisch verlaufen würde. Wenn schwächere innere und äußere Konflikte vermieden werden, ist seelische und physische Gesundheit möglich. Aber wir wissen, daß das Leben selbst Streß bedeutet. Ein Leben ohne Konflikte ist nicht gleichbedeutend mit einem Leben ohne Streß. Konflikt ist nur einer von vielen Stressoren, wenn auch ein sehr wichtiger.

Meiner Überzeugung nach ist das Hetzen von Kindern, egal auf welche der oben beschriebenen Arten, ein Stressor. Ob wir nun unsere Kinder vom Babysitter zum Kindergarten hetzen, sie dazu drängen, bei Tests gut abzuschneiden, oder sie ermutigen, sich mit Problemen wie der Sexualität auseinanderzusetzen — in jedem Fall stressen wir die Kinder. Keine dieser Anforderungen wird ein Kind zwangsläufig übermäßig belasten, aber je mehr Anforderungen an ein Kind gestellt werden, desto wahrscheinlicher ist es, daß der Streß überhandnimmt.

STRESS UND DIE STRESSREAKTION

Nach Selye haben wir alle eine bestimmte Menge von »Adaptationsenergie«, die uns erlaubt, mit den Anforderungen des täglichen Lebens fertigzuwerden. Die Adaptationsenergie ermöglicht es Kindern, in der Schule zu lernen, und Erwachsenen, ihre Arbeit zu bewältigen. Normalerweise wird dieses Energiereservoir jeden Tag durch die Nahrungsaufnahme und durch den Schlaf ergänzt.

Von Geburt an gibt es erhebliche individuelle Unterschiede bei den Energiereserven. Forschungen von Alexander Thomas und Stella Chess von der Universität in New York haben gezeigt, daß es möglich ist, schon kurz nach der Geburt verschiedene Temperamente bei Säuglingen zu unterscheiden. Einige sind sehr aktiv und andere sehr phlegmatisch. Diese individuellen Unterschiede blieben das ganze Leben hindurch erhalten. Wir alle kennen Leute, die einfach nicht still sitzen können, die uns mit der rastlosen

Energie, die sie ausstrahlen, nervös machen. Andere Leute wiederum scheinen immer müde zu sein und brauchen eine Menge Schlaf.

Wir neigen dazu, unser Leben so einzurichten, daß es mit unserem individuellen Energieniveau übereinstimmt. Die meisten Arbeitsplätze sind auf das durchschnittliche Energieniveau abgestimmt, das es uns erlaubt, acht Stunden täglich zu arbeiten, acht Stunden zu schlafen und acht Stunden zu essen, uns zu entspannen und zu spielen. Menschen mit höherem Energieniveau nehmen oft noch eine zusätzliche Arbeit an; sie scheinen weniger Zeit zum Arbeiten, zur Nahrungsaufnahme und zur Entspannung zu benötigen. Andere Leute, deren Energieniveau niedrig ist, finden sogar den normalen Arbeitstag zu lang.

Meistens richten wir unser Leben so ein, daß unser täglicher Vorrat an Adaptationsenergie nicht vollständig erschöpft ist, wenn wir schlafen gehen; wir behalten etwas Reserveenergie für den Fall, daß Notfälle eintreten. Wenn das Auto auf dem Weg zur Arbeit streikt, die Heizung kaputtgeht, ein Wasserrohr bricht, ein Verwandter erkrankt oder stirbt, müssen wir unsere Energiereserven anzapfen, um mit diesen Situationen, die über unseren gewöhnlichen Energiebedarf hinausgehen, fertig werden zu können.

Es sind unsere Energiereserven, die es uns ermöglichen, mit Notlagen umzugehen. Die Mutter, die ein Auto hochheben kann, unter dem ihr Kind liegt, ist ein treffendes Beispiel dafür, aber es gibt viele weniger dramatische Beispiele. Wir rasen mit unserem Kind, das sich einen rostigen Nagel in den Fuß getreten hat, zum Krankenhaus, nachdem wir schon einen anstrengenden Tag hinter uns hatten. Wir warten auf den

Arzt, leiden mit unserem Kind, wenn es behandelt wird, und hetzen wieder nach Hause, um die täglichen Haushaltspflichten zu erledigen, das Essen zu kochen, sauberzumachen und so weiter. Schon während des täglichen Lebens werden unsere Energiereserven stark gefordert.

Normalerweise bleibt uns zwischen den Notfällen genug Zeit, um unsere Energiereserven wieder aufzufüllen. Wir können nach solchen stressenden Situationen ein paar Stunden mehr schlafen, ein paar Routinepflichten vernachlässigen, oder wir können uns entschließen, nicht ins Kino zu gehen, sondern zu Hause zu bleiben und so weniger Energie zu verbrauchen. Normalerweise wissen wir so ungefähr, was wir tun. Nach einem langen und anstrengenden Tag ist uns bewußt, daß unsere Reserveenergie fast verbraucht ist und daß wir dringend unsere Reserven auffüllen müssen. Unsere Müdigkeit ist ein Anzeichen für ein niedriges Energieniveau.

Streß ist also jede außergewöhnliche Adaptationsanforderung, die uns zwingt, mehr von unserer Energie zu verbrauchen, als wir gewöhnlich innerhalb von 24 Stunden verbrauchen und wieder erneuern. Obwohl Streß durch eine Vielzahl von Faktoren ausgelöst werden kann — Unfälle, Zusammenbrüche, Zuspätkommen, wichtige Entscheidungen, Fehlschläge, Erfolge und so weiter —, ist die Reaktion auf Streß immer gleich und gut dokumentiert. Mit anderen Worten, unsere Körper haben eine sehr spezifische Art, unsere Energiereserven zu mobilisieren und zu verwerten. Selye nennt dies die »Streßreaktion«.[3]

Die Streßreaktion geht auf die frühesten Stadien der menschlichen Evolution zurück, auf unser Erbe aus dem Tierreich. Wir haben zwei Gehirne: das alte Gehirn, das die meisten unserer Körperfunktionen reguliert — den Herzschlag, die Atmung, die Adrenalinausschüttung und so weiter —, und das neue Gehirn, das für die Erinnerung, die Wahrnehmung, das Denken und so weiter zuständig ist. Das alte Gehirn war lebenswichtig, als die Menschen noch Jäger und Sammler waren und für ein Überleben auf ihre unmittelbar physische Umwelt angewiesen waren. Die vorgeschichtlichen Menschen mußten ständig mit dem Angriff von Raubtieren rechnen und sich selbst vor schlimmen Witterungsbedingungen und vor Katastrophen schützen.

Bei solchen Gelegenheiten gebrauchten die Menschen das, was sie von ihren tierischen Vorfahren geerbt hatten — das alte Gehirn. Der amerikanische Physiologe Walter Cannon war der erste, der die Streßreaktion beschrieb, die vom alten Gehirn ausgelöst wird. Er kam zu dem Schluß, daß das alte Gehirn, wenn es über das normale Maß hinaus aktiviert wird, den Menschen auf die Alternativen »Kampf oder Flucht« vorbereitet: »Wenn Angst immer lähmen würde, würde das die Gefahr der Vernichtung mit sich bringen. Aber Angst und Aggressivität sind vorwegnehmende Reaktionen auf kritische Situationen, sie machen handlungsbereit und sind für das Überleben sehr gut geeignet.«[4]

Die Streßreaktion, die von Cannon und später von Selye beschrieben wurde, verläuft in vier Stufen. Die erste ist eine rapide Mobilisierung der Energiereserven. Das alte Gehirn vesetzt das Nervensystem in Alarmbereitschaft. Adrenalin wird ins Blut gepumpt, der Herzschlag beschleunigt sich, die Atmung geht schneller, der Verdauungsprozeß wird gestoppt, der Blutdruck steigt stark an, die Sinne werden schärfer, die Wahrnehmungsfähigkeit steigt. Viele verschiedene Hormone werden ausgeschüttet, um unsere Energiereserven zu steigern.

Oft werden wir uns dieser Mobilisierung erst bewußt, wenn der Streß vorbei ist. Ich halte zum Beispiel oft Vorträge, und eigentlich macht es mir nichts aus, vor einer großen Gruppe von Leuten zu sprechen. Nach dem Vortrag bin ich jedoch müde und fühle mich emotional ausgelaugt. Ich ziehe es vor, nach dem Vortrag zu essen, weil ich spüre, daß meine Verdauung besser arbeitet, wenn der Streß vorbei ist. Es ist ein außergewöhnliches Ereignis, vor vielen Leuten zu sprechen, und ruft daher die Streßreaktion hervor. Wir werden uns dieser Mobilisierung in vielen Situationen erst später bewußt. Wenn wir nur knapp einem schweren Autounfall entronnen sind, kommt die emotionale Reaktion erst, wenn wir gehandelt haben, um den Unfall zu verhindern.

Der nächste Schritt ist ein rapider Anstieg des Energieverbrauchs. Bei solchen Gelegenheiten verbrauchen wir unsere Energiereserven, die ja laut Selye nur in begrenzter Menge vorhanden sind. Das Verbrennen von Energie ist eine Reaktion auf Streß, was erklärt, warum manche Leute abnehmen, wenn sie Angst haben oder unter Druck stehen, auch wenn sie mehr essen und trinken als gewöhnlich. Angst und Sorge verbrauchen Energie. Manche Leute kompensieren auch den Energieverlust, der durch Streß hervorgerufen wird, und essen zuviel. Paradoxerweise können sowohl Untergewicht als auch Übergewicht direkte oder indirekte Reaktionen auf den starken Energieverbrauch des Körpers unter Streß sein.

Die Mobilisierung und der Energieverbrauch sind eine Vorbereitung auf das nächste Stadium, die kraftvolle, energische körperliche Aktivität, die für das Überleben unserer Vorfahren von so großer Bedeutung war. Sie mußten entweder schleunigst weglaufen oder aber kämpfen. In beiden Fällen ist unser sensomotorisches System bereit zum schnellen Handeln. Diese Bereitschaft zum Handeln ist in manchen Situationen auch heute noch sehr sinnvoll. Jeder, der schon einmal jemanden schnellstmöglich ins Krankenhaus bringen, vor einem bösen Hund weglaufen oder eine lange Strecke schwimmen mußte, um jemanden vor dem Ertrinken zu retten, wird die Mobilisierung zur Handlungsbereitschaft, die die Streßreaktion bewirkt, zu schätzen wissen.

Das letzte Stadium der Streßreaktion ist die Rückkehr zum Gleichgewicht. Nach einer stressenden Situation hat man gewöhnlich den Wunsch, Ruhe und Frieden zu finden. Nach einem Vortrag vor einem großen Publikum und einer anstrengenden Frage-und-Antwortrunde will ich nur still sitzen. Jemand, der Überstunden machen, trauernde Verwandte trösten oder mit einem wütenden Kunden fertig werden muß, braucht Zeit, um sein Gleichgewicht wiederzufinden und seine Energiereserven zu erneuern.

Obwohl die Streßreaktion auch heute noch in vielen Situationen angemessen ist, ist sie es in vielen anderen nicht. Zum Beispiel ist die motorische Aktion, mit der wir einem uns auf der falschen Fahrbahn entgegenkommenden Auto ausweichen, viel kleiner als die, zu der wir durch die Streßreaktion bereit sind. Oft ist die Streßreaktion heutzutage unangemessen. Versetzen Sie sich einmal in die Lage eines jungen Mannes, zu dem vor der ganzen Klasse gesagt wurde: »Kannst du denn überhaupt nichts richtig machen?« Er errötete, sein Körper spannte sich an, seine Handflächen begannen zu schwitzen, und er wollte nichts anderes als weglaufen. Aber das konnte er nicht. Er blieb auf seinem Stuhl sitzen, während die Klassenkameraden ihn kichernd anstarrten. Er lief nicht weg, aber sein Kopf begann zu schmerzen und sein Magen fühlte sich aufgebläht an, er rang nach Luft. Ich kenne die Reaktion sehr gut, weil ich selbst ein junger Mann war.

Was geschieht, wenn die Streßreaktion ausgelöst wird, aber die Mobilisierung zur Handlung ins Leere läuft? Der normale Verlauf der Streßreaktion wird durchbrochen, das Gleichgewicht wird nicht durch den Verbrauch von Energie durch die Muskulatur wiederhergestellt, sondern durch die Zerstreuung der Energie in andere Systeme des Körpers. Zum Beispiel können Kopfschmerzen durch das Zusammenziehen der Blutgefäße im Kopf entstehen. Wenn wir gestreßt sind und unsere Körper handlungsbereit sind, ziehen sich sogar die winzigen Muskeln der Blutgefäße zusammen, um etwas von der mobilisierenden Energie aufzubrauchen. Selye nennt die Reaktion auf nichtverarbeitete Streßreaktionen »*Adaptationskrankheiten*«. Dazu gehören Hypertonie, Magengeschwüre, Kopfschmerzen und Herzerkrankungen.

Als die Existenz der Adaptationskrankheiten zuerst entdeckt wurde, nahm man an, daß sie einfach eine unmittelbare Reaktion auf unverarbeiteten Streß wären. Aber in den letzten Jahren ist deutlich geworden, daß der Zusammenhang von Streß und Adaptationskrankheiten sehr komplex ist und daß einige für selbstverständlich gehaltene Annahmen neu geprüft werden müssen. Eine Studie über Fluglotsen, die die Flugbahnen der landenden und startenden Flugzeuge kontrollieren und ständig sekundenschnelle Entscheidungen treffen müssen, die über Hunderte von Menschenleben entscheiden, ergab folgendes:

Fluglotsen üben ihren Beruf mit ihrem Blutdruck aus, wenn man einer klassischen Studie glauben darf; wenn die Flugzeuge sich am Himmel drängen, ziehen sich die Arterien der Fluglotsen zusammen und ihr Blutdruck schießt in die Höhe. Ihre Drüsen schütten das nervenstimulierende Hormon Epinephrin aus; das Ganze ist ein klassischer Fall von psychologischem Streß. Natürlich haben Fluglotsen eine Reihe von streßbedingten Krankheiten und sterben mit fünfzig Jahren an Herzinfarkt …, nur daß sie das nicht tun. Im Gegenteil, Fluglotsen sind gesünder als der Rest der Bevölkerung, wie die Studie feststellte.[5]

Die Forschung beginnt gerade zu erkennen, daß objektiver Streß nur einer von vielen Faktoren ist, die bestimmen, wie die einzelnen auf Streß reagieren. Genauso wichtig wie der objektive Streß, dem die Fluglotsen ausgesetzt sind, ist ihre persönliche Einstellung dem Streß gegenüber und die Art, wie sie damit umgehen. Eine Studie kam zu dem Ergebnis, daß Fluglotsen, die mit ihrem Beruf unzufrieden waren, eher zu streßbedingten Krankheiten neigten, als solche, die in ihrem Beruf glücklich waren. Offensichtlich ist unsere Wahrnehmung der Streßsituation genauso wichtig für unser Wohlergehen wie die objektive Streßsituation selbst.

Auch im Fall der berufstätigen Frauen ist von falschen Annahmen über die Verbindung von Streß und Krankheiten ausgegangen worden. Der traditionellen Ansicht zufolge werden Frauen anfälliger für Streßkrankheiten, die eine männliche Domäne sind, wenn sie zunehmend in die sogenannten Männerberufe einsteigen. Frauenzeitschriften sind voll von Artikeln über die negativen Effekte des »Alles-haben-Wollens«. Sogar Hans Selye schrieb: »In dem Ausmaß, in dem Frauen männliche Jobs übernehmen, werden sie anfälliger für die sogenannten Männerkrankheiten wie Herzinfarkt, Magengeschwüre und Hypertonie. Sie haben natürlich auch die gleiche Befriedigung durch die Arbeit, aber sie bezahlen einen hohen Preis.«[6]

Aber die Journalistin Barbara Ehrenreich begann zu recherchieren, ob es einen Anstieg der Anzahl von Frauen, die am Herzinfarkt und anderen streßbedingten Krankheiten gestorben waren, gegeben hatte. Obwohl diese Statistiken von vielen Autoren zitiert wurden, konnte Ehrenreich niemals eine Quellenangabe finden. Als sie einen Arzt, der ein Buch über Frauen und Streß geschrieben hatte, nach seiner Quelle befragte, erwiderte er: »Ich glaube nicht an Statistiken. Frauen haben mehr Probleme in der Liebe als Männer und jetzt haben sie auch noch Probleme bei der Arbeit. Deshalb sterben sie.«[7]

Tatsächlich aber geht die Anzahl der Menschen, die beispielsweise an Herzinfarkt sterben, bei den Geschlechtern zurück, aber die Sterblichkeitsziffer der Frauen nimmt schneller ab. 1960 waren Männer 1,62mal gefährdeter an Herzinfarkt zu sterben als Frauen; 1976 waren sie 2,1mal gefährdeter. Ehrenreichs Fazit:

Seit den zwanziger Jahren dieses Jahrhunderts leben Frauen länger als Männer. Und obwohl immer mehr Frauen berufstätig werden und trotz der radikalen Änderung ihres Lebensstils seit den sechziger und siebziger Jahren (und trotz all der unnötigen Operationen, die an Frauen ausgeführt werden, und trotz all dem Östrogen und anderen gefährlichen Medikamenten, die ihnen verschrieben werden), leben Frauen länger als Männer. Und die Kluft vergrößert sich weiter.[8]

Worauf es anscheinend ankommt, ist die Einstellung der Frauen gegenüber ihrer Arbeit. Eine achtjährige Studie von 900 Frauen aus Framingham in Massachusetts ergab, daß Frauen, die mehr als die Hälfte ihres Erwachsenenlebens berufstätig gewesen waren, nicht mehr zu Herzerkrankungen neigen als Hausfrauen.

Stressend ist anscheinend nicht die Berufstätigkeit oder das Leben als Hausfrau, sondern die Einstellung der Frau zu dieser Wahl. Eine Frau, die sich gezwungen sieht, berufstätig zu sein, aber lieber zu Hause bleiben möchte, steht mehr unter Streß als eine Frau, die den Wunsch hat, berufstätig zu sein. Gleichermaßen steht eine Frau, die zu Hause bleibt, obwohl sie lieber berufstätig sein würde, mehr unter Streß als eine Frau, die Hausfrau sein will. Das heißt, daß *sowohl* die Berufstätigkeit *als auch* die Arbeit als Hausfrau stressend sein kann, wenn die Frau unglücklich ist.

Der objektive Streß, dem der Mensch ausgesetzt ist, sagt noch nichts über die Reaktion dieses Menschen darauf aus. Wir müssen sowohl über den Menschen als auch über die Streßsituation Bescheid wissen, bevor wir sagen können, welche Auswirkungen der Streß haben wird. Das gilt auch für Kinder; wir werden uns jetzt mit den hauptsächlichen Streßtypen beschäftigen, die Kinder betreffen, und zu klären versuchen, inwieweit das Hetzen diesen Streß fördert, beziehungsweise verschlimmert.

GESTRESSTE KINDER

Janet ist erst zehn Jahre alt, aber sie hat viele Verpflichtungen. Sie muß ihr Zimmer aufräumen, sich um ihre Kleidung kümmern, das Frühstück für sich und ihre jüngere Schwester vorbereiten und dafür sorgen, daß sie und ihre Schwester rechtzeitig zur Schule kommen. (Ihre Mutter geht zur Arbeit, lange bevor Janet in die Schule muß.) Wenn Janet nach Hause kommt, muß sie saubermachen, das Fleisch für das Abendessen auftauen und sich um ihre Schwester kümmern. Wenn ihre Mutter nach Hause kommt, hört Janet sich geduldig ihre Berichte von den »Scheißtypen« in der Firma an, die die Mutter nie in Ruhe lassen, die ständig Witze reißen oder sie belästigen. Nachdem Janet beim Essenmachen geholfen hat, sagt die Mutter: »Liebes, würdest du bitte abwaschen? Ich bin einfach zu müde«, und Janet bleibt kaum noch Zeit, um ihre Hausaufgaben zu machen.

Kinder wie Janet (und es gibt viele von ihnen) werden durch *Verantwortungsüberlastung* gestreßt. Das Problem ist nicht nur, daß Janet eine Menge Arbeit abverlangt wird; die meisten Kinder wären wahrscheinlich in der Lage, mehr zu tun, als heutzutage von ihnen verlangt wird. Früher arbeiteten die Kinder der Einwanderer lange und hart, und es wurden trotzdem tüchtige, leistungsfähige und gesunde Erwachsene aus ihnen. In Janets Fall liegt der eigentliche Streß nicht in der Arbeit, sondern in der Verantwortung. Janet fühlt sich verantwortlich für ihre kleine Schwester, für die Mutter und für das Haus. Das ist es, was die hart arbeitenden Kinder von heute von den Einwandererkindern früherer Zeiten unterscheidet. In den Einwandererfamilien gab es normalerweise eine Mutter und einen Vater, so daß die Kinder keine *elterlichen* Verantwortungen übernehmen mußten. Aber die Kinder von alleinerziehenden Eltern müssen genau das tun. Diese Verantwortung ist eine schwere Last für Kinder und zwingt sie dazu, wieder und wieder ihre Energiereserven anzuzapfen.

Peter ist ein vierjähriger Junge. Sein Vater und seine Mutter sind beide berufstätig; Peter kommt in eine private Kindertagesstätte. Da beide Eltern früh zur Arbeit gehen müssen, übernimmt zudem eine Nachbarin die Aufgabe, Peter morgens für die Kindertagesstätte fertig zu machen; ein Mitglied einer Fahrgemeinschaft bringt ihn dann dorthin. Nachmittags liefert ihn das Mitglied der Fahrgemeinschaft wieder bei der Nachbarin ab, die sich um ihn kümmert, bis seine Eltern nach Hause kommen. Wenn er nach Hause kommt, ist Peter fast zwölf Stunden lang unterwegs gewesen und hat sich an eine Vielzahl von verschiedenen Orten (das Haus der Nachbarin, das Auto, die Kindertagestätte) und eine Vielzahl von verschiedenen Personen (die Nachbarin, das Mitglied der Fahrgemeinschaft, die Erzieherinnen) angepaßt.

Das ist eine große Adaptationsleistung für einen Vierjährigen, und er muß seine Energiereserven angreifen, um die Situation bewältigen zu können. Ist es wirklich überraschend, daß er im Kindergarten weinerlich ist, daß er kein Interesse daran hat, mit anderen Kindern zu spielen, und daß er manchmal nur dasitzt und ins Leere starrt, während er zwei Bauklötze wieder und wieder hin- und herbewegt? Offensichtlich sind Peters Energiereserven so gut wie erschöpft. Er leidet an einer Überlastung, die durch den ständigen *Wechsel* hervorgerufen wird.

Es gibt auch eine *emotionale* Überlastung. Wenn die Kinder zum Beispiel hören, wie sich die Eltern streiten, sind sie bestürzt und durcheinander, und zwar nicht nur wegen der negativen Emotionen, die sie spüren, sondern auch wegen dem, was gesagt wird. Drohungen, die dem Ehepartner im Zorn gemacht werden, prägen sich oft in der Psyche des Kindes ein, selbst wenn es die Bedeutung der Worte nicht wirklich verstehen kann. Ein Vierjähriger fragte einmal seinen Vater, nachdem er einen besonders heftigen Streit mit angehört hatte: »Willst du dir wirklich eine Arbeit im Westen suchen und eine Frau finden, die einen Mann zu schätzen weiß, der jeden Monat das Geld mit nach Hause bringt?« Das Kind kannte die Drohung auswendig, es trug sie mit sich herum, eine ständige Quelle des Stresses.

Natürlich haben Eltern sich immer gestritten und natürlich haben Kinder diese Streitigkeiten immer mit angehört. Aber heute geschieht das viel häufiger, da die Eltern ermutigt werden, »alles rauszulassen«; es gibt sogar Leitfäden, nach denen Paare lernen können, sich auf konstruktive Art zu streiten, zum Beispiel George Bachs Buch *The Intimate Enemy.*[9] Zudem arbeiten mehr und mehr Menschen im Dienstleistungsbereich oder in Angestelltenberufen, so daß es heute vielen Menschen nicht mehr möglich ist, den »Dampf«, der durch die Arbeit erzeugt wird, durch körperliche Arbeit »abzulassen« (wie der altmodische Ausdruck für die Streßreaktion lautet). Im Gegensatz zu dem Arbeiter hat der Angestellte kein physisches Ventil für den Streß, und so kommt er oft »geladen« nach Hause. Streitigkeiten und Gezänk zwischen den Eltern stressen die Kinder; die Kinder werden mit Ängsten und Befürchtungen überladen, für die sie kein Ventil haben.

Emotionale Überlastung wird auch durch Trennungen jeglicher Art hervorgerufen — bei einem Babysitter gelassen zu werden, in den Kindergarten oder in die Schule zu gehen, in ein Ferienlager, die Geschäftsreise des Vaters oder der Mutter, Scheidung oder Tod. All das bedeutet Streß. Trennungen sind ein normaler und gesunder Bestandteil des Erwachsenwerdens; keinem Kind kann der Schmerz der Trennung erspart bleiben, und das wäre auch nicht erstrebenswert. Aber zu viele Trennungen können ein Kind überlasten und dazu führen, daß es Symptome der Streßkrankheit zeigt. Es sind nicht Trennungen an sich, sondern zu viele Trennungen, die zu früh kommen; sie sind stressend und schädlich für Kinder.

Heute erleben Kinder Trennungen am häufigsten durch die Scheidung der Eltern. Eine Scheidung hetzt Kinder, weil sie dadurch gezwungen werden, sich mit Trennungen auseinanderzusetzen, die normalerweise erst in der Adoleszenz oder im frühen Erwachsenenalter dran wären. Scheidungen und Trennungen sind schmerzhaft für Kinder, sogar wenn die Eltern sich Mühe geben, die Kinder auf den Bruch vorzubereiten; auch wenn sie in Fragen der Kindererziehung kooperieren und die Kinder nicht als Waffen gegeneinander gebrauchen. Obwohl Kinder unter diesen Umständen normalerweise ganz gut mit der Situation umgehen können, gibt es doch immer Schmerz und Verwirrung.

Wenn die Trennung nicht gut gehandhabt wird, ist der Streß für die Kinder erheblich. Sie kann den Umzug in ein neues Haus oder eine neue Wohnung mit sich bringen, neue Freunde oder eine neue Schule bedeuten. Zudem kann sich die wirtschaftliche Situation der Familie drastisch ändern, es ist viel weniger Geld zum Ausgeben da; die Kinder müssen neue Verpflichtungen übernehmen, sich mehr um den Haushalt kümmern und mehr für sich selbst sorgen. Und das Kind fühlt sich zwischen der Mutter und dem Vater hin- und hergerissen, die beide versuchen, das Kind für sich zu gewinnen. Der Verlust des Glaubens, daß die Welt ein guter und beständiger Ort ist, daß die Familie, die Hauptsicherheitsquelle des Kindes, immer da sein wird: das ist der eigentliche Verlust der Unschuld.

Der Streß, den eine Trennung vom Vater bedeutet (die Mutter erhält in den meisten Fällen das Sorgerecht), ist erst in den letzten 15 Jahren voll gewürdigt worden. So empörend das auch erscheinen mag, aber früher wurde angenommen, daß die Abwesenheit des Vaters keinen Streß für die Kinder bedeutet, daß Väter für die Erziehung der Kinder nicht wirklich wichtig seien. In einem Report der Weltgesundheitsorganisation schrieb der Kinderpsychiater John Bowlby 1951 – der erste, der betonte, daß der Streß der Trennung von einer geliebten Person ein ernstzunehmendes Gesundheitsrisiko mit sich bringe –, daß der

Vater »keine direkte Bedeutung für das Kleinkind habe, daß er aber durch den finanziellen Unterhalt der Familie und durch seine emotionale Unterstützung der Mutter von indirektem Wert« sei.[10] Sogar Margaret Mead drückte mit ihrer Spöttelei, daß »ein Vater eine biologische Notwendigkeit, aber eine soziale Nebensächlichkeit« sei, die gleiche Einstellung aus.

Diese Einstellung gegenüber Vätern wurde in Comicserien, wie zum Beispiel »Blondie«, widergespiegelt; Dagwood Bummstead erlebte seine Abenteuer mit seiner Badewanne, seinem Chef, seinem Nachbarn oder mit Vertretern. Er hatte selten etwas mit seinen Kindern zu tun. Normalerweise trat Blondie dazwischen. Und das einzige Kind, mit dem er zusammentraf, ein Zeitungsjunge, behielt bei Auseinandersetzungen oft die Oberhand.

In den letzten Jahren ist jedoch deutlich geworden, wie sehr sogar Kleinkinder an ihren Vätern hängen. Diese Bindung ist für eine gesunde Entwicklung des Kindes wichtig. Natürlich beschäftigen sich die Väter heutzutage mehr mit ihren Kindern als es die Väter früher getan haben, und sie fühlen sich in der Rolle des Erziehers wohler. Aber sie waren wahrscheinlich immer wichtiger für Kinder als früher angenommen wurde. Die Trennung vom Vater als Folge einer Scheidung ist eine emotionale Überlastung und ein wesentlicher Stressor für Kinder.

Die Macht der elterlichen Trennung als Stressor wird ebenso durch die Tatsache deutlich, daß auch Kinder, deren Eltern nicht geschieden sind, allein durch die bloße Möglichkeit einer Scheidung gestreßt werden — weil Scheidungen so häufig sind. Die folgende Unterhaltung belegt diese Besorgnis:

»Papa, wann laßt ihr euch scheiden, Mami und du?«

Als ich ihn vor kurzem zur Schule fuhr, stellte mein fünfjähriger Sohn mir unbekümmert diese Frage. Die Frage verblüffte mich und ich geriet etwas in Panik; ich überlegte verzweifelt, ob Ann und ich uns in letzter Zeit oft gestritten hatten.

»Was willst du damit sagen?« fragte ich, mit dem zuckersüßen fürsorglichen Tonfall, mit dem Erwachsene oft mit Kindern reden. »Wir haben uns nicht mal gestritten, oder?«

»Nein«, gab er fröhlich zu. »Aber alle lassen sich scheiden.«

»Nein, nein, nicht alle«, sagte ich. »Viele Mütter und Väter bleiben ihr Leben lang verheiratet.«

»Ja? Und was ist mit Jason? Und Tommy? Und Lisa?« Er rasselte die Namen von ungefähr einem Dutzend seiner Freunde und Klassenkameraden herunter, die alle geschiedene Eltern hatten. »Und was ist mit Oma und Opa. Die sind auch geschieden, oder?«

»Nun, ja.« Ich stand dem Kreuzfeuer, das Kinder oft auf Erwachsene eröffnen, hilflos gegenüber. »Aber deine Mutter und dein Vater werden sich niemals scheiden lassen. Also mach dir keine Sorgen.«

»In Ordnung.« Er war zufrieden und wandte sich dringenderen Problemen zu. »Können wir heute abend bei McDonald's essen?«[11]

Scheidung und die Gefahr einer Scheidung sind nicht die einzigen Trennungsängste, mit denen Kinder fertig werden müssen. Die neue Flugtechnik hat eine Gattung von reisenden Geschäftsmännern und -frauen geschaffen, die ebensoviel Zeit auf Reisen verbringen wie zu Hause. Die folgende Anekdote illustriert den Streß, den diese Trennungen hervorrufen können:

Es ist Marks siebter Geburtstag. Seine Schulfreunde sind alle zum Essen eingeladen, und die Zeit ist gekommen, die Kerzen auszupusten, den Kuchen anzuschneiden und die Geschenke zu öffnen. Gelächter und fröhlicher Lärm erfüllt den Raum. Ein paar der Eltern von Marks Freunden sind da, und ihre Gesichter strahlen vor Glück. Einer jedoch glänzt durch Abwesenheit: Marks Vater. Er ist auf einer Geschäftsreise, 1500 km entfernt.

Marks Vater, Vizepräsident einer Unternehmensberatungsfirma, verbringt fast ein Drittel seines Lebens auf Reisen. Immer wenn die Familie zusammensein sollte — im Urlaub, bei Schulaufführungen, an Geburtstagen, bei Sportfesten —, ist der Vater höchstwahrscheinlich woanders: in einem Hotelzimmer, in einer Konferenz oder in einem Taxi.[12]

Die Trennung von den Eltern, ob sie nun durch eine Scheidung oder durch Geschäftsreisen hervorgerufen wird — ebenso auch eine eingebildete Trennung —, kann Kinder durch Leid, Ängste (daß die Eltern nie zurückkommen werden) und Furcht (vielleicht war es die Schuld des Kindes, daß die Eltern gegangen sind) emotional überlasten. Eltern sind für ihre Kinder die wichtigsten Menschen auf der Welt, und eine Trennung ist ein bedeutsamer Stressor.

Die Schulen überfordern die Kinder heutzutage nicht nur durch den vertrauten Streß des Konkurrenzkampfes um die besten Noten. Zum Beispiel gibt es in den Schulen viel mehr Diebstähle und Gewalt als jemals zuvor. Außerdem neigen diese Institutionen dazu, die Kinder in Stereotype zu verwandeln und ihnen falsche Erwartungen aufzuzwingen. Schließlich werden die Schüler zunehmend in einer Umgebung unterrichtet, die ein effektives Leben erschwert. Diese Merkmale des Schulwesens zwingen Kinder dazu, sich schon früh mit Problemen und Unzulänglichkeiten auseinanderzusetzen, für die sie zu jung sind.

Vor kurzem unterhielt ich mich mit einem Sechskläßler aus dem wohlhabenden Vorort Lexington in Massachusetts. Ich war neugierig, ob er sich darauf freute, in die weiterführende Schule zu kommen, oder nicht. Obwohl er ein guter Schüler war und bei seinen Klassenkameraden beliebt, schien er nicht sehr begeistert über diese Aussicht zu sein. Ich fragte mich, ob es daran liegen konnte, daß er dann nicht länger mit seinen Freunden zusammensein würde, oder ob er zu den jüngsten Schülern an der Schule gehören würde (den am wenigsten angesehenen). Aber er begründete seinen Mangel an Enthusiasmus auf völlig unerwartete Weise: »Ich möchte nicht zusammengeschlagen werden.«

Was diesem Jungen und vielen seiner Freunde Angst machte, waren die Drogensüchtigen, die sich an der Schule herumtreiben sollten. Unter den Jugendlichen kursierten Geschichten von Schülern, die aufgehalten oder zusammengeschlagen worden waren; dies führt ironischerweise zu einer Angst der Jugendlichen, zu schnell erwachsen zu werden, wo doch der Druck der Gesellschaft die Jugendlichen gerade in diese Richtung drängt. Unglücklicherweise sind diese Ängste nicht unbegründet; zu viele Teenager mußten feststellen, daß es gefährlich ist, ein Fahrrad nicht abzuschließen oder eine Uhr oder ein Kleidungsstück unbewacht herumliegen zu lassen.

David Owen, ein Journalist, der sich an der Bingham High School als Schüler ausgab, einer Schule, die hauptsächlich Schüler aus der Arbeiterklasse und der Mittelschicht aufnimmt, berichtet von folgender Bemerkung, die ein Schüler über die »Rowdys« an der Schule machte.

»Die sind *wirklich* hart«, sagte Bill. »Sie treten nach dir, wenn du ihnen im Weg stehst.«

Der Journalist Owen schrieb: »Es dauert lange, bis wir zu unserem Mittagessen kommen, weil Bill Angst vor den Rowdys hat. Auf dem Weg zur Cafeteria stehen sie, und Bill will kein Risiko eingehen. Die meisten der Rowdys sind über 1,80 m groß und wiegen 90 Kilo. Alle haben Lederjacken an und tragen schwere Motorradstiefel. Sie haben riesige schwarze Lederbrieftaschen, die mit Ketten an ihre Gürtel gebunden sind. Nicht gerade die Leute, die dir eine Mark für eine Tasse Kakao leihen würden.«[13]

Es gibt keine verläßlichen Statistiken über das Ausmaß der Gewalt oder der Diebstähle unter den Schülern, aber die Statistiken über die Lehrer sind alarmierend. Wenn Jugendliche keine Angst davor haben, Lehrer anzugreifen oder sie zu bestehlen, werden sie sicherlich keine Bedenken haben, Mitschüler anzugreifen oder zu bestehlen. Nach Angaben der »National Education Association« (NEA) nehmen tätliche Angriffe auf Lehrer zu, ebenso wie Diebstahl und Vandalismus.

Laut einer Studie der NEA von 1979 wurden während des Schuljahres 1978/79 circa 110000 Lehrer – einer von zwanzig – tätlich von Schülern auf dem Schulgelände angegriffen. Weitere 10000 wurden außerhalb des Schulgeländes von Schülern angegriffen. Das sind 57 Prozent mehr als 1977/78. Ungefähr 11500 der angegriffenen Lehrer mußten sich in ärztliche Behandlung begeben und circa 9000 erlitten ein seelisches Trauma.

Zehn Prozent aller Opfer gingen davon aus, daß sie in naher Zukunft erneut angegriffen werden würden. Diese Befürchtung wurde von Lehrern im Nordosten des Landes und aus sehr großen Schulkomplexen häufiger geäußert. Zudem berichtete etwa ein Viertel der Angegriffenen, daß ihnen 1978 persönliches Eigentum gestohlen worden war, und ungefähr der gleiche Prozentsatz sagte aus, daß persönliches Eigentum in der Schule beschädigt worden war.[14]

Kinder sind diesen tätlichen Angriffen und Diebstählen mindestens ebensosehr ausgesetzt wie Lehrer. In Cambridge in Massachusetts kam ein schwarzer Schüler nach einer Serie von eskalierenden Auseinandersetzungen ums Leben. In vielen höheren Schulen werden heutzutage Filmsafes eingesetzt, wie die auf Flughäfen, um sicherzustellen, daß Schüler die Klassenräume nicht mit versteckten Waffen betreten. Und diese Probleme treten nicht nur in den großen Städten auf, sondern auch in wohlhabenden Villenvierteln und in Kleinstädten.

All das führt dazu, daß Kinder und Jugendliche von

ihren Schulen in eine Haltung von Vorsicht und Angst hineingedrängt werden, die in einer Schule, wo die Hauptenergie der Kinder auf das Lernen gerichtet sein sollte, nichts zu suchen hat. Die Bildungsreform hat das Ausmaß von Gewalt und Verbrechen an den Schulen völlig außer acht gelassen. Könnte es nicht sein, daß zumindest ein Teil des Schulversagens auf eine Flucht vor Verletzungen zurückzuführen ist?

Auch hetzen und stressen die Schulen Kinder, wenn das Denken der Lehrer und Schulbehörden von *Stereotypen* und *falschen Erwartungen* bestimmt wird, so daß die Kinder auf bestimmte Verhaltensmuster und Gedankengänge festgelegt werden, die dem Kind selbst oft völlig fremd sind. Besonders häufig kommt das bei Kindern von geschiedenen Eltern vor, die einen steigenden Anteil der Gesamtschülerzahl ausmachen.

Zum Beispiel nehmen Lehrer häufig an, daß ein Kind, dessen Eltern geschieden worden sind, zwangsläufig Probleme haben muß. Und jede Schwierigkeit, die das Kind tatsächlich hat, wird augenblicklich auf dieses Familienproblem zurückgeführt, ohne andere Möglichkeiten auch nur in Betracht zu ziehen.

John Orth, der Direktor der Oak Terrace High School in Highwood, Illinois, schreibt dazu:

Wenn eine Familie sich in einer Krise befindet, kann die Schule viel tun, um zu helfen, ohne die traditionellen Vorrechte der Eltern anzutasten ... Das Wichtigste dabei ist gleichzeitig das Grundlegende: Wir müssen unsere eigene Haltung überprüfen und daran denken, wie diese bei den Kindern in unserer Obhut ankommt. Haben wir Vorurteile gegenüber Trennung und Scheidung? Nehmen wir

automatisch das Schlimmste an, wenn wir hören, daß die
Eltern eines Kindes sich getrennt haben? Achten wir auf
die oft sehr subtilen Zeichen, die auf wirkliche Verstört-
heit und wirklichen Streß bei einem Kind hinweisen?
Erkennen wir die Stärke und die Unabhängigkeit an, die
viele Kinder entwickeln, wenn sie lernen, mit dieser Ver-
störtheit und diesem Streß fertigzuwerden?[15]

Auch hetzen die Schulen die Kinder, wenn sie sie zu
schnell und zu früh abstempeln, und zwar eher aus ver-
waltungstechnischen denn aus pädagogischen Gründen. Manchmal ist diese Abstempelung und die
Folgen, die sie für die betroffenen Kinder hat, fast kri-
minell. Viele Kleinkinder werden zum Beispiel als
lernbehindert oder als zurückgeblieben eingestuft,
während es in Wirklichkeit vielleicht so ist, daß sie
schlecht hören oder schlecht sehen können; oder sie
kommen aus einer zweisprachigen Familie und ihre
Englischkenntnisse sind begrenzt. Es ist viel leichter
für die Lehrer und die Verwaltung, diese Kinder als
lernbehindert einzustufen und sie an Sonderschulen
zu überweisen, als sich selbst mit ihren speziellen
Bedürfnissen auseinanderzusetzen.

Unsere Sprache ist in dieser Beziehung nur eine
geringe Hilfe, weil sie die eigentliche Reihenfolge der
Dinge umkehrt und das Adjektiv vor das Substantiv
setzt — ein zurückgebliebenes Kind, nicht ein Kind,
das zurückgeblieben ist. Früh gebrandmarkt und in
besondere Schulen gesteckt, denken sich viele Kinder:
»Wenn sie mich so nennen, werde ich auch so sein.«
Und sie werden zu dem, was sie angeblich schon sind:
zurückgeblieben, lernbehindert, wie immer man es
nennen will.

Der Autor Leslie A. Hart beschreibt noch weitere Arten, in der Schulen Kinder hetzen:

- *Die Klassenräume haben die falsche Größe für alles außer Auswendiglernen. Sie sind zu klein für Filmvorführungen, Vorträge und Besucher, sie sind zu groß für Diskussionen, Projekte und ähnliches ...*
- *Im Verlauf eines Schultages kommt es zu Tausenden von Ereignissen und Interaktionen. Selten dauert eine einzelne Aktivität eines Lehrers länger als zwei Minuten. Disziplinarmaßnahmen nehmen gelegentlich mehr Zeit in Anspruch als der Unterricht. Selten kann ein Lehrer sich länger als dreißig Sekunden lang mit einem einzelnen Schüler beschäftigen. In Wirklichkeit ist die Individualisierung des Unterrichts, über die so viel geredet wird, nur eine Fiktion. Es kann schon Individualisierung genannt werden, wenn das Kind einfach in eine andere Gruppe kommt.*
- *Für den eigentlichen Unterricht bleibt in der Schule nur wenig Zeit. Die Zeit, die tatsächlich für den Unterricht verwendet wird, wird durch Verwaltungsaufgaben, sinnlose Geschäftigkeit, Warterei, das Verlassen und Betreten von Klassenräumen und andere Zerstreuungen auf etwa neunzig Minuten am Tag reduziert ... Ein Lehrer wird sich pro Schüler durchschnittlich sechs Stunden im Jahr mit dem einzelnen Schüler beschäftigen.*
- *Um »den Stoff durchzunehmen«, sind die Lehrer auf die Mitarbeit von Schülern angewiesen, die dazu fähig und bereit sind; so beschäftigen sich die Lehrer mit circa einem Drittel der Klasse, während diejenigen, die am dringendsten unterrichtet werden müßten, die aber schon in den ersten Wochen eines Schulhalbjahres als*

Versager abgeschrieben worden sind, ignoriert werden. Ein hoher Prozentsatz von Versagern wird erwartet und hingenommen.[16]

Solche Praktiken hetzen Kinder sowohl im wörtlichen als auch im übertragenen Sinn. Sie hetzen Kinder, indem sie sie von einem Fach zum anderen und von einer Aktivität zur nächsten jagen. Die Kinder haben daher nie das Gefühl, etwas zum Abschluß gebracht zu haben, und das ist stressend. Kinder, die in der Schule etwas lernen, lernen eher trotz als wegen der Unterrichtsmethoden. Diese Praktiken hetzen die Kinder im übertragenen Sinn, weil sie in eine erwachsene resignative Haltung gegenüber den Unzulänglichkeiten, der Starrheit und der Unveränderbarkeit des »Systems« hineingedrängt werden.

Die Schule kann die Kinder auch belasten, weil sie so langweilig und öde ist. Sinnlose, sich endlos wiederholende Arbeit ist einer der Streßfaktoren, die bei Erwachsenen zu einem beruflichen Ausgebranntsein führen. Langeweile kann manchmal sehr viel anstrengender sein als Aufregungen. Ein Mensch, der sich langweilt, fühlt sich unglücklich und gefangen, und das löst die Streßreaktion aus. Aber Menschen in solchen Berufen haben kein Sicherheitsventil für diese Reaktion, und so werden sie müde, unaufmerksam und nachlässig. Im Endeffekt kündigen viele oder verlieren ihre Arbeit.

Für viele Kinder und Jugendliche ist die Schule langweilig und sinnlos. In dieser Hinsicht hetzen Schulen die Kinder, indem sie sie vorzeitig in die langweilige Routinearbeit vieler Erwachsener hineindrängen. Eine sensible Beschreibung dieser schulischen Langeweile und des daraus entstehenden Stresses gab ein junger Mann Namens Bobby Hardwicke in einem Interview mit Thomas Cottle zu Protokoll. Bobby besucht eine Privatschule in einem der Vororte von Hartford, Connecticut; seine Eltern sind Akademiker. Er sagt:

Niemand erkennt, was Leute wie ich durchmachen müssen. Die meisten Leute würden sagen, daß das Leben eines Teenagers traumhaft schön ist. Jeder, mit dem ich spreche, will am liebsten wieder jung sein; das ist eine der Krankheiten unserer Kultur. Darüber haben wir oft in der Schule diskutiert. Niemand sieht uns, wie wir wirklich sind. Zunächst einmal: Teenager, oder wie immer ihr uns nennen wollt, sind Menschen. Wirkliche, lebende Menschen. Ich weiß, das klingt seltsam, aber ich werde oft wie ein Ding behandelt. In Geschäften oder beim Postamt bin ich der Sohn von dem, der Klassenkamerad von dem und dem, der Schüler von dem und dem.

Ich werde zur Universität gehen, obwohl ich jetzt glaube, daß es am besten für mich wäre, ein Jahr auszusetzen und irgendwo zu arbeiten. Ich habe noch nie gearbeitet — nicht richtig, meine ich. Ich habe nichts getan, das auch nur das Geringste bedeutet. In Ordnung, ich habe zwei Jahre lang Latein gelernt. Ich habe Einsen. Ich habe eine Eins in Geschichte, in europäischer Geschichte. Ich habe mich also gut gemacht, aber ich glaube, das könnte jeder, der sich nur halbwegs gut ausdrücken kann. Unsere Klassen sind klein, und wir schreiben nicht so viele Klassenarbeiten, also braucht man nur gut reden zu können. »Ich kann gut reden, Mrs. Arnold, also kann ich jetzt meine Eins haben?«

Wissen Sie, was ich nach all dem Lernen und dem schö-
nen Reden wirklich gern tun würde? Tischlern. Ich
würde gern ein Haus bauen oder eine Veranda reparie-
ren. Wissen Sie, was das Problem ist? Auf so eine Schule
zu gehen kostet eine Menge Geld, eine ganze Menge
Geld, und es kommt nur darauf an, gut in der Schule zu
sein, damit man auf eine gute Universität gehen kann.
Weil das an sich nichts bedeutet, fragst du dich: »Was soll
das alles? Was für einen Sinn soll das haben?« Und die
Antwort ist, es hat keinen Sinn. Ein Kurs ist nur dazu da,
um in den nächsten zu kommen und dann wieder in den
nächsten, und keiner von ihnen ist wichtig, bis du sie alle
geschafft hast. Dann blickst du zurück und sagst dir:
»Gut, ich habe es geschafft, ich habe bestanden, und
sonst?« Die Schule ist nur dazu da, um die Zeit totzu-
schlagen. Sie ist eine Erfindung, die die Kinder davon
abhalten soll, etwas zu werden.«[17]

Die Schule kann die Kinder stressen, indem sie sie
dazu zwingt, mit der Bedrohung von Gewalt und Verbrechen fertigzuwerden, indem sie sie in stereotype
Rollen und Haltungen und in langweilige, endlose,
sinnlose Aktivitäten hetzt. Schulen verstärken also oft
eher den Streß, dem Kinder in unserer heutigen
Gesellschaft ausgesetzt sind, als ihn zu vermindern.

DIE MEDIEN UND STRESS

Wie wir gesehen haben, hetzen die Medien die Kinder
auf zwei verschiedene Arten; sie vermitteln den Kindern zu schnell zu viele Informationen, und sie geben
ihnen Informationen, die zu komplex oder zu abstrakt

sind, um von ihnen verstanden werden zu können. Die erste Art des Hetzens führt zu dem Streß der *Informationsüberlastung,* die zweite zu dem Streß der *emotionalen Überlastung.*

Normalerweise haben Kinder Mittel und Wege, um einer Informationsüberlastung zu entgehen. Zum Beispiel habe ich einmal meine drei Söhne, die damals vier, sechs und neun Jahre alt waren, in einen Zirkus mit drei Manegen mitgenommen. Ich hatte gute Plätze besorgt, da ich mich noch an mein Entzücken über den Zirkus in meiner Kindheit erinnerte. Aber als die Vorstellung begann, war ich bestürzt, weil die Jungen nicht zusahen. »Guckt mal, die Dame im rosa Kleid auf dem Elefanten«, sagte ich. Oder: »Seht mal, der Mann mit dem Motorrad auf dem Drahtseil.« Aber die Jungen interessierten sich nur für eins, nämlich für den Mann, der heiße Würstchen, Erdnüsse und Zuckerwatte verkaufte. Meine Jungen schienen das Essen aufregender zu finden als die Vorstellung. Ich sagte mir, daß ich meine Lektion gelernt hatte – so etwas würde ich nie wieder tun.

Einige Wochen später jedoch begannen die Jungen beim Essen spontan über den Zirkus zu reden, sehr zu meiner Überraschung. »Habt ihr die Dame in dem rosa Kleid auf dem Elefanten gesehen?« rief Ricky aus. »Wie hat sie es bloß geschafft, auf einem Bein oben stehen zu bleiben?« Und Bobby erwiderte: »Ja, und dieser Typ auf dem Motorrad auf dem Drahtseil war auch gut, ich würde das auch gern mal versuchen.« Und so ging es weiter. Die Jungen hatten Freude am Zirkus gehabt, aber es waren zu viele Informationen auf einmal gewesen; sie hatten Zeit gebraucht, um alles zu verdauen.

Insbesondere das Fernsehen erlaubt es nicht, die Informationsüberlastung in Ruhe zu verarbeiten. Kinder sehen jeden Tag fern, und so bleibt wenig Zeit zum Nachdenken über das Gesehene. Und weil man zu Hause und mit anderen zusammen fernsehen kann, ist das Fernsehen eine alltäglichere Erfahrung als die lange geplante Erfahrung des Zirkusbesuchs. Kinder versuchen, mit der Überlastung umzugehen, indem sie den Fernseher ein- und ausstellen oder indem sie das Fernsehen im Hintergrund laufen lassen, während sie spielen, Hausaufgaben machen oder Gitarre spielen.

Folglich ist es wahrscheinlich die Allgegenwärtigkeit des Fernsehens als Informationsvermittler, die ebenso stressend oder noch stressender ist als der Informationsgehalt. Das Fernsehen zwingt die Kinder zur ständigen Anpassung, und es hemmt die Informationsverarbeitung.

Folglich weiß das Fernsehkind sehr viel mehr, als es jemals verstehen kann. In dieser Diskrepanz zwischen den Informationen, die die Kinder aufnehmen, und den Informationen, die sie verarbeiten können, liegt der hauptsächliche Streß des Fernsehens.

Vielleicht schreibt Marshall McLuhan deshalb: »Die Fernsehgeneration ist ein verbissener Haufen. Die heutigen Kinder sind sehr viel ernsthafter als es Kinder je zuvor waren; früher waren sie leichtfertiger, lustiger. Das Fernsehkind ist ernster und pflichtbewußter.«[18]

In gewisser Weise arbeiten Kinder mehr und spielen weniger, da sie sich ständig an die Informationen, die das Fernsehen liefert, anpassen müssen. Und das Spiel ist, wie wir sehen werden, ein wichtiges Ventil für Streß. Das Fernsehen drängt die Kinder auch, indem es sie der Zeit zum Spielen beraubt, die sie brauchen, um Streß abzubauen.

Manchmal kann die Konfrontation mit schwierigen Vorstellungen und Ideen intellektuell stimulierend für Kinder sein. Aber vieles im Fernsehen, und manches in Büchern und Kinofilmen, ist verwirrend für Kinder, ohne sie intellektuell anzuregen. Ein großer Teil des sexuellen und gewalttätigen Stoffes kann Kinder verstören.

Kinder sind sich noch nicht völlig sicher, wer sie sind, was ihre sozialen Rollen sind. Sogar Teenager sind noch nicht völlig sicher im Umgang mit ihrer Sexualität oder mit ihren Gefühlen von Zorn und Feindschaft. Wenn Kinder Wutausbrüche, Vergewaltigungen oder Gewalttätigkeiten im Fernsehen sehen, ist das stressend, weil Erwachsene gezeigt werden, die keine Kontrolle über die Impulse haben, die der junge Mensch gerade zu beherrschen sucht.

Es geht hier nicht um Nachahmung der Gewalt auf dem Bildschirm, sondern um emotionale Reife. Erwachsene, die erhebliche Erfahrungen im Umgang mit ihren Emotionen und Impulsen gewonnen haben, können normalerweise Menschen, die die Kontrolle über sich verloren haben, mit einiger Distanz betrachten. Aber sogar auf Erwachsene kann der Verlust der Selbstkontrolle bedrohlich wirken. Für Kinder, die ihre Kontrollen eben erst entwickeln, kann die Beobachtung von Erwachsenen, die die Selbstkontrolle verlieren oder die sich von der Norm abweichend verhalten, ein starker Stressor sein, da dadurch die Möglichkeit angedeutet wird, daß es den Kindern ebenso ergehen könnte.

Die Medien stressen Kinder, indem sie ihnen zu schnell zu viele Informationen geben und indem sie ihnen Informationen zur Verfügung stellen, für die die Kinder weder intellektuell noch emotional bereit sind.

Ein Stresstest für Kinder

Kinder werden also durch eine Vielzahl von Faktoren gestreßt — einige dieser Fakten sind positiv, andere sind hilfreich und viele sind negativ. Wie bei den zahlreichen Streßtests für Erwachsene können wir auch das Streßniveau eines Kindes bestimmen, indem wir die Stressoren mit Punkten bewerten. In der folgenden Tabelle wird ein geschätzter Wert der Auswirkung, die verschiedene Änderungen im Leben des Kindes, die es stressen und hetzen können, angegeben. Zählen Sie die Punktzahl all der Posten, die auf Ihr Kind zutreffen, zusammen. Die durchschnittliche Streßbelastung eines Kindes liegt bei unter 150 Punkten. Wenn die Punktzahl Ihres Kindes zwischen 150 und 300 liegt, ist es möglich, daß das Kind einige Streßsymptome zeigt. Wenn die Punktzahl Ihres Kindes bei über 300 liegt, ist es sehr wahrscheinlich, daß es zu ernsten Verhaltensstörungen und/oder zu gesundheitlichen Schäden kommt.[19]

	Punktzahl
Ein Elternteil stirbt	100
Die Eltern lassen sich scheiden	73
Die Eltern trennen sich	65
Ein Elternteil ist viel auf Geschäftsreisen	63
Ein enges Familienmitglied stirbt	63
Das Kind erkrankt oder verletzt sich	53
Ein Elternteil heiratet wieder	50
Ein Elternteil wird arbeitslos	47
Die Eltern versöhnen sich	45
Die Mutter wird berufstätig	45
Ein Familienmitglied erkrankt	44
Die Mutter wird schwanger	40
Schulschwierigkeiten	39
Geburt eines Geschwisterkindes	39
Wechsel in der Schule (neue Lehrer oder neue Klasse)	39
Änderung der finanziellen Lage der Familie	38
Verletzung oder Krankheit eines engen Freundes	37
Das Kind beginnt mit einer neuen außerschulischen Aktivität (Musikunterricht, geht zu den Pfadfindern)	36
Gewalt in der Schule	31
Diebstahl persönlichen Eigentums	30
Änderung der Haushaltspflichten des Kindes	29
Der ältere Bruder oder die ältere Schwester zieht aus	29
Ärger mit den Großeltern	29

KAPITEL 8

WIE KINDER AUF STRESS REAGIEREN

Wie Kinder auf chronischen Streß reagieren, hängt von vielen verschiedenen Faktoren ab, unter anderem davon, wie das Kind die Streßsituation wahrnimmt, wie stark der Streß ist, ob dem Kind wirksame Bewältigungsmechanismen zur Verfügung stehen. Wie Kinder auf chronischen Streß reagieren, hängt also teilweise von der Persönlichkeit des Kindes ab. »Kochendes Wasser härtet das Ei, aber macht die Karotte weich«; das ist nur eine der vielen Arten zu sagen, daß der Streß, der einen Menschen fertigmachen kann, nur die Entschlossenheit eines anderen verstärkt.

Es ist nicht immer leicht vorherzusagen, wie ein bestimmtes Kind auf Streß reagieren wird. Manche Kinder überraschen einen. Ich habe erlebt, wie aus einem ziemlich klammernden, abhängigen Jungen ein unabhängiges und selbstgenügsames Kind wurde. Und ein anderer Junge wurde gut mit allem fertig, obwohl seine Mutter die Familie verlassen hatte und sein Vater Alkoholiker war. Aber als dieser Junge beim Austragen der Zeitungen von einigen anderen Jungen überfallen wurde, bekam er einen hysterischen Anfall und mußte psychiatrisch behandelt werden.

Bei einigen Kindern setzt sich chronischer Streß in das um, was Freud »frei flottierende Angst« genannt hat; das ist eine unbestimmte Angst, die nicht an eine spezielle Furcht oder Befürchtung gebunden ist. Das Kind ist unruhig, reizbar und unfähig, sich zu konzentrieren; aber es ist sich nicht sicher, was eigentlich das Problem ist. Die frei flottierende Angst ist häufig bei Kindern, deren Eltern sich gerade getrennt haben. Die Kinder wissen nicht, was sie erwartet; die frei flottierende Angst entsteht, weil die Kinder einfach nicht wissen, wovor sie Angst haben. Es folgen einige Beispiele dafür:

Fast eine Stunde lang beschwerte sich der Sechskläßler Saul ärgerlich über die unmäßigen Anforderungen, die sein Lehrer an ihn stellt. »Wie kann er von mir erwarten, daß ich so viel arbeite, wenn ich doch dauernd an die Scheidung denken muß? Es ist einfach unfair.« Saul ist eigentlich ein guter Schüler, aber jetzt ist er unfähig, seine Hausaufgaben zu machen oder sich auf Tests vorzubereiten. Als er deswegen getadelt wurde, floh er mürrisch aus dem Klassenzimmer. Hat er seinem Lehrer von seinen Problemen erzählt? »Nein«, sagt Saul, »er würde das nicht verstehen, es interessiert ihn nicht einmal, er will nur, daß ich arbeite.« Sauls verzweifelte und wütende Beschäftigung mit der Scheidung seiner Eltern hatte seine Konzentrationsfähigkeit beeinträchtigt, und alles schien auseinanderzubrechen.

Die Lehrerin der Zweitkläßlerin Carol berichtete, daß das Mädchen nach der Trennung ihrer Eltern erleichtert

wirkte, »sorgenfreier, gelöster«. Dann, nach zwei Mona-
ten, begann Carol weinerlich zu werden und ihre Klas-
senkameraden anzubetteln. »Sie ißt morgens um 10.00
Uhr ihr Mittagessen auf«, sagte die Lehrerin, »und mit-
tags bettelt sie dann um mehr Essen, weil sie alles aufge-
gessen hat.« Carol hat der Lehrerin erzählt, daß die
Schule sie nicht mehr interessiere; sie wollte auch nicht
mehr mithelfen. »Ich möchte überhaupt nichts tun«,
sagte sie ängstlich.[1]

Diese Beispiele stammen aus einer Studie, in der 131
Kinder im Alter von drei bis achtzehn Jahren, deren
Eltern sich getrennt hatten oder die sich hatten scheiden lassen, untersucht worden waren. Wie die obigen
Beispiele zeigen, erlebten mehr als 90 Prozent der Kinder die Scheidung als außerordentlichen Streß. Vor
allem beschäftigten sie zwei Dinge: Wer wird sich um
mich kümmern (mich beschützen, mir Essen geben,
mich lieben)? Werde ich weiterhin eine Beziehung zu
meinem Vater und meiner Mutter haben? Kinder aller
Altersstufen hatten das Gefühl, einer Welt gegenüber-
zustehen, die plötzlich nicht mehr verläßlich war,
einer Welt, die nicht mehr so sehr an ihren zukünfti-
gen Hoffnungen und Bedürfnissen interessiert war.
Die Beschäftigung mit der neuempfundenen Unbere-
chenbarkeit des Lebens nahm einen Großteil ihres
Denkens und ihrer Aufmerksamkeit in Anspruch.
Viele der Kinder waren traurig und sehnten sich nach
der Zeit zurück, in der die Familie noch vollständig
gewesen war. Die Zeit, die sie mit dem Elternteil, der
nicht das Sorgerecht hatte, verbringen durften,
reichte ihnen nicht aus. Die meisten Kinder hatten
den Wunsch, daß die Eltern sich wieder versöhnen

sollten, obwohl ihnen verstandesmäßig klar war, daß die Scheidung endgültig war. Ein weiteres Charakteristikum war die Zunahme aggressiven Verhaltens. Die Kinder waren reizbarer, bekamen leichter Wutanfälle und waren aggressiver gegenüber Altersgenossen und Geschwistern, als sie es vorher gewesen waren.[2]

Andere Studien belegen, daß die frei flottierende Angst, die mit dem Streß von Trennung und Scheidung verbunden ist, auch das schulische Verhalten von Kindern beeinflußt. Eine neuere großangelegte Untersuchung von fast 20 000 Kindern aller Schultypen aus dem ganzen Land kam zu dem Ergebnis, daß bestimmte allgemeine Merkmale die Kinder geschiedener Eltern von denen, die aus vollständigen Familien kamen, unterschieden.[3] Bespielsweise waren die Kinder geschiedener Eltern schlechter in der Schule, sie kamen häufiger zu spät und fehlten öfter. Auch mußten sie häufiger zum Arzt, wurden öfter disziplinarisch verwarnt und häufiger der Schule verwiesen. Diese Ergebnisse deuten die vielen verschiedenen Arten an, in der sich die frei flottierende Angst, die mit dem Streß von Trennung und Scheidung verbunden ist, bemerkbar machen kann. Jedoch ist es wichtig, im Gedächtnis zu behalten, daß diese Untersuchungsergebnisse Durchschnittswerte sind und nicht auf jedes Kind geschiedener Eltern zutreffen.

Trennung ist vielleicht die hauptsächliche Ursache der frei flottierenden Angst der Scheidungskinder, aber sie ist nicht die einzige. Auch andere mit der Scheidung verbundene Faktoren können Kinder übermäßigem Streß aussetzen und sie ängstlich und aus dem seelischen Gleichgewicht gebracht zurücklassen. Zum Beispiel wird eine steigende Anzahl von Kindern von dem Elternteil, der nicht das Sorgerecht hat, gekidnappt. Schätzungen zufolge werden jedes Jahr circa 100 000 Kinder von ihren Vätern oder Müttern entführt; nur ungefähr ein Fünftel von ihnen wird wiedergefunden. Ein entführtes Kind ist einer ungeheuren Belastung ausgesetzt. Es muß ständig umziehen, weil der Vater oder Mutter Angst hat, entdeckt zu werden, und das Kind hat so keine Möglichkeit, für längere Zeit in eine Schule zu gehen oder Freundschaften mit anderen Kindern zu schließen. Solche Kinder werden gezwungen, schnell erwachsen zu werden, und diejenigen, die schließlich wiedergefunden werden, zeigen zahlreiche Streßsymptome, normalerweise frei flottierende Angst. Der folgende Fall ist eine Illustration dieses Problems:

Im Januar 1979 wurde James Kennedy von seinem Vater gekidnappt. Im März 1981 wandte sich eine aufmerksame Lehrerin, die ein Bild von James im Ladies Home Journal *gesehen hatte, an die Polizei. Als James zu seiner Mutter zurückkehrte, war er ruhig und ängstlich, obwohl er vorher kontaktfreudig gewesen war. Es ist immer noch nicht viel über die zweieinhalb Jahre bekannt, die er bei seinem Vater zugebracht hat. Pat Kennedy, James' Mutter, weiß nur, daß er in »Florida, Massachusetts, Tennessee, Connecticut und Pennsylvania gelebt und sich für kurze Zeit in Vermont und New Hampshire aufgehalten hat. Er hat mindestens fünf oder sechs verschiedene Schulen besucht, und einmal wurde er mehrere Monate bei einem Bekannten seines Vaters zurückgelassen.«*

»Er war offensichtlich ein sehr einsamer kleiner Junge, sehr verloren«, sagt die Lehrerin, die Pat alarmiert hatte. »Einmal sah ich, wie sein Vater James am Kragen durch die Schule zerrte und ihn dann in die Klasse schleuderte, so daß er auf den Fußboden fiel. Der Junge weinte ganz schrecklich, und mir war klar, daß bei ihm zu Hause etwas nicht stimmte.«

James hat sich jetzt, da er wieder bei seiner Mutter lebt, in einen gleichmäßigeren Alltag eingelebt, aber Anzeichen für frei flottierende Angst sind immer noch festzustellen.

»Er schein ein lieber kleiner Junge zu sein, aber sein Leben ist sogar jetzt noch alles andere als normal. Er zuckt jedesmal zusammen, wenn er draußen ein Geräusch hört. Die Angst ist immer noch da ... Die Angst, wieder ergriffen und entführt zu werden.«[4]

Zudem kann diese Angst auch durch Kinofilme oder Fernsehsendungen ausgelöst werden, mit denen die Kinder emotional noch nicht fertig werden können. Frei flottierende Angst kommt auch häufig bei Kleinkindern vor, die von einem Babysitter zur Kindertagesstätte und wieder zurückgebracht werden. Diese Angst, die sich durch nervöse Unruhe, Reizbarkeit, Konzentrationsunfähigkeit und Niedergeschlagenheit ausdrückt, ist vielleicht die verbreitetste unmittelbare Reaktion von Kindern auf den Streß des Hetzens.

Und alle Anzeichen deuten auf einen starken Anstieg dieses Syndroms hin. Kinderärzte berichten, daß Kinder häufiger als früher an offensichtlich streßbedingten Krankheiten wie Magen- und Kopfschmerzen leiden. Bei Jugendlichen kann frei flottierende

Angst die Form einer Depression annehmen und mit zu einem Selbstmord beitragen. In Toronto wie auch in vielen anderen großen Städten sind die Streßreaktionen bei jungen Leuten derartig angestiegen, daß spezielle Beratungsstellen für Kinder und Jugendliche eingerichtet worden sind. Nach Ansicht der klinischen Psychologin Diane Syer, die zum Mitarbeiterstab des Krisenzentrums im East General Hospital in Toronto gehört, liegen die Ursachen für diese Entwicklung im Zerbrechen von Familien, in der Aushöhlung gesellschaftlicher Institutionen, der Religion, in der Mobilität der Menschen unserer Gesellschaft und in einem alles beherrschenden Bewußtsein, daß die Zukunft schrecklich sein wird.[5]

TYPUS-A-VERHALTEN

Es ist schon lange bekannt, daß einige Erwachsene den Streß bewältigen, indem sie ein charakteristisches Persönlichkeitsmuster ausbilden. Zu diesem Muster (Typus A) gehören Konkurrenzdenken, Leistungsdenken, Ungeduld und verbale und physische Aggressivität. Dieses Persönlichkeitsbild kann durch Fragebögen oder ein klinisches Gespräch identifiziert werden. Ein anderes Persönlichkeitsbild, Typus B, wird durch die Abwesenheit dieser Merkmale definiert. Bedeutsam dabei ist, daß Menschen, die das Typus-A-Verhaltensmuster entwickeln, doppelt so häufig einen Herzinfarkt bekommen als Menschen, die zum Typus B gehören.

In den letzten Jahren hat die Forschung das Typus-A-Verhalten auch bei Kindern festgestellt. In einer

Untersuchung stellte sich heraus, daß Typus-A-Kinder in einer Weise auf Streß reagieren, die mit der von Erwachsenen des Typus A vergleichbar ist. Wenn Typus-A-Personen, Erwachsene und Kinder, denken, daß sie die Kontrolle über eine Situation verlieren, die ihnen wirklich am Herzen liegt, versuchen sie energisch, sie zurückzugewinnen. Die beiden Persönlichkeitsbilder unterscheiden sich nicht, wenn die Situation ihrer Wahrnehmung nach unter ihrer Kontrolle ist. Die Typus-A-Merkmale werden bei der Reaktion auf einen angenommenen Verlust der Kontrolle über eine bedeutsame Situation deutlich.[6]

Die Bedeutung dieser Befunde wurde von Dr. Gerald Berenson von der Universität von Louisiana verdeutlicht, der 378 Kinder im Alter von zwei bis siebzehn Jahren aus Franklinton, Louisiana, untersucht hatte. Diese Untersuchungen waren ein Teil einer Langzeitstudie, in deren Verlauf circa 6000 bis 7000 Kinder untersucht wurden. Das Ziel der Studie war, herauszufinden, ob das Typus-A-Verhalten bei Kindern von den gleichen physiologischen Erscheinungen begleitet wurde, die bei herzinfarktgefährdeten Typus-A-Erwachsenen festzustellen sind. Und tatsächlich hatten Typus-A-Kinder einen höheren Cholesterinspiegel als Typus-B-Kinder. Die Wissenschaftler folgerten abschließend: »Es ist sehr wahrscheinlich, daß bestimmte Persönlichkeits- und Verhaltensmerkmale (Konkurrenzdenken, zuviel Essen, nervöse Unruhe) von Kindern die frühzeitige Entstehung von Erkrankungen der Herzkranzarterien und von Hypertonie mit beeinflussen.« Dr. W. B. Kannel, ein bekannter Wissenschaftler, der das Typus-A-Verhalten bei Erwachsenen untersuchte, sagte: »Die Louisiana-Studie könnte beweisen, daß sich bestimmte Verhaltensmuster, die Herzerkrankungen begünstigen, in der Kindheit durch die Ernährung, das Verhalten und andere Faktoren fest etablieren und bei Erwachsenen aufrechterhalten werden, auch wenn die Ursachen dafür längst verschwunden zu sein scheinen.[7]

Von besonderem Interesse für das Typus-A-Verhalten von Kindern ist eine Untersuchung, die die Erziehungsmethoden von Typus-A- und Typus-B-Müttern mit ihren Typus-A- und Typus-B-Söhnen in Verbindung brachte. Die Psychologin Karen Matthews von der Universität von Pittsburgh schreibt dazu:

Es stellte sich heraus, daß Typus-A-Jungen anders behandelt wurden als Typus-B-Jungen. Typisch war, daß sowohl Typus-A-Mütter als auch Typus-B-Mütter die Leistungen von Typus-A-Jungen weniger positiv bewerteten als die Leistungen von Typus-B-Jungen. Und Typus-A-Jungen wurden stärker angetrieben, mehr zu leisten, als Typus-B-Jungen, insbesondere von Typus-B-Müttern. Ein Beispiel dafür: »Das hast du gut gemacht, aber versuch doch, nächstes Mal fünf Punkte zu bekommen« (eine Punktzahl bei einem Test, den der Junge gemacht hatte).[8]*

Es ist bei solchen Untersuchungen nicht immer klar, was die Ursache und was die Wirkung ist, aber einiges spricht dafür, daß elterliches Hetzen mit dem Typus-A-Verhalten von Kindern zusammenhängen kann.

Die vielleicht bedeutsamste Folgerung aus diesen Untersuchungen ist die, daß Verhaltensmuster der Reaktion auf Streß, die sich in der Kindheit herausgebildet haben, mit ins Erwachsenenalter hinübergenommen werden können. Zum Beispiel ist es möglich, daß gehetzte Kinder keine ernsten Streßsymptome zeigen, solange sie noch Kinder sind, daß sich aber emotionale Reaktionsmuster herausgebildet haben, die im späteren Leben zu ernsten Erkrankungen führen können. Ein Kind, das unter nervös bedingten Kopfschmerzen leidet, wird aller Wahrscheinlichkeit nach als Erwachsener unter Migräne leiden. Exzessiver Streß in der Kindheit kann Auswirkungen auf das ganze Leben des Kindes haben, da sich Streßreaktionsmuster herausbilden, die dem jungen Menschen das ganze Leben lang erhalten bleiben.

AUSGEBRANNTSEIN IN DER SCHULE

Wenn ein Mensch bei der Arbeit unter chronischem Streß steht, kommt es im Endeffekt zu etwas, das »berufliches Ausgebranntsein« genannt worden ist. Der Betreffende verliert jedes Interesse an der Arbeit, geht sehr ungern dorthin. Er ist entweder lethargisch und chronisch müde oder immer angespannt, voll von nervöser Energie. Es kommt häufig zu physischen Symptomen wie Spannungskopfschmerzen, zu hohem Blutdruck oder zu Verhaltenssymptomen wie Drogen- oder Alkoholmißbrauch. Schließlich kommt es zur Kündigung oder zur Entlassung.

Es ist die Arbeit oder die Beschäftigung von Kindern und Jugendlichen, zur Schule zu gehen. Wie wir gesehen haben, sind die Schulen am Intellekt ausgerichtet; die Kinder erlernen in der Schule die Grundlagen der Naturwissenschaften, der Sozialwissenschaften und der Geisteswissenschaften. Aber nicht alle Kinder sind auf intellektuellem Gebiet begabt; und sogar die, die es sind, finden vielleicht unter den wettbewerbsorientierten, von Tests bestimmten Unterrichtsmethoden nicht die besten Lernbedingungen. Für diejenigen Kinder und Jugendlichen, die an der Arbeit von Bauern, Viehzüchtern, Förstern, Tischlern, Klempnern, Kfz-Mechanikern und so weiter interessiert sind, ist die akademische Ausrichtung der Schulen, insbesondere die der höheren, frustrierend. Und auch diejenigen, die den unablässigen schulischen Leistungsdruck nicht aushalten können, werden frustriert.

Für diese Kinder und Jugendlichen ist die Schule gleichbedeutend mit einem schlechten Arbeitsplatz. Sie stehen unter chronischem Streß, und die Symptome des Ausgebranntseins beginnen aufzutreten. Oft haben diese jungen Leute eine heftige Abneigung dagegen, zur Schule zu gehen, und sie bleiben zu Hause, sooft sie nur können. Sie kommen häufig zu spät und schwänzen die Schule. Viele trinken oder nehmen Drogen; gelegentlich richten sie mutwillige Zerstörungen in der Schule an oder beschmieren die Wände. Sobald das rechtlich möglich ist, verlassen sie die Schule. Einige bleiben zwar offiziell an der Schule, nehmen aber nicht mehr am Unterricht teil.

Schüler, die ausgebrannt sind, machen selten ihren Schulabschluß. Eine Studie von Schulaussteigern ergab, daß circa 75 Prozent der männlichen Jugendlichen zum Militär gegangen waren, die übrigen waren als ungelernte oder als angelernte Arbeiter beschäftigt. Von den jungen Frauen, die die Schule ohne Abschluß verlassen hatten, waren 40 Prozent Hausfrauen, 30 Prozent waren als ungelernte Arbeiterinnen beschäftigt, und 30 Prozent arbeiteten als Sekretärinnen oder Bürogehilfinnen.

In ihrer Studie über das berufliche Ausgebranntsein unterschieden Robert L. Veninga und James P. Spradley fünf Stadien: 1) Flitterwochen, 2) Treibstoffmangel, 3) chronische Symptome, 4) Die Krise, 5) Das Gegen-die-Wand-Laufen.[9] Ungefähr die gleichen Stadien lassen sich bei Schülern nachweisen. Schulanfänger sind eifrig, glücklich und haben hohe Erwartungen (Flitterwochen). Aber bald zwingen die endlosen Lernanforderungen in einer nichtunterstützenden Umgebung und der Konkurrenzkampf das Kind, Energiereserven anzuzapfen, die nicht immer erneuert werden können. Das Ergebnis (Treibstoffmangel) zeigt sich in der Unzufriedenheit des Kindes mit der Schule, durch Müdigkeit, eine schlechte Arbeitshaltung und Schlafstörungen.

Wenn Kinder sich jeden Tag zwingen müssen, zur Schule zu gehen, um sich wiederholenden Niederlagen zu stellen, entwickeln sie manchmal chronische Symptome, die physisch oder psychologisch sein können. Zum Beispiel verschlimmern sich Allergien durch chronischen Streß. Unfälle oder häufig auftretende Krankheiten können eine Folge von unverarbeitetem Schulstreß sein. Auch Kopfschmerzen, Geschwüre und Kolitis können Symptome dafür sein. Einige Kinder entwickeln Verhaltensauffälligkeiten; sie schikanieren zum Beispiel andere Kinder oder ziehen sich völlig in sich selbst zurück. Wieder andere werden zu Lügnern, die komplizierte Entschuldigungen und Rechtfertigungen für ihr Versagen in der Schule erfinden.

Auch der exzessive Mißbrauch von Alkohol und

Drogen ist ein Symptom des schulischen Ausgebranntseins. Der folgende Bericht erschien im *Hartford Courant*:

Die vier Schüler, die sich hinter einem Auto auf dem Besucherparkplatz der Hall High School in Hartford verstecken, bereiten sich auf eine Klassenarbeit vor.

Aber weder studieren sie ihre Bücher, noch lesen sie ihre Hefte noch einmal durch; sie reichen eine Haschzigarette herum.

»Wir entspannen uns«, sagte einer. »Wir müssen eine gute Zensur bekommen.«[10]

Ständiges Schummeln ist ein weiteres Symptom des schulischen Ausgebranntseins. Auch der folgende Bericht stammt aus dem *Hartford Courant*:

In der Westport Staples High School schreiben fünf junge Männer eine Klassenarbeit. Sie winden sich auf ihren Stühlen, als der Lehrer durch den Klassenraum geht, um die Fortschritte der Schüler zu überwachen. Die fünf Schüler beobachten den Lehrer, bis er ihnen den Rücken zukehrt. Dann tauschen sie ihre Arbeiten aus. Auch sie brauchen gute Zensuren.[11]

In den ersten Stadien des schulischen Ausgebranntseins wird die anfängliche Herausforderung und Aufregung durch Unzufriedenheit und Unglücklichsein ersetzt, die durch eine Reihe von Symptomen oder Streßventilen bewältigt werden. Wenn diese Streßventile nicht funktionieren oder sie zu häufig gebraucht werden, kann es zu einer *Krise* kommen.

Dann werden die Symptome so ernst, daß der junge Mensch entweder nicht mehr in der Lage ist, zur Schule zu gehen, oder es irgendwie schafft, von der Schule zu fliegen. Der Schulstreß wird unerträglich, und die Sicherheitsventile nützen nichts mehr.

Der folgende Fall von Timothy K. (der Name wurde geändert) illustriert diese Krise:

Timothy freute sich auf die Schule, weil seine älteren Geschwister immer von den interessantesten Sachen, die sie da taten, erzählten. Sie machten sich über ihn lustig, weil er nicht lesen und nicht zählen konnte. Als Timothy mit der Vorschule begann, war er begierig, etwas zu lernen. Aber irgendwie kam er mit diesen Zeichen auf dem Papier nicht zurecht. Er verwechselte das »b« und das »d« und umgekehrt; er las alles ganz falsch. Manchmal lachten ihn die anderen Kinder aus, und die Lehrerin verbot es ihnen nicht. Timothy hatte das Gefühl, daß auch sie über ihn lachte.

Die Schule war längst nicht so schön, wie Timothy gedacht hatte. Es machte überhaupt keinen Spaß. Er war jetzt immer sehr müde, und seine Mutter hatte Schwierigkeiten, ihn morgens aufzuwecken. Er schleppte sich nur noch dahin und mußte zum Waschen, Anziehen und Frühstücken gedrängt werden. Wenn seine Mutter nicht jede Minute hinter ihm her war, hörte er einfach auf, irgend etwas zu tun; er schien dann in Trance zu fallen oder zu träumen. Oft mußte seine Mutter ihn zur Schule fahren, weil er so spät dran war. Dann wollte er nicht aussteigen und schien sich nur mühsam die Stufen hochzu-

schleppen. Dieses Muster setzte sich fort; Timothy zeigte Anzeichen von »Treibstoffmangel« und chronische Symptome.

Dann wurde Timothys Mutter eines Tages zur Schule gerufen. Sie ging ins Büro des Direktors, wo ein aufsässiger Timothy mit lodernden schwarzen Augen steif auf dem Stuhl saß, die Fäuste geballt und die Zähne zusammengebissen. »Es gibt da ein Problem«, sagte der Direktor. »Timothy war unverschämt zu seiner Lehrerin, er hat ihr nicht nur widersprochen, sondern sie grob beschimpft. Er weigert sich, sich zu entschuldigen.« Timothys Mutter war außer sich und bestand darauf, daß er sich sofort entschuldigte. Aber Timothy blieb stumm und trotzig. Der Direktor verwies ihn so lange der Schule, bis er bereit sei, sich zu entschuldigen und sich verantwortungsbewußt zu benehmen.

Timothy hatte das Krisenstadium des schulischen Ausgebranntseins erreicht. Zu diesem Zeitpunkt kam Timothy in meine Praxis. Zuallererst mußte ich die Krisenatmosphäre entschärfen. Timothys Mutter war überzeugt, daß das Ende der Welt gekommen sei, und Timothy wäre froh gewesen, wenn das tatsächlich der Fall gewesen wäre. Ich sagte, daß Timothy durchaus kein Einzelfall sei, daß viele Kinder sich in der Schule schwertaten, viele etwas Unangenehmes sagten und sich weigerten, es zurückzunehmen. Timothy und seine Mutter mußten wissen, daß er immer noch zum Menschengeschlecht gehört. Was Timothy brauchte, war, sich selbst wieder mögen zu können, und er brauchte die Zuversicht, die Schule bewältigen zu können. Er mußte sich erst selbst vergeben, bevor er seiner Lehrerin vergeben und sich entschuldigen konnte.

Das fünfte Stadium der schulischen Erschöpfung kommt nicht so häufig vor, weil die meisten Kinder von der Schule genommen werden, bevor es zum »Gegen-die-Wand-Laufen« kommt. Der Ausdruck »Gegen-die-Wand-Laufen« stammt aus dem Bereich des Marathonlaufes; der Läufer hat dann das Gefühl, daß auch seine allerletzten Kraftreserven erschöpft sind und daß er oder sie keinen einzigen Schritt mehr machen kann. Diese Erfahrung ist dem Versuch ähnlich, gegen eine Betonwand zu laufen. Medizinisch gesehen ist der Vorrat an Blutzucker (Glykogen) der Muskeln aufgebraucht, es findet eine Dehydration statt und das Blutvolumen nimmt ab. Es kommt zu Schwindelgefühlen, Ohnmacht, zu Muskellähmungen und gelegentlich zum völligen Zusammenbruch.

Obwohl es bei den Schülern selten soweit kommt, kommt es doch vor, daß zum Beispiel Schüler der oberen Klassen, die zu hart für die Aufnahmeprüfung der Universität gearbeitet haben, physisch erschöpft sind, um die Prüfung abzulegen. Oft ist das nicht nur eine Reaktion auf diese spezielle Anforderung, sondern auf den Streß einer langen Reihe von Prüfungen, die letztendlich die Reserveenergie des jungen Menschen erschöpft haben.

Es kommt nicht bei allen Kindern und Jugendlichen, die zur Schule gehen und um Noten konkurrieren, zum schulischen Ausgebranntsein. Viele scheinen durch den Leistungsstreß erst richtig zu gedeihen. Nicht nur der schulische Leistungsstreß, sondern auch die Art, wie der Streß wahrgenommen und wie darauf reagiert wird, bestimmen, ob es zu einer derartigen Erschöpfung kommt oder nicht.

ERLERNTE HILFLOSIGKEIT

Eine Streßreaktion von Kindern, die sehr intensiv untersucht worden ist, ist die »erlernte Hilflosigkeit«. Hilflosigkeit ist das, was wir fühlen, wenn die Geschehnisse um uns herum außerhalb unserer Kontrolle liegen. Zum Beispiel kann ich mich daran erinnern, daß ich als junger Mensch ins Krankenhaus mußte, um einen kleineren Eingriff vornehmen zu lassen; eine gutartige Zyste mußte entfernt werden. Als ich in den Operationssaal geschoben wurde und die Narkose gerade zu wirken begann, hörte ich die Krankenschwester sagen: »Keine Sorge, junger Mann, wir werden den Blinddarm ganz schnell raus haben.« Ich erinnere mich, daß ich versuchte zu protestieren, aber ich konnte weder sprechen noch mich bewegen. Kurz bevor ich das Bewußtsein verlor, hatte ich ein Gefühl von vollständiger Hilflosigkeit; ich hatte keine Kontrolle darüber, was mit mir geschah. Glücklicherweise entfernten sie die Zyste und nicht den Blinddarm.

In der oben geschilderten Situation fühlte ich mich hilflos, weil 1) mir etwas Schlimmes zustoßen würde und weil 2) es nichts gab, was ich hätte tun können, um es zu verhindern, obwohl ich wußte, daß es geschehen würde. Zur Hilflosigkeit gehört immer das Bewußtsein von herannahender Gefahr für sich selbst oder für einen Menschen, den man liebt, und auch das Wissen, daß man selbst nichts tun kann, um es zu verhindern. Alle Eltern, die schon einmal ihr Kind in die Notaufnahme eines Krankenhauses gebracht und dann zugesehen haben, wie Fremde in Weiß das Kind mitnahmen, kennen den Streß der Hilflosigkeit, das Wissen um die Gefahr und die Unfähigkeit oder

Unmöglichkeit eines angemessenen Handelns. Hilflosigkeit ist eine Art Streß zweiten Grades; der Streß der Unfähigkeit, auf Streß zu reagieren.

Dank der Arbeit von Martin Seligman und seinen Mitarbeitern wissen wir jetzt, daß Hilflosigkeit, das Gefühl, uns selbst oder anderen nicht helfen zu können, erlernt werden kann.[12] Kinder können zum Beispiel lernen, sich hilflos und bedroht zu fühlen, unfähig zur Handlung, selbst wenn sie das in Wirklichkeit nicht sind. Diese Kinder werden verschlossen, teilnahmslos und apathisch; sie scheinen jede Motivation zum Lernen oder zum Umgang mit anderen Kindern zu verlieren.

Die Forschung hat gezeigt, daß einige Leute dazu neigen, aufzugeben und ihre Sache nicht gut zu machen, wenn sie Situationen ausgesetzt werden, über die sie keine Kontrolle haben. Zum Beispiel wurden Studenten in einer Untersuchung Lärm ausgesetzt; einigen war es möglich, dem Lärm zu entgehen, anderen nicht; wieder andere wurden keinem Lärm ausgesetzt. Danach wurden sie aufgefordert, Anagramme zu lösen. Diejenigen Studenten, die dem unentrinnbaren Lärm ausgesetzt gewesen waren, waren sehr viel weniger erfolgreich als die anderen. Offensichtlich übertrugen Studenten, die einer Situation hilflos ausgeliefert gewesen waren, diese Einstellung auf andere Situationen.

Seligman berichtet von folgendem Fall:

1971 wurde Los Angeles in den frühen Morgenstunden von einem schweren Erdbeben heimgesucht. Marshall war ein achtjähriger Junge, der sich im Epizentrum des Erdbebens, im Tal von San Fernando, aufhielt. Er wachte um 5.45 Uhr auf und hatte das Gefühl, sich in einem Eisenbahntunnel zu befinden, während der Zug unaufhaltsam auf ihn zugerast kam, so laut war es. Der Fußboden bewegte sich; er schrie und hörte im angrenzenden Zimmer die Schreie seiner Eltern. Es dauerte nur dreißig Sekunden, aber für ihn war es eine Ewigkeit des Schreckens.

Noch drei Jahre später litt Marshall unter den psychologischen Nachwirkungen dieses Morgens. Er war ängstlich und schreckhaft, unerwartete schwache Geräusche jagten ihm schreckliche Angst ein. Er konnte schwer einschlafen, und sein Schlaf war leicht und unruhig; gelegentlich wachte er schreiend auf.[13]

Viele Kinder erwerben erlernte Hilflosigkeit in der Schule, wenn sie mit Aufgaben konfrontiert werden, die für sie zu schwer sind. Zum Beispiel schaffen es einige Kinder nicht, lesen zu lernen, weil die Art, in der unterrichtet wird, die Kinder mit Aufgaben konfrontiert, die sie weder verstehen noch kontrollieren können. Unter diesen Umständen wird die Reaktion der erlernten Hilflosigkeit produziert, und das Kind geht allen Erfahrungen aus dem Weg, die etwas mit dem Lesen zu tun haben:

Victor hatte in der Vorschule und in der ersten Klasse Schwierigkeiten beim Leseunterricht. Er war eifrig dabei, war aber einfach noch nicht fähig, die Wörter auf dem Papier mit der gesprochenen Sprache zu verbinden. Zunächst versucht er es, machte aber keine Fortschritte; die Antworten, die er bereitwillig gab, waren immer falsch. Je öfter er versagte, desto weniger war er bereit, es

zu versuchen; er verstummte mehr und mehr. In der zwei-
ten Klasse nahm er nur widerwillig am Leseunterricht
teil, obwohl er sich eifrig am Musik- und am Kunstunter-
richt beteiligte. Sein Lehrer versuchte es eine Zeitlang mit
besonderen Übungsaufgaben, gab es aber bald wieder
auf. Inzwischen wäre Victor wahrscheinlich fähig gewe-
sen, lesen zu lernen, aber der bloße Anblick eines Lese-
buchs löste Wutanfälle und trotzige Aggressionen bei ihm
aus. Diese Einstellung begann sich auch auf die anderen
Fächer auszudehnen.[14]

In gewissem Sinn ist die erlernte Hilflosigkeit, wie sie
von Seligman beschrieben wird, das Gegenstück zur
Typus-A-Persönlichkeit. Beide sind Übertreibungen
der Kampf- oder Fluchtreaktion, und beide sind starr
und unbeweglich. Wenn das Typus-A-Kind mit einer
wichtigen Situation konfrontiert wird, über die es
keine Kontrolle hat, legt es sich übertrieben ins Zeug,
während das andere Kind, das mit erlernter Hilflosigkeit reagiert, sich völlig zurückzieht und aufgibt. In
beiden Fällen kommt es nicht zu einer realistischen
Einschätzung der Situation oder zu einem Abwägen
von Alternativen. Der Streß des Hetzens kann dazu
führen, daß Kinder auf Reaktionsmuster konditio-
niert werden, die stereotyp, unangemessen und schädlich sind; diese Reaktionsmuster können auch im
Erwachsenenleben ihre Reaktion auf Streß bestimmen.

Freud wurde einmal gefragt, was aus den intelligenten Schuhputzerjungen, die auf den Straßen Wiens der Jahrhundertwende ein so alltäglicher Anblick waren, werden würde. Die klugen und witzigen Jungen waren imstande, ihre Kunden so zu bezaubern, daß sie ihnen große Trinkgelder gaben. Freud dachte einen Augenblick nach und erwiderte dann: »Sie werden Flickschuster.« In gewissem Sinn waren diese Kinder zu schnell erwachsen geworden; darum waren sie unfähig, sich weiterzuentwickeln. Ihre Charaktere waren so früh geformt worden, daß nur wenig Raum für weiteres Wachstum und eine weitere Differenzierung der Persönlichkeit blieb.

Eine vorzeitige Strukturierung ist vor allem bei Kindern zu beobachten, die von frühester Kindheit an in einer Sportart oder in einer der darstellenden Künste ausgebildet worden sind. Das Kind hat sich so früh spezialisiert, daß andere Teile seiner Persönlichkeit oft etwas unterentwickelt wirken. Einige Tennisstars, die seit ihrer Kindheit trainieren, können auch außerhalb der Tennisplätze über wenig anderes als über Tennis reden. Andere, die als Kinder überspezialisiert worden sind, fangen als Erwachsene an, sich etwas seltsam zu benehmen; man braucht dabei nur an Michael Jackson, seine Gesichtsoperationen und seinen Schimpansen zu denken.

Es muß nicht zwangsläufig zu vorzeitiger Strukturierung und einer Persönlichkeitsbeschränkung kommen, wenn Kinder in eine Sportart oder in eine der darstellenden Künste gedrängt werden. Yehudi Menuhin, der im Alter von sieben Jahren schwierige

Konzerte zusammen mit führenden Symphonieorchestern spielte, ist ein Beispiel dafür. Er war nicht nur mit Talent gesegnet, sondern auch mit Eltern, die seine Karriere und seine Bedürfnisse über ihre eigenen stellten; aber ohne das ausbeuterische Motiv, sich selbst durch ihren Sohn zu verwirklichen. Er hatte auch begabte Lehrer, die ihm außerordentlich ergeben waren. Diese Lehrer waren selbst bedeutende Künstler, aber sie kamen sogar zu ihm ins Haus, um seine Geige für ihn zu stimmen.

Aber viele andere Wunderkinder haben dieses Glück nicht. Ein Wunderkind kann ebensogut spurlos von der Bildfläche verschwinden oder sich zu einem Superstar entwickeln. »Ein Beispiel dafür ist Lilit Gampel. Als sie zwölf Jahre alt war, wurde ihre Aufführung von Mendelssohns Konzerten mit den Boston Pops landesweit im Fernsehen übertragen. Dies brachte ihr einen Vertrag mit der Künstleragentur Columbia Artists und zahlreiche Engagements mit Symphonieorchestern in Europa und den USA ein. Aber all die Reisen, unter anderem unregelmäßige Besuche in New York bei einem neuen Lehrer, Ivan Galamian, erwiesen sich als zuviel für das Wunderkind aus Kalifornien. Ihr Spiel ließ nach, sie gab immer weniger Konzerte, das Verhältnis zu ihren allzu ehrgeizigen Eltern wurde sehr angespannt. Ihr Sturz war nicht mehr aufzuhalten. Kollegen aus früheren Zeiten sagen, daß sie einfach von der Bildfläche verschwand und nur noch gelegentlich mit einem kleinen Orchester aus New Jersey auftritt.«[15]

Christian Kriens' Fall ist sogar noch tragischer. »Kriens war ein gefeiertes holländisches Wunderkind. Er zeichnete sich im Dirigieren und im Komponieren ebenso aus wie auf der Geige oder auf dem Klavier, aber er endete als Diskjockey in Hartford, wo er mit Mitte Zwanzig Selbstmord beging.[16]

Kinder, die früh viel leisten, leiden unter anderem wegen des Konflikts zwischen der Schule und den Proben und wegen der unaufhörlichen Interviews der Medien unter Streß. Nach Ansicht von Howard Gardner von der Harvard Universität erlebt jedes Wunderkind eine ›Midlife-crisis‹. Wenn die Wunderkinder noch Kinder sind, treten sie aus Neugier auf, wegen der Herausforderung des Lernens und um die Anerkennung der Eltern zu gewinnen. Aber wenn sie in die Adoleszenz kommen, stellen sie sich Fragen wie: »Warum tue ich das alles, für wen tue ich das alles?« Einige kommen zu dem Schluß, daß sie den ständigen Druck nicht mehr wollen, und das ist ihr gutes Recht. Andere entscheiden sich dafür, weiterzumachen, aber auf ihre eigene Art.[17]

Vorzeitige Strukturierung war bei Familien mit niedrigem Einkommen immer üblich; in diesen Familien gab es mehr alleinerziehende Eltern als in Mittelschichtsfamilien, und es war gängiger, daß beide Eltern berufstätig waren. Zudem waren diese Familien nicht so schulorientiert. Kinder aus Familien mit niedrigen Einkommen fangen oft zeitig an zu arbeiten, sie werden früh von den Eltern unabhängig, heiraten schnell und bekommen Kinder. Aber all das ergibt einen Sinn für sie, weil sie die Notwendigkeit dafür einsehen können.

Aber heute gibt es auch in der Mittelschicht viele alleinerziehende Eltern, und oft sind beide Eltern berufstätig. Also werden heute auch Mittelschichtskinder gedrängt, schnell erwachsen zu werden; ihre

Charaktere werden vorzeitig geformt, und zwar ebenso wie die der Kinder aus sozial schwachen Schichten wegen der Bedürfnisse ihrer Eltern. Aber die Bedürfnisse der Mittelschichtseltern sind andere als die der Eltern aus sozial schwachen Schichten; sie brauchen die Kinder nicht, um den Haushalt zu erledigen oder Geld zu verdienen. Das Mittelschichtskind ist materiell versorgt, aber sozial und intellektuell gehetzt, und zwar, um ein emotionales elterliches Bedürfnis zu erfüllen.

Wie das Wunderkind fragte sich das gehetzte Kind in der Adoleszenz: »Was tue ich da? Warum tue ich das?« Wenn das Kind zu dem Schluß kommt, daß es alles für die Eltern getan hat und nicht für sich selbst, kann es zu einer Rebellion kommen. Es ist möglich, daß das Kind wegläuft, Drogen nimmt, die Schule verläßt, straffällig wird oder sich einfach weigert, weiterhin zu »funktionieren«. In jedem dieser Fälle zeigen die jungen Leute, daß sie die vorzeitige Strukturierung, das schnelle Erwachsenwerden um der Befriedigung elterlicher Bedürfnisse willen und ohne Rücksicht auf ihre eigenen Belange, nicht akzeptieren.

DIE UNVERWUNDBAREN

Als ich in Denver in Colorado und später in Rochester bei New York am Familiengericht tätig war, hatte ich vor allem mit straffällig gewordenen Kindern zu tun. Gelegentlich sah ich die ganze Familie, und das war manchmal überraschend. Zum Beispiel war einmal ein 14jähriges Mädchen bei mir in Behandlung, das zusammen mit einer Freundin in der Nähe eines Luftwaffenstützpunktes auf den Strich gegangen war. Die Mutter war fettleibig, lebte von der Sozialhilfe und hatte viele Männerbekanntschaften. Der Vater war schon lange verschwunden. Aber bei der jungen Schwester, die zehn Jahre alt war, war alles in Ordnung; sie war sehr gut in der Schule und war bei Mitschülern und Lehrern beliebt.

Diese Kinder wurden von der psychologischen und psychiatrischen Forschung, die sich mehr auf Pathologie konzentriert hat, oft ignoriert. 1962 schrieb Lois Murphy: »Es ist paradox, daß eine Nation, die so stolz auf ihre rapide Expansion und auf ihre wissenschaftlichen und technologischen Errungenschaften ist, bei der Erforschung der Kindheit eine so ausgedehnte Problemliteratur hervorgebracht hat … Die Sprache der Probleme, der Schwierigkeiten, der Unzulänglichkeiten, des sozial auffälligen und kriminellen Verhaltens, der Ambivalenz und der Angst ist uns vertraut. Wir wissen, daß es Möglichkeiten der Korrektur, des Umgehens oder der Überwindung von Bedrohungen gibt, aber meistens waren diese nicht Gegenstand der Forschung.«[18] Als Konsequenz davon hat auch die Psychologie die Kinder in Kategorien der Pathologie und der Gestörtheit gehetzt, die einst für Erwachsene reserviert waren.

Aber in den letzten beiden Jahrzehnten haben diejenigen Kinder, die positiv auf Streß reagieren, zunehmende Aufmerksamkeit erfahren. Der Psychiater E. J. Anthony von der Universität von St. Louis und der Psychologe Norman Garmezy von der Universität von Minnesota haben sich besonders intensiv mit diesem Forschungsgebiet befaßt. Beide waren zunächst an »gefährdeten Kindern« interessiert — an Kindern schizophrener Eltern, die eher dazu neigen, geisteskrank zu werden, als die Kinder nichtschizophrener Eltern. Beide Wissenschaftler stellten fest, daß einige Kinder und Jugendliche, die nach allem, was der klinischen Psychiatrie und Psychologie heilig ist, krank sein sollten, gesund blieben. Sie begannen, diese Kinder zu untersuchen, um herauszufinden, welche effektiven Methoden der Streßbewältigung es gibt.

Dr. Garmezy beschreibt den folgenden Fall, der als Beispiel dienen kann: »In den Slums von Minneapolis lebt ein zehnjähriger Junge in einer heruntergekommenen Wohnung, zusammen mit seinem Vater, einem krebskranken Ex-Sträfling, seiner Mutter, die Analphabetin ist, sieben Brüdern und Schwestern, von denen zwei geistig behindert sind. Dennoch beschreiben seine Lehrer ihn als ein ungewöhnlich fähiges Kind; er ist gut in der Schule und bei allen beliebt.«[19]

Und Dr. Anthony berichtet von drei Kindern, deren schizophrene Mutter überzeugt war, daß jemand das Essen in ihrem Haus vergiftete. Das älteste Mädchen, eine Zwölfjährige, teilte die Furcht ihrer Mutter und aß nur in Restaurants. Auch das mittlere Kind, eine Zehnjährige, weigerte sich, zu Hause zu essen – es sei denn, ihr Vater war da. Aber der sieben Jahre alte Sohn aß jeden Tag zu Hause. Als Anthony ihn fragte, wie er das fertigbringe, zuckte der Junge die Achseln und sagte: »Noch bin ich nicht tot, oder?« Er war ein »Unverwundbarer«. Die älteste Schwester wurde schließlich ebenso psychotisch wie die Mutter. Das mittlere Kind blieb geistig gesund und war im Leben recht erfolgreich, obwohl es gelegentlich Symptome von mangelnder Anpassung zeigte. Der Junge jedoch machte eine glänzende Karriere. »Wegen der Krankheit seiner Mutter war es ihm ein ungeheures Bedürfnis, Hindernisse zu überwinden und mit Problemen fertig zu werden«, sagt Anthony. »Er schien die Umwelt als eine Art Herausforderung zu sehen.«

Was ermöglicht es diesen Kindern, Streß so gut zu bewältigen? Die Forschung ist zu dem Ergebnis gekommen, daß mindestens fünf verschiedene Charaktereigenschaften dabei eine Rolle spielen.

1. *Soziale Kompetenz.* Die Unverwundbaren können sehr gut mit Gleichaltrigen und mit Erwachsenen umgehen. Es ist fast, als hätten sie einen Kurs von Dale Carnegie belegt: »Wie man Freunde gewinnt und Menschen beeinflußt.«

2. *Selbstdarstellung.* Die Unverwundbaren können sich selbst als attraktiv und charmant präsentieren. Sie scheinen Erwachsene wirklich zu mögen; sie sind dabei nicht abhängig, sondern verhalten sich so, als hätten sie eine Menge zu lernen und wären bereit, es zu tun. Es ist eine Mischung aus Unterwürfigkeit und Stolz, die sie so anziehend macht und die Erwachsene dazu bringt, als Mentoren zu fungieren.

3. *Selbstvertrauen.* Diese Kinder sind sich ihres eigenen Könnens und ihrer Fähigkeit, Streßsituationen zu bewältigen, sehr bewußt. Folglich sehen sie Probleme als Herausforderung, nicht als Beweis ihrer eigenen Unfähigkeit. Garmezy berichtet von einem Mädchen, das sich immer »Butterbrote« machte, damit es so aussah, als hätte sie wie ihre Freunde ihr Frühstück von zu Hause mitbekommen, auch wenn ihre Butterbrote mit nichts belegt waren. »Butterbrote« wurden zu ihrer Metapher für die Bewältigung schwieriger Probleme. »Dann werde ich eben ein Butterbrot machen müssen.«

4. *Unabhängigkeit.* Die Unverwundbaren sind unabhängig, sie lassen sich von Suggestionen nicht beeinflussen. Sie denken selbständig und lassen sich durch Menschen, die Macht oder Autorität haben, nicht von ihren Überzeugungen abbringen. Es gelingt ihnen oft, einen Ort zu finden, wo sie für sich sein können, wo sie Ruhe und Frieden finden und die Gelegenheit haben, sich eine Umgebung zu schaffen, die ihren Bedürfnissen und Interessen entgegenkommt.

5. *Leistung und Kreativität.* Die Unverwundbaren sind kreativ. Sie haben gute Zensuren, sie haben Hobbys, sie schreiben Gedichte, sie malen, sie machen Holzarbeiten und so weiter. Vielfach sind sie außergewöhnlich begabt. Viele haben schon früh intensive Interessen. Vielleicht wären sie Wunderkinder geworden, wenn sie in einer anderen Familie aufgewachsen wären. Aber da sie in stressende häusliche Gegebenheiten hineingeboren wurden, scheint ein Teil ihrer Stärken und Talente auf die wichtigste Aufgabe ausgerichtet zu sein — auf das Überleben.

Wir fangen gerade an zu begreifen, welche Faktoren dazu führen, daß manche Kinder im Schmelztiegel des Stresses nur abhärten. Ein Teil unseres Wissens könnte uns dabei helfen, Wege zu finden, um den Streß bei allen Kindern zu bekämpfen. Aber es ist auch wahr, daß die Unverwundbaren begabte Kinder sein könnten, die unter anderen Umständen sehr erfolgreich geworden wären. Diese Kinder sind ein gutes Beispiel für die Interaktion von Anlage und Umwelt. In einer günstigen Umwelt ist ein intelligentes, kreatives Kind begabt; in einer ungünstigen, stressenden Umwelt ist es unverwundbar.

Kinder reagieren noch auf viele andere Arten auf

den Streß des Hetzens. Seelisches Leid und Verhaltensstörungen können heute nicht mehr nur auf Konflikte zurückgeführt werden. Heutzutage müssen verhaltensgestörte Kinder im Kontext einer außerordentlich fordernden Umwelt gesehen werden; nur so kann man die Lage richtig beurteilen und den Kindern helfen. Die Kinder, die heutzutage zu uns in die Klinik kommen, sind den Opfern einer Kriegsneurose ähnlicher als den neurotischen Kindern der Vergangenheit. In gewissem Sinn ist der Krieg für Erwachsene das, was das Hetzen für die Kinder ist – ein enormer Streß, der sehr viel Schaden anrichtet und auch einige positive Auswirkungen hat.

KAPITEL 9

WIE WIR GEHETZTEN KINDERN HELFEN KÖNNEN

Unsere Gesellschaft ist gehetzt und hetzend. Wir sind immer auf der Suche nach Wegen, die es uns erlauben, die Dinge schneller und prompter zu erledigen. Es gibt Supermärkte, um das Einkaufen zu beschleunigen, und Fast-food-Restaurants, um das Essen zu beschleunigen. Wir bauen Autobahnen, um den Verkehr schneller zu machen, und Haushaltsgeräte, um die Hausarbeit in kürzerer Zeit erledigen zu können. Und die Revolution in der Textverarbeitung wird die Büroarbeit stark beschleunigen. Wir hetzen uns sogar in unserer Freizeit, indem wir überall, zum Beispiel beim Golfspielen oder beim Tennis, automatische Geräte einsetzen. Und die Konstrukteure arbeiten hart daran, die Geschwindigkeiten von Motor- und Segelbooten zu steigern. Unsere Gesellschaft ist an der Zeit ausgerichtet und wird von ihr reglementiert; diese Werte vermitteln wir auch unseren Kindern. Das erste teure Geschenk, das unsere Kinder von uns erhalten, ist eine Uhr. Wir treiben unsere Kinder an, weil wir uns selbst hetzen.

Obwohl der Druck, die Dinge immer schneller und effektiver erledigen zu müssen, Vorteile hat — er hat uns zu der innovativsten Gesellschaft gemacht, die es auf der Welt gibt —, hat er auch Nachteile. Er macht ungeduldig. Trotz all unserer technologischen Finessen und der hochentwickelten Fassade sind wir ein Volk, das nicht warten kann — das nicht warten will. Von zwanghafter Pünktlichkeit und vom Zwang besessen, unsere Zeit möglichst effektiv zu nutzen, werden wir mürrisch und verdrießlich, wenn wir uns entspannen und einfach warten sollen. In der Bank oder im Supermarkt wechseln wir zu einer anderen Kasse, wenn die Schlange dort schneller voranzukommen scheint; wir geben weniger Trinkgeld, wenn uns die Bedienung zu langsam war; und beim Reisen sind wir bereit, einen hohen Preis zu zahlen, um so schnell wie irgend möglich zu unserem Ziel zu kommen — sei es nun das Ausland, eine andere Stadt oder ein anderer Stadtteil. Wir können das Phänomen der gehetzten Kinder nur verstehen, wenn wir dieses Problem im Kontext einer Gesellschaft sehen, die versessen darauf ist, alles schneller und besser zu erledigen; sie reagiert mit Ungeduld auf Warten und Untüchtigkeit. Und nur wenn wir verstehen, können wir hoffen, den gehetzten Kindern zu helfen.

Was können wir tun, um Kindern zu helfen, die gedrängt werden, schnell erwachsen zu werden, und die das als übermäßigen Streß erleben? Zunächst ist es wichtig, uns darüber klarzuwerden, was wir nicht können. Wir können es nicht ändern, daß das Hetzen eine der allgemein akzeptierten und hochgeschätzten Grundlagen der amerikanischen Gesellschaft ist. Und auch die Ungeduld, die damit einhergeht, können wir nicht abschaffen. Es ist gesellschaftlich gerechtfertigt, Kinder zu drängen, pünktlich zu sein; das Hetzen reflektiert in diesem Fall kulturelle Normen wie zum

Beispiel die Pünktlichkeit. Aber der *Mißbrauch des Hetzens* schadet den Kindern. Wenn das Hetzen den Bedürfnissen von Eltern oder gesellschaftlichen Institutionen dient und zu Lasten der Kinder geht, ohne ihnen gesellschaftliche und soziale Werte näherzubringen, hat das eine negative Wirkung auf die Kinder.

Der Mißbrauch des Hetzens ist eine Vertragsverletzung. Vertragsverletzungen werden von Kindern als ausbeuterisch und stressend erlebt, da die impliziten Verträge zwischen Eltern und Kindern das Fundament sind, auf dem das Urvertrauen des Kindes beruht. Das Urvertrauen ist ein Maßstab, an dem die sozialen Interaktionen des Kindes gemessen werden. Wenn das Urvertrauen (die Überzeugung, daß die Welt ein sicherer und guter Ort ist und daß die Menschen wohlmeinend und liebevoll sind) Schaden erleidet, leidet auch das Ichbewußtsein des Kindes und sein Vertrauen in zwischenmenschliche Beziehungen.

Es kann zwischen zwei verschiedenen Arten der Vertragsverletzung und der Ausbeutung unterschieden werden. Die eine ist qualitativ und könnte als *Kalenderhetzen* bezeichnet werden. Wir hetzen unsere Kinder auf diese Weise, wenn wir von ihnen verlangen, etwas zu verstehen, das über die Grenzen ihrer Verständnisfähigkeit hinausgeht; wenn wir erwarten, daß sie etwas entscheiden, das über ihre Entscheidungsfähigkeit hinausgeht, wenn wir von ihnen verlangen, selbständig zu handeln, bevor sie den Willen zum Handeln haben. Aber Kinder können auch quantitativ gehetzt werden, und das könnte als *Uhrenhetzen* bezeichnet werden. Wir drängen unsere Kinder auf diese Weise, wenn unsere übermäßigen Anforderungen innerhalb eines kurzen Zeitraumes die Kinder dazu zwingen, ihre Energiereserven anzugreifen.

Wir alle haben unsere Kinder gelegentlich auf die eine oder die andere Art gedrängt. Zum Beispiel werden die Erstgeborenen oft dem Kalenderhetzen ausgesetzt, weil die Eltern den Umgang mit Kindern noch nicht gewohnt sind; folglich sind viele Erstgeborene gehetzte Kinder – hart arbeitend, ehrgeizig, zielbewußt. Und wir alle setzen Kleinkinder dem Uhrenhetzen aus, wenn wir sie auf eine lange Reise mitnehmen. Solchen Vertragsverletzungen können sich die Kinder anpassen, weil sie sie nicht als Ablehnung oder als Mangel an liebevoller Fürsorge erfahren. Wenn es jedoch zum Hetzen kommt, weil die Eltern oder ein Elternteil gewohnheitsmäßig ihre eigenen Bedürfnisse vor die des Kindes stellen, kann es wirklichen Schaden anrichten. Die Grundlage der Verträge ist Gegenseitigkeit; den Bedürfnissen von Eltern und denen von Kindern sollte ungefähr die gleiche Bedeutung zukommen. Wenn die Bedürfnisse der Eltern gewohnheitsmäßig vor denen des Kindes kommen, wird das Hetzen von den Kindern als Überforderung erlebt, obwohl es gelegentlich sein kann, daß wir unsere eigenen Bedürfnisse eher unabsichtlich wichtiger nehmen als die der Kinder. Wenn wir eine Liste unserer gegenwärtigen vertraglichen Vereinbarungen aufsetzen, kann uns das dabei helfen festzustellen, ob wir unsere Kinder übermäßig hetzen oder nicht, da wir so unsere vertraglichen Beziehungen regelmäßig überprüfen können. Hier ist ein Beispiel für so eine Liste.

Vertragsauswertung

Kind
Alter
Geschlecht

Vertrag 1
Erwartete Leistungen   Gegebene Unterstützungen

Vertrag 2
Erwartete Verantwortungen   Gewährte Freiheiten

Vertrag 3
Erwartete Loyalität   Gegebene Bindungen

Beim Ausfüllen dieser Liste sollte ein vernünftiges Gleichgewicht zwischen Leistung und Unterstützung, Verantwortung und Freiheiten sowie Loyalität und Bindung zu erkennen sein. Wenn es Ihnen leichtfällt, anzugeben, was für Leistungen, Verantwortungen und Loyalitäten Sie erwarten, aber Sie Schwierigkeiten dabei haben, aufzulisten, was für Unterstützungen, Freiheiten und Bindungen Sie dafür geben, könnte es sein, daß Sie Vertragsverletzungen begehen. Vielleicht haben Sie den Wunsch, Ihrer Seite der vertraglichen Vereinbarungen etwas hinzuzufügen. Es ist sinnvoll, die Liste Ihrer Erwartungen mit den in Kapitel 5 genannten Fähigkeiten von Kindern zu vergleichen. Wenn die Erwartungen an Kinder in diesem Entwicklungsstadium zu hoch sind, könnte es sein, daß sie gehetzt werden; vielleicht haben Sie den Wunsch, Ihre Erwartungen zu korrigieren. Wenn Sie die Liste durchgehen, können Sie entscheiden, ob ein Mißbrauch des Hetzens vorliegt oder nicht.

Wenn wir zuviel von den Kindern verlangen und sie gehetzt werden, können wir entweder unsere Anforderungen zurückschrauben oder aber unsere Unterstützungen vergrößern. Das ist eine objektive Art, den Kindern zu helfen, da sie von unseren tatsächlichen, oft unausgesprochenen Erwartungen und von dem Ausmaß und der Art der Unterstützungen, die wir zu geben bereit sind, ausgeht.

Aber wie jeder Stressor hat auch das Hetzen eine subjektive Dimension. Wie Kinder das Hetzen wahrnehmen, ist ebenso entscheidend wie die Tatsache des Hetzens selbst. Zum Beispiel wissen wir, daß Kinder unter acht Jahren zu »magischem Denken« neigen – oft sind sie davon überzeugt, daß ihre Wünsche, Gefühle und Handlungen in kausaler Beziehung zu elterlichen Handlungen stehen. So denken viele Kinder, daß etwas, das sie getan oder gefühlt haben (den Vater mit seinem Bart aufgezogen oder zornig gewesen, weil er kein Spielzeuggewehr gekauft hat), dazu geführt hat, daß der Vater die Familie verlassen hat. Manchmal denken sie auch, daß magische Handlungen wie zum Beispiel sich selbst etwas zu versagen (keine Süßigkeiten zu essen) oder die Opferung eines geliebten Spielzeugs (indem sie es weggeben oder es kaputtmachen) den Vater wieder zurückbringen werden.

Wie Kinder das Hetzen wahrnehmen, hängt also zum Teil von ihrer geistigen Entwicklungsstufe ab; aber es kommt auch auf ihre Veranlagung, auf vergangene Erfahrungen, auf ihre Intelligenz und so weiter an. Es ist wichtig, daß wir uns als Eltern oder Lehrer etwas genauer ansehen, wie Kinder in den vier Haupt-entwicklungsphasen jeweils das Hetzen wahrnehmen, damit wir wissen, was wir tun können, um diese Wahrnehmung weniger anstrengend zu machen. Wir sollten jedoch von unserer erwachsenen Perspektive etwas Abstand gewinnen und anerkennen, daß es noch andere Arten gibt, die Wirklichkeit zu sehen.

Kleine Kinder (von zwei bis acht Jahren) neigen dazu, übermäßiges Drängen als Ablehnung aufzufassen, als Beweis dafür, daß ihre Eltern sie nicht wirklich lieben. Kinder sind in dieser Beziehung emotional sehr aufgeweckt, und ihre Wahrnehmung ist teilweise wahr. Es *ist* in gewisser Weise eine Ablehnung, wenn Kinder jeden Tag von einer Pflegeperson zur nächsten gehetzt werden, wenn sie zu intellektuellen Leistungen gedrängt oder zu Entscheidungen gezwungen werden, für die sie noch nicht reif sind. Es ist eine Ablehnung des Selbstbildes der Kinder, von dem, was sie fähig sind zu tun und was sie bewältigen können. Das wirkt sehr bedrohlich auf Kinder; als Folge davon zeigen sie oft Streßsymptome.

Kinder in diesem Alter unterscheiden nicht zwischen den Teilen und dem Ganzen. Sie spüren ein wenig Ablehnung bei den Eltern und nehmen an, daß die Eltern sie ganz und gar ablehnen. Kleinkinder denken nicht in relativen, sondern in absoluten Begriffen. (Die Literatur für kleine Kinder ist voll von eindimensionalen Charakteren wie Hexen, bösen Riesen, Feen und Märchenprinzen.) Also ist es möglich, daß unsere kleinen Kinder uns mißverstehen, daß sie einen Teil unserer Haltung ihnen gegenüber für das Ganze halten und unsere Liebe und Sorge um sie nicht mitbekommen, da sie auf globale und undifferenzierte

Weise nur die Ablehnung wahrnehmen; dies kann sogar dann geschehen, wenn das Hetzen notwendig ist.

Das Verständnis von Kleinkindern ist schwierig, auch weil fast alle Erwachsenen annehmen, daß kleine Kinder uns in ihren Gedanken viel ähnlicher sind als in ihren Gefühlen. Tatsächlich aber ist das Gegenteil richtig: *Kinder sind uns in ihren Gefühlen am ähnlichsten, am unähnlichsten sind sie uns in ihren Gedanken.* Das folgende Beispiel beschreibt die Reaktion eines Zweijährigen auf die Gehirnblutung seines Vaters, die ihn hilflos und geistig zurückgeblieben zurückließ. Während der psychologischen Beratung kam es zu einem Gefühlsausbruch. Die Mutter berichtete:

Will hörte auf zu spielen und starrte uns an. Plötzlich begann er, Spielsachen aufzuheben und damit zu werfen, voller Wut und so heftig er nur konnte. Ich dachte: »Oh, mein Gott, was ist denn jetzt los?« Will war ein vollkommen glücklicher kleiner Junge gewesen. Dann rannte mein kleiner Will auf mich zu und fing an, mich zu schlagen. Es war mir außerordentlich peinlich. Ich war wütend auf die Psychologin, aber bevor ich etwas sagen konnte, hatte sie sich ruhig neben Will gesetzt und erklärte ihm, daß es in Ordnung sei, mit Spielsachen zu werfen, da es nur Spielsachen seien; und wenn er auch ganz bestimmt kein Recht hätte, seine Mutter zu schlagen, hätte er sicherlich das Recht, wütend auf sie zu sein.

»Mama hat sich nicht gut um alles gekümmert, nicht wahr, Will?« fragte die Psychologin.

»Nein«, sagte Will mit Inbrunst, »das hat sie nicht. Sie hat zugelassen, daß mein Vater krank wurde, und ich

hasse sie.« Die Psychologin erklärte ihm sorgfältig und ausführlich, daß sogar die Ärzte nicht verhindern konnten, daß sein Vater krank geworden sei, und noch weniger hätte seine Mutter es gekonnt ... Dann kletterte Will auf den Schoß seiner Mutter, klammerte sich an sie und weinte: »Ich war fassungslos«, schloß Wills Mutter. »Ich habe nicht gewußt, daß Zweijährige so tiefe Gefühle haben.[1]

Wenn wir also Kleinkinder hetzen müssen, wenn sie zum Beispiel in einer Kindertagesstätte oder bei einer Tagesmutter bleiben müssen, ist es wichtig, die Gefühle der Kinder mit in Betracht zu ziehen. Kindern eine rationale Erklärung zu geben (»Ich muß arbeiten gehen, damit wir Essen und Kleidung kaufen können«), ist hilfreich, aber es reicht nicht aus, um die unbewußten Gedanken des Kindes – »Wenn sie mich wirklich lieben würden, würden sie nicht weggehen und mich allein lassen« – zu besänftigen. Wir müssen auf die Gefühle der Kinder eingehen, nicht so sehr auf ihren Intellekt. Man könnte beispielsweise sagen: »Ich werde dich heute sehr vermissen und ich wünschte, du könntest bei mir sein.« Der genaue Wortlaut ist nicht wichtig; es kommt auf die Botschaft an, daß die Trennung für einen selbst ebenfalls schmerzhaft ist, daß sie aber notwendig ist. Es ist ebenso wichtig, dem Kind am Ende des Tages zu sagen, wie glücklich man ist, es zu sehen. Wenn wir auf die Gefühle des Kleinkindes eingehen, vermindern wir den Streß des Hetzens.

Manchmal führt unsere Tendenz anzunehmen, daß Kinder unsere Gefühle nicht teilen, dazu, daß wir den Streß des Hetzens noch auf andere Art verstärken. Wenn wir in Eile sind, sind wir oft gedankenlos und unhöflich zu Kleinkindern, weil wir annehmen, daß ihnen diese Dinge nicht so wichtig sind wie uns. Aber Kinder reagieren sehr sensibel auf alle Anzeichen elterlicher Liebe und Fürsorge. Wenn wir ein Versprechen brechen müssen und ein Kind doch nicht ins Kino, in den Park oder in den Zoo mitnehmen können, ist es sehr wichtig, daß wir uns entschuldigen und deutlich machen, daß es uns wirklich leid tut. Auch ist es sehr wichtig, daß wir »bitte« und »danke« sagen, wenn wir Kinder bitten, etwas für uns zu tun. Es bestätigt das Selbstwertgefühl der Kinder, wenn man höflich zu ihnen ist (was auch bei Erwachsenen der Fall ist), und das Selbstwertgefühl der Kinder ist immer bedroht, wenn wir sie hetzen. Wenn wir höflich zu Kindern sind, helfen wir ihnen dabei, das Hetzen auf eine weniger stressende Weise wahrzunehmen.

Es ist sehr wichtig, höflich zu Kindern zu sein, und Höflichkeit könnte ebensoviel zur Verbesserung der Eltern-Kind-Beziehungen beitragen wie viele der ausgefeilten Strategien, die momentan empfohlen werden. Das Wesentliche bei guten Manieren ist nicht die Fähigkeit, die richtigen Worte zur richtigen Zeit zu sagen, das Wesentliche ist Rücksichtnahme und das Achten auf die Gefühle anderer. Wenn wir höflich zu Kindern sind, zeigen wir ihnen auf direkte und einfache Art, daß wir sie als Menschen schätzen und daß uns ihre Gefühle am Herzen liegen. Höflichkeit ist eine der einfachsten und effektivsten Arten, den Streß der Kinder zu vermindern und ihnen dabei zu helfen, selbst rücksichtsvolle und sensible Menschen zu werden.

Wenn die Kinder ins Schulkindalter kommen und die von Piaget beschriebene Phase der konkreten Operationen erreichen (siehe Kapitel 5), wird ihre Wahrnehmung des Hetzens komplexer. Auf der tiefsten emotionalen Ebene erleben sie es aber immer noch als eine Art der Ablehnung. Aber anstatt sich selbst oder den Eltern die Schuld dafür zu geben, benutzen sie ihre neuen geistigen Fähigkeiten, um das Verhalten der Eltern zu rationalisieren und akzeptable Gründe für das Hetzen zu finden, die mit den wirklichen Gründen nichts zu tun haben brauchen. Deshalb stellen zum Beispiel Wunderkinder während der Kindheit das elterliche Hetzen nicht in Frage. In dieser Phase akzeptieren Kinder entweder die vernunftmäßige Erklärung, die die Eltern ihnen anbieten, oder sie konstruieren sich eine eigene.

Kinder im Schulkindalter sind unabhängiger und selbstbewußter als Kleinkinder. Folglich scheinen sie das Hetzen oft gutzuheißen; sie sind eifrig bereit, Haushaltspflichten und Verantwortungen zu übernehmen, besonders dann, wenn ihre Eltern alleinerziehend sind; sie versuchen dann intuitiv, die Rolle des abwesenden Elternteils zu übernehmen. Bei dieser Altersgruppe besteht die Gefahr, daß die Eltern diese Zurschaustellung von Reife für wirkliche Reife halten und nicht für das, was es ist – eine Art Spiel. Peter Pan, der gern einige erwachsene Verpflichtungen übernehmen wollte (Leitung einer Gruppe, das Fungieren als Beschützer), aber der nicht wirklich erwachsen werden und die negativen Eigenschaften, die Kinder Erwachsenen gern zuschreiben, annehmen wollte, ist ein treffendes Bild für diese Altersgruppe. Kinder wollen spielen, daß sie erwachsen sind, aber sie wollen nicht, daß die Erwachsenen ihr Spiel zu ernst nehmen.

Bei dieser Altersgruppe ist es wichtig, daß wir all das, was die Kinder für uns tun – im Haus helfen, Babysitten und so weiter –, anerkennen. Wir sollten sie merken lassen, daß uns bewußt ist, daß sie noch Kinder sind und es einige Sachen gibt, mit denen sie nicht belastet werden müssen. Wenn zum Beispiel das älteste Kind der Babysitter für die jüngeren Geschwister sein möchte, wir aber nicht finden, daß es alt genug ist, ist es wichtig, dem Kind zu sagen, wie gut wir es finden, daß es uns helfen wollte, aber daß wir es lieber erst dann babysitten lassen, wenn die jüngeren Geschwister etwas älter geworden und leichter zu beaufsichtigen sind. Wenn wir Grenzen setzen und gleichzeitig andeuten, daß die Notwendigkeit für diese Grenzen ebenso in der Unreife der jüngeren Kinder wie in der Unreife des Kindes selbst begründet ist, können wir den Kindern sowohl unser Wissen um ihre Bereitschaft, erwachsen zu sein, als auch um ihren Wunsch, die Vorrechte der Kindheit zu behalten, vermitteln.

Wenn die Kinder in die Adoleszenz kommen und neue, komplexe geistige Fähigkeiten erwerben, ändert sich die Wahrnehmung des Hetzens wiederum. Obwohl auch Jugendliche das Hetzen auf einer tiefen emotionalen Kleinkinderebene als Ablehnung wahrnehmen, sehen sie es doch in abstrakteren, komplexeren Begriffen. Zunächst einmal konstruieren Jugendliche Bilder von allwissenden, gütigen und großzügigen idealen Eltern, mit denen sie ihre wirklichen Eltern vergleichen, die natürlich nicht mit dem Idealbild konkurrieren können. Das ist einer der Gründe, aus dem Heranwachsende dazu neigen, ihre Eltern wegen der Art, wie sie sich anziehen, wie sie essen, reden, aussehen, handeln und so weiter, zu kritisieren. Und wenn die Jugendlichen sich von den Eltern gehetzt fühlen, wird die Kritik oft zur Raserei. Zusammenfassend könnte man sagen, daß Kleinkinder dadurch auf das Hetzen reagieren, daß sie sich selbst die Schuld geben, während Kinder die Welt beschuldigen und Jugendliche die Eltern.

Zweitens beschuldigen Jugendliche ihre Eltern nicht nur dafür, daß sie als Jugendliche gedrängt werden, sondern auch dafür, daß sie bereits als Kinder gehetzt worden sind. Kinder im Schulkindalter mögen das elterliche Hetzen rationalisieren, aber sie vergessen es nicht. Folglich *zahlen Jugendliche uns all die Sünden heim, die wir an ihnen begangen haben, als sie noch Kinder waren, seien das nun wirkliche oder eingebildete Sünden.* Eltern müssen anfangen, sich auf die Adoleszenz ihrer Kinder vorzubereiten, wenn diese noch in der Wiege liegen. Wenn sie erst einmal ausgewachsen sind, ist es zu spät, Rücksicht auf ihre Gefühle zu nehmen.

Der Umgang mit Jugendlichen ist schwierig, um es einmal milde auszudrücken. Ihre neuentdeckten intellektuellen Fähigkeiten machen sie zu ernstzunehmenden Gegnern bei Auseinandersetzungen, und ihre Größe, Stärke und körperliche Reife läßt die zuvor vorhanden gewesene physische Ungleichheit vergessen. Beim Umgang mit Jugendlichen darf man nicht vergessen, daß sie ihre Eltern immer noch lieben und daß sie von ihnen geliebt werden wollen. Jetzt widersetzen sie sich dem Hetzen auf direkte Art, weil sie es als eine Vertragsverletzung, als eine Art Ausbeutung empfinden. Aber gerade weil sie geliebt werden wollen, reagieren sie so stark darauf. Vielleicht wollen sie wirklich nicht zugeben, wie sehr sie ihre Eltern lieben und wie sehr sie geliebt werden wollen. Folglich sind Vertragsverletzungen schmerzlich für sie, zumindest teilweise deswegen, weil es sie zwingt zuzugeben, wie sehr sie immer noch von der Liebe der Eltern abhängig sind. Straffällig gewordene Jugendliche, mit denen ich gearbeitet habe, litten am meisten unter einem Gefühl der Ausbeutung, dem Gefühl, von Eltern ausgenutzt zu werden, denen die eigenen Bedürfnisse wichtiger waren als die der Kinder.

Wenn wir uns mit dieser Sichtweise des Hetzens auseinandersetzen, muß uns klar sein, daß es sich bei dieser Perspektive um die Realität der Jugendlichen handelt. Die Eltern mögen sehr gute Gründe für ihre Handlungsweise haben, aber die Sichtweise der Jugendlichen ist eine andere. Und der Versuch, mit einem Heranwachsenden zu argumentieren, hat gewöhnlich das Gegenteil des gewünschten Effekts zur Folge. Wenn Jugendliche der Ansicht sind, daß sie nicht dafür verantwortlich sein sollten, ihr Zimmer aufzuräumen, das Geschirr abzuwaschen oder jüngere Geschwister zu beaufsichtigen, hat es wenig Sinn, die Sache ausdiskutieren zu wollen. Jugendliche sehen diese Anforderungen als ein Hineindrängen in Verpflichtungen, die eigentlich nicht ihre Sache sind. Weil sie Heranwachsende sind, sind sie ihrer Ansicht nach von der Erledigung prosaischer Haushaltspflichten befreit. Wenn man mit Jugendlichen argumentiert, halten sie nur um so fester an ihrer Position fest.

Was also sollen Eltern tun? Nun, es gibt einen alten Spruch, der lautet: »Wenn du sie nicht schlagen kannst, schließ dich ihnen an.« Manchmal hilft es, wenn man die Sichtweise der Jugendlichen akzeptiert und dann von da aus weitermacht. Früher habe ich mich zum Beispiel mit straffällig gewordenen Jugendlichen auf Auseinandersetzungen über die negative Sichtweise ihrer Eltern eingelassen. Sie erzählten mir, wie schlecht ihre Eltern seien, und ich versuchte, ihnen deutlich zu machen, wie sehr ihre Eltern sich bemühten, ihnen zu helfen; aber es hatte keinen Sinn. Je mehr ich die Eltern verteidigte, desto häufiger wurden sie angegriffen. Dann entschloß ich mich, meine Taktik zu ändern. Ich akzeptierte die Sichtweise der Jugendlichen, machte aber gleichzeitig deutlich, daß sie sich nicht mit der meinen deckte. »Du könntest recht haben, aber ich sehe deine Eltern anders. Ich frage mich, warum wir sie so verschieden beurteilen.«

Jugendliche nehmen das Hetzen als Ausbeutung wahr; eine Möglichkeit, damit umzugehen, ist also, die Wahrnehmung als zumindest für sie selbst zutreffend anzuerkennen. Es ist ein Kompromiß zwischen einer vollständigen Akzeptanz ihrer Realität und einer absoluten Ablehnung dieser Realität, wenn wir die Tatsache anerkennen, daß ihre Sichtweise für sie gültig ist, wenn auch nicht für uns. Wenn ein Teenager also eine Bitte von uns ablehnt, könnten wir zum Beispiel sagen: »Gut, ich weiß, daß du denkst, meine Bitte ist unzumutbar. Ich glaube das nicht, aber ich kann verstehen, daß du es so siehst. Was für Pflichten sollte denn deiner Ansicht nach jemand in deinem Alter in unserer Lage übernehmen?« Wenn ihnen diese Frage gestellt wird, nennen Jugendliche oft eine Reihe von Pflichten, die sehr viel härter sind als die, die die Eltern festgesetzt haben. Unglücklicherweise reicht das oft nicht, um die jungen Leute dazu zu bewegen, das zu tun, was sie tun sollen. Es hilft ihnen jedoch dabei, unseren Standpunkt realistisch zu bewerten und zuzugeben, daß das Problem eher ihrer Faulheit oder irgendein anderer Grund ist, nicht elterliche Ausbeutung. Dadurch wird der emotionale Druck vermindert und der Streß geringer; das ist wahrscheinlich alles, was wir uns erhoffen können.

Kinder nehmen übermäßiges Drängen also anders wahr, als wir das tun. Wenn wir den Streß des unvermeidlichen Hetzens, dem alle Kinder in unserer Gesellschaft ausgesetzt sind, reduzieren möchten, ist es wichtig, daß wir die Sichtweise der Kinder richtig einschätzen. Um das zu tun, müssen wir von unserer eigenen Perspektive als Erwachsene Abstand gewinnen. Da wir ebenso an unseren Wirklichkeiten hängen wie die Kinder an den ihren, ist das nicht immer einfach. Wenn wir gestreßt sind, ist es sogar noch schwieriger; denn wenn wir sehr belastet sind, werden wir egozentrisch und es fällt uns schwer, die Welt aus der Perspektive eines anderen Menschen zu sehen.

In der wandelbaren und stressenden Zeit, in der wir leben, ist es besonders wichtig, daß wir versuchen, die Welt so zu sehen, wie gehetzte Kinder es tun. Wir können nur hoffen, den Kindern unsere Realität, in der das Hetzen keine Ablehnung bedeutet und in der Vertragsverletzungen nicht gleichbedeutend mit Ausbeutung sind, begreiflich zu machen, wenn wir ihre Realität kennen und anerkennen.

DAS SPIEL:
EIN GEGENMITTEL GEGEN DAS HETZEN

Bis jetzt haben wir vor allem darüber gesprochen, was
Eltern tun können, um gehetzten Kindern zu helfen,
aber wie wir gesehen haben, werden die Kinder auch
von Schulen und den Medien gedrängt. Zwar ist es
nicht immer möglich, Änderungen bei Schulen oder
den Medien zu bewirken, aber es hat schon erfolgreiche gemeinschaftliche Aktionen von Eltern gegeben.
Zum Beispiel haben Elterngruppen Schulen dazu veranlaßt, zusätzliche Klassen einzurichten, die mit alternativen, auf das Kind bezogenen Lehrmethoden
unterrichtet werden. Und die »Initiative für das Kinderfernsehen« konnte Fernsehanstalten dazu bewegen, weniger Gewalt und weniger Werbung für Süßigkeiten zu senden. Elterngruppen können es schaffen,
Schulen und Medien dazu zu bewegen, die Welt aus
der Perspektive des Kindes zu sehen. Im Bereich des
Spielens von Kindern ist das besonders wichtig.

In unserer gehetzten Gesellschaft wird unglücklicherweise sowohl der Wert als auch die Bedeutung
des Spielens oft nicht verstanden. Wie bei den Erwachsenen, ist jetzt auch bei den Kindern das Spielen in
Arbeit verwandelt worden. Das, was einst der Erho-
lung diente − Sport, Ferienlager, Musikunterricht −,
ist jetzt professionalisiert und wettbewerbsorientiert.
Sparmaßnahmen an den Schulen treffen immer zuerst
den Musik-, Kunst- und Theaterunterricht. Und die
Medien, die sich ganz und gar dem neuen Eskapismus
verschrieben haben, bieten den Kindern wenig, was
wirklich die Phantasie anregt. Der vielleicht beste
Beweis für das Ausmaß, in dem unsere Kinder gehetzt

werden, ist der Mangel an Gelegenheit für wirkliches Spielen.

Was genau ist Spiel, und warum ist es so wichtig für Kinder? Es gibt viele Theorien darüber, und jede enthält einen Aspekt der Wahrheit. Der Philosoph Herbert Spencer sah das Spiel als eine Möglichkeit, »überschüssige Energie« zu reduzieren.[2] Laut Spencer haben wir mehr Energie, als wir in der neuen Gesellschaft verbrauchen können, und der Überschuß wird im Spiel, das keinen produktiven Zwecken dient, »verbrannt«. Der Biologe Karl Groos schrieb um die Jahrhundertwende ein zweibändiges Werk über das Spiel bei Tieren und bei Menschen; seine These war, daß das Spiel eine »Vorbereitung für das Leben« sei.[3] Er beobachtete, daß das spielerische Sichanpirschen – zum Beispiel bei jungen Katzen, die sich auf ein Wollknäuel stürzen – Tiere auf die spätere Verfolgung ihrer Beute vorbereitet. Auch Kinder bereiten sich beim Spielen auf ihre Rollen als Erwachsene vor. Groos wies jedoch auch darauf hin, daß das Spiel eine Vorbereitung der Wertschätzung der Ästhetik sei.

Groos' Theorie war in Pädagogenkreisen sehr einflußreich. Die italienische Pädagogin Maria Montessori machte sie zu einer Grundlage ihrer Erziehungslehre. Ihr erzieherischer Ansatz, der kürzlich eine Renaissance erlebt hat und der in den USA sehr populär geworden ist, setzte die Theorien von Groos in eine einfache Formel um: »Spiel ist die Arbeit des Kindes.« Diese Formel ist heute zu einer Art Motto der Kleinkindererziehung geworden. Montessori, die zuerst mit behinderten Kindern und dann mit Kindern aus den Elendsvierteln arbeitete, hatte wenig Verständnis für nichtzweckgerichtetes Spiel oder für Phantasien. Sie schrieb:

Die Psychologie hat immer gelehrt, daß diese Periode (zwischen drei und sechs Jahren) durch die Entwicklung des Einbildungsvermögens gekennzeichnet ist. Auch bei den ungebildeten Völkern erzählen die Erwachsenen ihren Kindern Märchen von Feen, die sie sehr lieben, als wären sie begierig, die große Kraft ihres Einbildungsvermögens zu üben. Alle sind sich darüber im klaren, daß das Kind es liebt, sich etwas vorzustellen; aber sie bieten ihm nur Märchen und Spielzeug. Wenn sich das Kind die Fee und das Feenland vorstellen kann, wird es ihm nicht schwerfallen, sich eine Vorstellung von Amerika oder einem anderen Ort zu machen. Anstatt unbestimmt von Amerika sprechen zu hören, wird es eine konkrete Hilfe für sein Einbildungsvermögen sein, wenn es einen Globus betrachtet, auf dem dieser Kontinent aufgezeichnet ist.[4]

Kurz vor dem Ersten Weltkrieg war diese Einstellung, die das Spiel als der gesellschaftlichen und sozialen Adaption untergeordnet und als eine Vorbereitung auf das Leben sah, auch in den USA in Mode, ebenso wie Montessoris Erziehungslehre. Aber als Freuds Lehre besser bekannt wurde, wurden Montessoris Ideen von den amerikanischen Pädagogen zunehmend kritisiert; zwischen den beiden Weltkriegen, als der Freudsche Einfluß auf die Erziehungswissenschaft immer stärker wurde, geriet Montessori in Vergessenheit. Freud sah das Spiel als eine Art Sicherheitsventil, das es den Kindern ermöglichte, die gesellschaftlichen Repressionen zu bewältigen. Im weiteren Sinne sind Träume, Witze und Theaterstücke Formen des Spiels. Sie alle bieten nach Freud sozial akzeptable Wege, mit verbotenen Gefühlen, Wünschen und Begierden umzugehen.

Diese Sichtweise des Spiels wurde von einigen Richtungen der progressiven Erziehung verzerrt. Einige »progressive« Schulen sind der Ansicht, daß jede Kontrolle der Impulse des Kindes zu Depression und Neurosen führen würde. In diesen Schulen ist daher alles erlaubt. Als ich eine dieser Schulen besuchte, wurde es einem verstörten Jungen gestattet, den ganzen Morgen dazusitzen und alles zu zerstören.

Aber Freud war nie der Ansicht, daß Spiel die Hauptbeschäftigung von Kindern sein sollte oder daß Repressionen »schlecht« seien. *Zu viele* Repressionen, nicht Repression an sich, können zu Neurosen führen. Freud unterschied zwei Erscheinungsformen der Adaptation,[5] während für Montessori Adaptation gleichbedeutend mit sozialer Adaptation war. Eine dieser Erscheinungsformen hängt mit der Befriedigung der Grundbedürfnisse des Individuums, der Bedürfnisse nach Nahrung, Wasser, Sexualität, Selbstachtung und so weiter zusammen. Diese Bedürfnisse werden, jedenfalls anfänglich, durch eine bestimmte Denkweise ausgedrückt, die Freud »Primärvorgänge« nannte. Dazu gehören Prozesse wie Substitution und Verdrängung. Diese Prozesse führen ihrerseits zu Träumen, zu Witzen, zu Freudschen Fehlleistungen, zu Phantasien und zum Spiel. All dies erlaubt es dem einzelnen, verbotene Bedürfnisse und Wünsche auf sozial akzeptierte Weise auszudrücken.

Die zweite Adaptationsform hängt mit der äußeren Welt der physischen Gesetzmäßigkeiten und der sozialen Interaktionen zusammen. Da wir biologische Wesen sind, müssen wir uns an unsere physische Umwelt anpassen, und da wir soziale Wesen sind, müssen wir uns an unsere soziale Umwelt anpassen.

Für diese Adaptationen gibt es eine andere Denkweise, die Freud »Sekundärvorgänge« nannte. Während die Primärvorgänge durch Substitutionen und Transformationen funktionieren, sind die Sekundärvorgänge im wesentlichen rationale Prozesse – sie sind darauf abgestimmt, mit einer Umwelt umzugehen, die wesentlich von Regeln bestimmt ist.

Folglich ist, vom Freudschen Standpunkt aus gesehen, für eine gesunde Adaptation eine Art Gleichgewicht zwischen den Bedürfnissen des Individuums und den Bedürfnissen der Gesellschaft erforderlich. Gesunde Menschen müssen in der Lage sein, für sich selbst zu sorgen, bevor sie sich um andere kümmern können. In gewissem Sinn ist Spiel ein Ausdruck von Selbstliebe, da das Spiel die Bedürfnisse des Individuums befriedigt. Aber Spiel ist eine gesunde Selbstliebe, weil es dem Individuum ermöglicht, zu arbeiten und damit anderen zu dienen.

Jean Piaget unterstützte Freuds Unterscheidung zwischen den beiden Formen der Adaptation und zwischen Arbeit und Spiel als zwei entgegengesetzten Formen der Adaptation.[6] Wie Freud unterschied Piaget zwei verschiedene Arten der Adaptation, die er »Assimilation« und »Akkomodation« nannte. Piagets Assimilation ähnelt Freuds Primärvorgängen; sie kann die Wirklichkeit auf nichtrationale Weise transformieren, und sie dient der Befriedigung persönlicher Bedürfnisse. Und Piagets Akkomodation bildet eine Parallele zu Freuds Sekundärvorgängen; auch sie betrifft die Adaptation des Individuums an die äußere Welt. Sowohl für Piaget als auch für Freud findet im Spiel eine Transformation der Realität statt, die der Befriedigung persönlicher Bedürfnisse dient. Beides, Spiel und Arbeit, Primärvorgänge und Sekundärvorgänge, Akkomodation und Assimilation, sind notwendig, um eine gesunde Adaptation zu gewährleisten.

In den letzten Jahrzehnten ist dieser Standpunkt, der Arbeit und Spiel als getrennte, aber sich ergänzende Aktivitäten sieht, zunehmend durch den Standpunkt Montessoris ersetzt worden, nach dem das Spiel die Arbeit des Kindes ist. Tatsächlich könnte der Mißbrauch des Hetzens als der Druck definiert werden, die persönliche Assimilation durch die soziale Akkomodation zu ersetzen. Von diesem Blickpunkt aus gesehen, arbeiten gehetzte Kinder viel mehr als sie spielen, und deshalb sind sie so gestreßt. Die neue negative Einstellung zum Spiel wird auch an der rapiden Zunahme von Montessori-Schulen deutlich, und es werden immer mehr. Im großen und ganzen ist das eine positive Entwicklung, da die Montessori-Lehrer oft weit besser in der Kunst des Unterrichtens ausgebildet sind als die meisten jungen Leute, die von der Universität kommen. Aber diese Schulen haben immer noch ein Vorurteil gegen das Spielen, und das könnte einer der Gründe sein, aus denen Eltern diese Schulen den konventionellen Vorschulen, in denen mehr gespielt wird, vorziehen.

Das folgende Beispiel illustriert, wie das Diktum »Spiel ist die Arbeit des Kindes« im Unterricht umgesetzt wird. Einmal beobachtete ich, wie eine Gruppe von Vier- und Fünfjährigen mit Plastikdinosauriern spielte. »Ich werde dich auffressen«, sagte ein Junge und rückte sein bedrohliches Tier näher an das seines Nachbarn heran. »Erst mußt du mich fangen, ich bin schneller als du«, sagte der andere Junge und versteckte seinen kleineren Dinosaurier hinter einer

Mauer aus Bauklötzen. In diesem Moment kam eine Erzieherin dazu und beschloß, sich das Interesse der Kinder zunutze zu machen (den sogenannten Lehrmoment) und sie mit Hilfe der Dinosaurier mit den Größenverhältnissen bekannt zu machen. »Welcher ist größer?« fragte sie. Aber die Jungen beendeten eilig ihr Spiel und wandten sich anderen Sachen zu.

Dinosaurier haben für Kleinkinder eine große symbolische Bedeutung, sie sind groß und mächtig. Aber als Plastikmodelle, mit verminderter Größe und verminderter Macht, sind sie durchaus handhabbar. Auch sind sie ungefährlich, weil kaum Gefahr besteht, einem auf der Straße zu begegnen. Dinosaurier bedeuten für Kinder eine symbolische und ungefährliche Art, mit den Riesen ihrer Welt − den Erwachsenen − umzugehen. Kleinkinder hören andauernd »nein« und »laß das bleiben«, »faß das nicht an« oder »geh da weg«. Erwachsene frustrieren Kleinkinder fortwährend, aber sie sind zu groß, um direkt bekämpft zu werden. So wehren sich die Kinder auf indirekte Art, und Dinosaurier sind die Doubles, bei denen sie die Welt der Riesen kontrollieren können. Als die Lehrerin dazukam und versuchte, persönliche Adaptation in soziale Adaptation − Spiel in Arbeit − umzuwandeln, hörten die Kinder auf zu spielen, da ihr Interesse an Dinosauriern persönlich und nicht sozial war.

Sicherlich müssen Kinder lernen, wie man Größenverhältnisse vergleicht, und ihr spontanes Interesse kann dazu benutzt werden, ihnen etwas beizubringen. Und es ist notwendig, daß Kinder mehr tun als spielen. Sie lernen fortwährend soziale Regeln − wie man sich in einem Restaurant benimmt oder im Haus eines

Freundes, wie man sich anzieht, wie man mit Messer und Gabel ißt, wie man sich hinter den Ohren wäscht, wie man sich mit einem Handtuch abtrocknet. Kinder lernen auch Grundlegendes über Zeit, Raum, Farben und so weiter.

Dieses soziale Lernen (siehe Kapitel 6) ist die eigentliche Arbeit der Kindheit. Aber Kindern muß auch die Gelegenheit zum Spielen gegeben werden. Wenn Erwachsene jedes spontane Interesse des Kindes zum Unterrichten ausnutzen, wird die Gelegenheit zum reinen Spiel sehr eingeschränkt. In allen Entwicklungsphasen brauchen Kinder die Gelegenheit, um des Spielens willen zu spielen, sei es nun zu Hause oder in der Schule. Ob es sich bei dem Spiel nun um das symbolische Spiel des Kleinkindalters, um die Spiele mit Regeln des Schulkindalters oder um die komplizierten intellektuellen Spiele der Adoleszenz handelt – Kinder sollten die Zeit zum Spielen haben, und sie sollten dazu ermutigt werden.

Spielen ist der Weg, auf dem die Natur den Streß bewältigt, bei Erwachsenen wie bei Kindern. Als Eltern können wir dabei helfen, indem wir Spielsachen auswählen, die der Vorstellungskraft des Kindes den größten Raum geben. Aufziehbare und batteriebetriebene Spielzeuge sind ganz amüsant, weil sie unvorhergesehene Sachen tun, aber sie lassen wenig Raum für den Ausdruck der eigenen Persönlichkeit. Das Geld für derartiges Spielzeug könnte ruhig gespart und statt dessen in Bauklötze oder Legosteine investiert werden, die dem Kind die Möglichkeit geben, kreativ etwas zu schaffen und die jahrelang benutzt werden können. Auch Malkreiden, Farben, Ton und Buntstifte sind kreative Spielsachen, weil sie dem Kind erlauben, sich selbst auszudrücken. Es ist nicht notwendig, die Kinder zu fragen, was sie gemacht haben, weil es ihnen wahrscheinlich gar nicht bewußt ist. Diese Frage wäre gleichbedeutend mit dem Versuch der Lehrerin, das Spiel der Kinder mit den Dinosauriern in eine an Erwachsenen ausgerichtete Unterrichtsstunde umzuwandeln.

Als betroffene Bürger sind wir verpflichtet, den Wert der musischen Fächer an den Schulen zu betonen. Die Überbetonung des Grundwissens im heutigen Bildungswesen, die nicht durch eine entsprechende Betonung auf Selbstausdruck durch die musischen Fächer ausgeglichen wird, hetzt die Kinder, da sie das notwendige Gleichgewicht zwischen Arbeit und Spiel zerstört. Die amerikanische Industrie beginnt gerade zu erkennen und anzuerkennen, daß die Arbeiter bei ihrer Tätigkeit Wege brauchen, um sich selbst auszudrücken. Die Schulen müssen begreifen, daß auch Kinder besser arbeiten, besser lernen und, ja, sich besser entwickeln, wenn die Zeit, die sie mit sozialer Adaptation zubringen – dem Erwerb des Grundwissens –, mit Zeiten abwechselt, in denen sie Gelegenheit haben, sich kreativ zu betätigen. Kunst-, Musik- und Theaterunterricht sind alles andere als ein Luxus; die Entwicklung der Kinder wird durch diese Fächer gefördert, weil sie den Streß des Hetzens vermindern und den Kindern als Ausgleich zur Arbeitswelt die Ästhetik nahebringen.

Schließlich müssen wir als Medienkonsumenten den Wert von wahrem Spiel und wahrer Phantasie wieder stärker zur Geltung bringen. Was wir brauchen, sind kreative Autoren, die gleichzeitig unterhalten und die Vorstellungskraft der Kinder anregen können.

Es wäre ein Fehler, den Wert von phantasievoller Unterhaltung nach der miserablen Qualität der meisten Kindersendungen und vieler Kinderbücher zu beurteilen. Imaginative Phantasie ist von befreiendem persönlichen Wert und nebenbei auch von großer Bedeutung für das soziale Lernen. Es ist notwendig, daß die Medien phantasievollere Unterhaltung senden, so ähnlich wie die Märchen, die Kindern dabei helfen, den Streß des Lebens zu bewältigen.

WIE MAN 24 STUNDEN AM TAG LEBT

Die Kapitelüberschrift habe ich von dem Buch *How to Live on Twenty-Four Hours a Day* (Wie man 24 Stunden am Tag lebt) des Romanschriftstellers, Dramatikers und Selbsthilfespezialisten Arnold Bennett übernommen.[7]

In den Titel seines Buches hatte er eine altehrwürdige Methode der Streßbewältigung aufgenommen, die von Philosophen wie Epiktet und Feldherrn wie Mark Aurel vertreten worden ist. Ihre Botschaft war im wesentlichen, daß viel menschliches Leid und viele Belastungen darauf zurückzuführen sind, daß die Menschen in der Vergangenheit oder in der Zukunft leben, daß sie immer darüber nachdenken, was hätte sein können und was sein wird. Aber wir können die Vergangenheit nicht ändern, und die Zukunft können wir auch nicht kontrollieren. Wirklich in der Hand haben wir nur die Gegenwart, und auf die sollten wir unsere Energien richten.

Unglücklicherweise wird dieser Ansatz oft als ein Argument für Hedonismus mißverstanden: »Genieße

den heutigen Tag, denn morgen könntest du tot sein.«
Aber das war nicht die Absicht der Philosophen. Sie
sahen das Leben als ein Ganzes, das von Prinzipien
und einem moralischen Sinn bestimmt wird. Jeder Tag
sollte gelebt werden, aber es sollte eine Übereinstimmung mit den herrschenden Gesetzen der Gesellschaft und der Ethik angestrebt werden.

*Zu jeder Stunde denke fest daran, alles, was gerade vor
dir liegt, gewissenhaft, mit ungekünsteltem Ernst, in
Liebe, Freiheit und mit Gerechtigkeit als Römer und
Mann zu tun und dir Ruhe von allen anderen Vorstellungen zu verschaffen. Das wirst du können, wenn du jede
Handlung verrichtest, als wäre sie die letzte deines
Lebens, frei von aller Unbesonnenheit und von leidenschaftlicher Erregung gegen die Stimme der Vernunft,
frei von Heuchelei, von Eigenliebe und von Unzufriedenheit mit deinem Schicksal.*[8]

Obwohl Kinder zu jung sind, um diese Gedanken verstehen zu können, können sie doch aus den Handlungen ihrer Eltern lernen. Wenn wir uns auf das Hier
und Jetzt konzentrieren und uns weder um das
Gestern noch um das Morgen sorgen, werden unsere
Kinder das gleiche tun. Genießen Sie als berufstätige
Mutter die Zeit, die Sie mit Ihrem Kind zusammen
verbringen, und verderben Sie sie nicht für das Kind,
indem Sie an all die Male denken, wo Sie nicht anwesend waren oder wo Sie nicht dasein werden. Kinder
leben in der Gegenwart, und sie merken es, wenn wir
zwar körperlich, aber nicht geistig anwesend sind.
Wenn wir uns über die Vergangenheit oder die
Zukunft sorgen, verlieren wir die Gegenwart, und

unsere Kinder haben nichts von uns, selbst wenn wir anwesend sind.

Über die Jahre hinweg habe ich es mir zur Gewohnheit gemacht, mir jeden Tag etwas Zeit für mich selbst zu nehmen; ich beobachte einen Sonnenuntergang, sehe den Spatzen zu oder bewundere eine Schneeflocke. Derartige Augenblicke können und sollten mit Kindern geteilt werden. Auch nehme ich mir einen Moment Zeit, um auf die Ereignisse des Tages zurückzublicken und ohne Bedauern zu beurteilen, wie nahe ich meinem Ziel, meine ganze Energie auf die vor mir liegende Aufgabe zu richten, gekommen bin. Meiner Überzeugung nach vermitteln sich solche Gewohnheiten den Kindern, mit denen wir zusammenleben; je mehr Streßventile wir in unser tägliches Leben einbauen, desto eher können die Kinder ähnliche Strategien lernen.

Neben der oben beschriebenen gibt es noch viele andere Philosophien über die Kunst des Lebens. Hans Selye tritt zum Beispiel für einen »altruistischen Egoismus« ein – wir dienen uns selbst, indem wir anderen dienen. Und Albert Schweitzer nannte seine Philosophie »Ehrfurcht vor dem Leben« – alles Lebende ist wertvoll. Keine Philosophie wird jeden zufriedenstellen, aber jeder braucht eine Philosophie des Lebens, einen Weg, das Leben als Ganzes und in der richtigen Perspektive zu sehen. Die Kunst des Lebens ist die schwierigste Aufgabe, die Kinder lernen müssen, und das gelingt ihnen am besten, wenn ihre Eltern eine Philosophie haben, durch die sie das Leben als Ganzes sehen können.

Ganz gleich an welche Philosophie des Lebens wir glauben, es ist wichtig, die Kindheit als eine Phase des

Lebens und nicht als einen Vorraum zum Leben zu sehen. Wenn Kinder ins Erwachsenenalter gehetzt werden, wird die Heiligkeit des Lebens verletzt, da eine Lebensphase der anderen vorgezogen wird. Aber wenn wir das menschliche Leben wirklich beobachten, werden wir jede Lebensphase gleichermaßen wertschätzen und angemessen behandeln.

Im wesentlichen ist eine Philosophie des Lebens eine Kunst des Lebens, ein Weg, von uns selbst abzusehen, ein Weg, unser Leben in der richtigen Perspektive zu sehen und die Bedürfnisse und Rechte von anderen Menschen anzuerkennen. Wir können den Wert der Kindheit mit ihren speziellen Freuden, Sorgen, Nöten und Belohnungen erst richtig einschätzen, wenn wir etwas von dem Streß unseres Erwachsenenlebens überwinden und von uns selbst absehen lernen. Wertschätzung der Kindheit heißt nicht, sie als eine glückliche, unschuldige Zeit zu sehen; aber es bedeutet, sie als eine wichtige Lebensphase anzuerkennen, auf die Kinder ein Recht haben. Es ist das Recht der Kinder, Kinder zu sein, die Freuden der Kindheit zu genießen und die Schmerzen der Kindheit zu erleiden. Durch das Hetzen wird die Kindheit zerstört. Letztendlich ist es das grundlegendste Menschenrecht von Kindern, eine Kindheit zu haben.

KAPITEL 1: UNSERE GEHETZTEN KINDER

1 J.-J. Rousseau, *Emile oder über die Erziehung*. Stuttgart, 1963.

2 A. Toffler, *Die Zukunftschance: Von der Industriegesellschaft zu einer humaneren Zivilisation*. München, 1980.

3 Ibid.

4 A. B. Alcott, *Observations on the Principles and Methods of Infant Instruction*. Boston, 1830. M. W. Shinn, *The Biography of a Baby*. Boston, 1900.

5 J. Piaget, *Das Erwachen der Intelligenz beim Kinde*. Stuttgart, 1969.

6 T. E. Holt, *The Care and Feeding of Children*. New York, 1903.

7 Arnold L. Gesell, *Das Kind von fünf bis zehn*. Frankfurt a. M., 1954; Benjamin M. Spock, *Baby and Child Care*. New York, 1976.

8 J. Bruner, *Der Prozeß der Erziehung*. Düsseldorf, 1970.

9 J. C. Holt, *Chancen für unsere Schulversager*. Freiburg, 1969.

10 J. Kozol, *Death at an Early Age*. Boston, 1967.

11 H. R. Kohl, *36 Children*. New York, 1967.

12 Arnold L. Gesell, Louise B. Ames u. Frances L. Ilg, *Säugling und Kleinkind in der Kultur der Gegenwart*. Frankfurt a. M., 1952.

13 Tim Appelo, *Bringing up Baby. Savoy,* March, 1981.

14 C. Emerson, »Summer Camp, It's Not the Same Anymore«, *Sky,* March, 1981, S. 29-34.

15 Barbara Kantrowitz et al., »The Youngest Jet Setters«, *Newsweek,* June 29, 1987.
16 Peggy Mann, »Drugs? Not My Child!« *Family Circle,* September 24, 1985.
17 E. M. Hetherington, M. Cos. u. R. Cox, »The Aftermath of Divorce«. In: J. H. Stevens & M. Mathews (Ed.'s), *Mother-Child, Father-Child Relations.* Washington D. C., 1978.
18 President's Council on Physical and Sports; National Center for Health Statistics.
19 Lisa Austin, »Student Shooting on the Rise«, *The Wichita Eagle Beacon,* March 15, 1987.
20 P. Tuscherer, *The New High Tech Threat to Children.* Bend, Oregon, 1988.
21 »Suicide Belt«, *Times Magazine,* September 1. 1980.
22 Ibid.

KAPITEL 2: DIE TRIEBKRÄFTE DES HETZENS: DIE ELTERN

1 Walt Whitman, *Grashalme.* Zürich, 1985, S. 349.
2 J. Piaget, *Psychologie der Intelligenz.* Zürich und Stuttgart, 1966.
3 J. Locke, *Über den menschlichen Verstand.* Hamburg, 1968.
4 John Watson, *Psychological Care of Infant and Child.* New York, 1928.
5 B. F. Skinner, *Futurum Zwei »Walden Two«. Die Vision einer aggressionsfreien Gesellschaft.* Hamburg, 1973.
6 Tom Wolfe, »The »Me Decade« and the Third Great Awakening.« *New York,* 23 August, 1976, S. 26-40.
7 C. Lasch, *The Culture of Narcism,* New York, 1979.
8 J. Underwood, »A Game Plan for America«, *Sports Illustrated,* February 23, 1981.
9 Ibid.
10 Ibid.
11 Ibid.

12 Colette Dowling, »The Cinderella Syndrome«, *New York Times Magazine,* March 22, 1981.
13 K. M. Pierce, »Big Crunch for Kindergartens«, *Times Magazine,* September 29, 1980.
14 Ibid.

KAPITEL 3: DIE TRIEBKRÄFTE DES HETZENS: DIE SCHULEN

1 A. Binet u. H. Simon: »Methodes Nouvelles pour le Diagnostic du Nouveau Intellectuel des Anormaux«, *L'Année Psychologique* 1905, 11, 245-236.
2 Ibid.
3 D. P. Gardner u. Y. W. Larsen, »A Nation at Risk«, National Commission on Excellence in Education, U. S. Department of Education, 1983.
4 A. Bloom, *Der Niedergang des amerikanischen Geistes: ein Plädoyer für die Erneuerung der westlichen Kultur.* Hamburg, 1988.
5 E. D. Hirsch, *Cultural Literacy.* New York, 1987.
6 H. Gardner, *Frames of Mind.* New York, 1983.
7 R. Sternberg, *The Triarchic Mind.* New York, 1988.
8 Edward B. Fiske, »America's Test Mania«, *New York Times Education Life,* April 10, 1988.
9 Laurie Denton, »Real Life Wobegon No Joke.« *Psychological Monitor,* August 1988, S. 8-9.
10 K. Kenniston, »The 11-Year Olds of Today Are the Computer Terminals of Tomorrow«, *New York Times,* February 19, 1976.
11 Irwin Hyman, »Japanese vs. American Schools«, *Children,* February 1988, S. 33-36.
12 Carol Simons, »They Get by with a Lot of Help from Their Kyoiku Mamas«, *Smithsonian Magazine,* 1987, S. 44-52.
13 »Japanese Education Today«, Report of the U.S. Department of Education.

14 Hideo Kojima, »The Role of Belief-Value Systems Related to Child Rearing and Education: The Case of Early Modern to Modern Japan.« Paper read at the Workshop in Social Values and Development of Third World Countries, Hongkong, April 27-29, 1987.

15 G. Stanley Hall, *Adolescence: Its Psychology and Its Relations to Pedagogy, Anthopology, Sociology, Sex, Crime, Religion and Education.* 2 Vols. New York, 1904.

16 *Time Magazine,* November 24, 1986.

17 Ibid.

18 Ibid.

19 Ibid.

20 B. Bettelheim, »Our Children Are Treated Like Idiots«, *Psychology Today,* July 1981, S. 28-44.

21 Ibid.

22 R. E. Slavin, »Grouping for Instruction in the Elementary School«, *Educational Psychologist,* 22, S. 109-127.

KAPITEL 4: DIE TRIEBKRÄFTE DES HETZENS: DIE MEDIEN

1 M. McLuhan, *Understanding Media,* New York: Mentor, 1964.

2 E. Kaye, *The ACT Guide to Children's Television.* Boston, 1979.

3 L. Kronenberger, »Uncivilized and Uncivilizing«, *TV Guide*, February 1966.

4 Ibid.

5 Geoffrey Cowan, *See No Evil.* New York, 1980.

6 P. Charren & M. W. Sandler, *Changing Channels.* Reading, Massachusetts, 1983, S. 55.

7 N. Ephron, »TV Families: Clinging to the Tried and Untrue«, *New York Times,* June 26, 1988.

8 L. Loevinger, »There Need Be No Apology, No Lament«, *TV Guide,* April, 1968.

9 G. Weinbert, »What is Television's World of the Single Parent Doing to Your Family«, *TV Guide,* August 1970.

10 Martin Mayer, »Out of Shape«, *TV Guide,* July 1962.
11 Marie Winn, »What became to Childhood Innocence«, *New York Times Magazine,* January 25, 1981.
12 Robert Lipsyte, »For Teenager's Mediocrity«, *The Horn Book,* 1987.
13 Walter Dean Myers, »I Actually Thought We Would Revolutionize the Industry«, *New York Times Book Review,* November 9, 1986, S. 50.
14 Francine Prose, »Boy's Books: Let Spot Live«, *The Horn Book,* 1987.
15 Connie Epstein, »Young Adult Books«, *The Horn Book,* 1987.
16 A. Bloom, *The Closing of the American Mind.* New York, 1987.
17 John Percles, »Heavy Metal, Weight Words«, *New York Sunday Magazine,* July 10, 1988.

Kapitel 5: Langsam erwachsen werden

1 J. Piaget, *Psychologie der Intelligenz.* Zürich und Stuttgart, 1966.
2 E. H. Erikson, *Kindheit und Gesellschaft.* Stuttgart, 1968.
3 J. Piaget, *The Construction of Reality in the Child.* New York, 1954.
4 J. Bowlby, *Attachment and Loss.* Vol. 1 Attachment. London, 1971.
5 E. Gosse, *Father and Son: A Study of Two Temperaments.* London, 1909.
6 H. S. Sullivan, *The Interpersonal Theory of Psychiatry.* New York, 1953.
7 M. E. Seligman, *Erlernte Hilflosigkeit.* München, 1983.
8 B. Inhelder u. J. Piaget, *Die Entwicklung der elementaren logischen Strukturen.* Düsseldorf, 1973.
9 Piaget, Ibid.
10 M. Twain, *Tom Sawyers Abenteuer.* München, 1965.

Kapitel 6: Das Erlernen des sozialen Verhaltens

1 C. Lasch, *Haven in a Hartless World.* New York, 1977.
2 Talcott Parsons, *Sozialstruktur und Persönlichkeit.* Frankfurt a. M., 1968.
3 R. D. Laing, *The Politics of the Family and other Essays.* New York, 1971.
4 A. Bandura, *Lernen am Modell: Ansätze zu einer sozial-kognitiven Lerntheorie.* Stuttgart, 1976.
5 B. F. Skinner, *Wissenschaft und menschliches Verhalten.* München, 1973.
6 J. Piaget, *Das moralische Urteil beim Kinde.* Zürich, 1954.
7 S. Freud, *Vorlesungen zur Einführung in die Psychoanalyse.* Gesammelte Werke. Frankfurt a. M., 1968 (1924).
8 E. Goffmann, *Asyle. Über die soziale Situation psychiatrischer Patienten und anderer Insassen.* Frankfurt a. M., 1972.

Kapitel 7: Gehetzte Kinder: Gestresste Kinder

1 S. Freud, *Vorlesungen zur Einführung in die Psychoanalyse.* Gesammelte Werke, Frankfurt a. M., 1968 (1924).
2 H. Selye, *The Stress of Life.* New York, 1978.
3 Ibid.
4 W. B. Cannon, *The Wisdom of the Body.* New York, 1972.
5 S. Adler and M. Gosnell, »Stress, How It Can Hurt«, *Time Magazine,* April 21, 1980.
6 B. Ehrenreich, »Is Success Dangerous to Your Health?«, *Ms.,* May 1979.
7 Ibid.
8 Ibid.

9   G. Bach u. P. Wyden, *The Intimate Enemy.* New York, 1969.
10 J. Bowlby, *Maternal Care and Mental Health.* Geneva: World Health Organization, 1951.
11 J. Kirsch, »California Kids«, *New West,* July 1981, S. 66-73.
12 J. Segal, »When Business Travel Makes You an Absent Parent«, *Frequent Flyer,* January 1981, S. 42-46.
13 David Owen, »I Spied on the Twelfth Grade«, *Esquire,* March 1981.
14 Willard McGure, »Teacher Burn Out«, *Today's Education,* November-December 1979.
15 J. Ourth, »The School Factor«, *The Principal,* September 1980, S. 40.
16 Leslie Hart, »Classrooms Are Killing Learning«, *The Principal*, May 5, 1981, S. 8-11.
17 T. J. Cottle, »Adolescent Voices«, *Psychology Today,* February 1979, S. 43.
18 M. McLuhan, *Understanding Media.* New York, 1964.
19 *Toronto Star,* September 3, 1980.

Kapitel 8: Wie Kinder auf Stress reagieren

1   J. B. Kelly and J. S. Wallenstein, »Children of Divorce«, *The Principal,* October 1979, S. 51-58.
2   Ibid.
3   A. Evans u. J. Jeel, »School Behaviors of Children from One Parent and Two parent Homes«, *The Principal*, September 1980, S. 38-39.
4   K. Barrett, »I Always Knew You'd Find Me, Mom«, *Ladies Home Journal,* August 1981, S. 86, 77, 151, 152.
5   P. Hluchy, »Depressed Can Find Help at Metro Centers«, *Toronto Star,* March 7, 1981.
6   K. A. Matthews, »Efforts at Control by Children and Adults with Type A Coronary-Prone Behavior pattern«, *Child Development,* 1979, 50, S. 842-847.
7   »Study Says Heart Ills Can Begin in Childhood«, *New York Times,* March 19, 1981.

8 Karen A. Matthews, »Antecedents of the Type A Coronary-Prone Behavior Pattern.« In: S. S. Brehn, S. M. Kassen, E. X. Gibbongs (Hg.), *Developmental Social Psychology.* New York, 1981, S. 235-248.

9 R. L. Veninga u. J. P. Spradley, *The Work Stress Connection.* Boston, 1981.

10 Stephanie Sevick, »Students Driven to Succed«, *Hartford Courant,* July 13, 1981.

11 Ibid.

12 M. E. R. Seligman, *Erlernte Hilflosigkeit.* München, 1983.

13 Ibid.

14 Ibid.

15. Megan Marshall, »Musical Wonder Kids«, *Boston Globe Magazine,* July 25, 1981.

16 Ibid.

17 Ibid.

18 Lois B. Murphy, *Widening World of Childhood.* New York, 1962.

19 M. Pinas, »Superkids«, *Psychology Today,* January 1979, S. 52-63.

KAPITEL 9: WIE WIR GEHETZTEN KINDERN
HELFEN KÖNNEN

1 Janet Marks, »Crisis Intervention for Children: A Psychological Stitch in Time«, *Town & Country,* October, 1980.

2 Herbert Spencer. *Die Erziehung in geistiger, sittlicher und leiblicher Hinsicht.* Jena, 1881.

3 J. Groos, *Die Spiele der Menschen.* Jena, 1899.

4 M. Montessori, *Das kreative Kind. Der absorbierende Geist.* Freiburg/Basel/Wien, 1972.

5 Sigmund Freud, »Formulierungen über die zwei Prinzipien des psychischen Geschehens«, in: *Gesammelte Werke* in 18 Bänden, unter Mitwirkung von Marie Bonaparte, Prinz Georg von Griechenland, hrsg. v. Anna Freud, E. Bibring, W. Hoffer, E. Kris und O. Isakower: Imago Publishing C., London 1946, Frankfurt a. M., Bd. VIII, S. 230-238.

6 J. Piaget, *Nachahmung, Spiel und Traum. Die Entwicklung der Symbolfunktion beim Kinde.* Stuttgart, 1969.

7 A. Bennett, *How to Live on Twenty-Four Hours a Day.* New York, 1905.

8 Gedanken des Kaisers Mark Aurel: Worte aus seinem Tagebuch. Hrsg. v. Friedrich Eichler, München, 1954, S. 65.

Ratgeber

Als Band mit der Bestellnummer 66240 erschien:

Streit in der Familie muß nicht zwangsläufig mit Tränen und Mißverständnissen enden, er kann auch überraschende Einsichten in das Funktionieren der Familie bringen und damit zu mehr Harmonie beitragen. – Dieser Ratgeber sollte seinen Platz in jeder Familie haben.

BASTEI LÜBBE